数字时代银行网点转型

高钧
胡庆能 等 著

中信出版集团 | 北京

图书在版编目（CIP）数据

数字时代银行网点转型 / 高钧等著 . -- 北京：中信出版社，2020.10（2025.4重印）

ISBN 978-7-5217-1866-9

Ⅰ . ①数… Ⅱ . ①高… Ⅲ . ①数字技术 – 应用 – 商业银行 – 商业服务 Ⅳ . ① F830.33–39

中国版本图书馆 CIP 数据核字（2020）第 174606 号

数字时代银行网点转型

著　　者：高钧　胡庆能　等

出版发行：中信出版集团股份有限公司

（北京市朝阳区东三环北路 27 号嘉铭中心　邮编　100020）

承 印 者：北京通州皇家印刷厂

开　　本：787mm×1092mm　1/16　　印　　张：20.5　　字　　数：287 千字

版　　次：2020 年 10 月第 1 版　　印　　次：2025 年 4 月第 8 次印刷

书　　号：ISBN 978-7-5217-1866-9

定　　价：69.00 元

序一

跳出银行网点的战略困局

还有几个人能立刻说出上次踏进银行网点是什么时候？

“银行服务无处不在，就是不在网点”。尤其在中国这样一个移动互联网应用高度普及的社会，事实上银行网点在人们的日常生活中已经大规模处于“关停”状态。

然而，数据显示，近两年来全国银行网点总数每年的净减少量并不显著，均未超过1%。

这其实在一定程度上反映出商业银行在网点存在及网点未来发展走向上的尴尬处境，以及由此所导致的战略犹豫、纠结。

传统银行网点的客流量已经在断崖式地持续下跌，前途堪忧，同时，银行在开拓线上业务的正面战场上，进展却未能称心如意，并未能建立起清晰、明确、可自我主导的线上发展模式。回过头来看，大多数银行仍旧不得不先继续退守网点模式，毕竟网点一直是商业银行零售业务的主要基础经营单元，网点经营是银行的看家本领。另外，正如这本书所分析的那样，银行还担忧来自同业的填补，这也进一步导致“都不愿意率先放弃传统网点模式”的“纳什均衡”局面。

“退守”是“没有办法的办法”，结果自然不会好。从早几年一窝蜂建设的社区概念的支行网点，到近两年先后发起的无人银行、智慧网点、5G智能网点改造，大部分情况下，银行网点的传统性质并未发生根本性变化，其困境也并未得到根本性改善，全行业的离柜率依旧在持续走高，改造后的“新”网点仍难觅新气象的端倪。原因就在于，银行的这种

“退守”，其实是处于“想主动，却被动”的战略摇摆中。

鉴于网点在银行成本中的高占比，以及网点在大众客户认知中几乎等同于银行本身的品牌含义，这种摇摆极其危险。如果银行迟迟不能梳理出网点战略上的“定海神针”，仍旧不停摇摆，未来生存空间一定会在科技变革浪潮的猛烈拍打中，被反复折叠，最终全面坍塌、消失。

破解纠结的第一步：寻找网点必须存在的价值理由。

银行要在网点问题上“主动”破解纠结，需要从其“对立面”——线上化中发掘突破点，需要回答：未来的商业银行必须是完全线上化的吗？完全线上化的模式有没有短板？

未来银行一定是深度线上化的，但完全线上化的模式肯定不是商业银行未来的唯一形态。近几年来，连原生互联网行业的发展都已经在显示，越来越多的互联网企业其实已经越来越重视线下营销渠道，例如美团、滴滴、盒马鲜生、小米等。

线上化并非万能，尤其在营销方面，线上渠道面临着一些难以克服的固有短板。比如，线上渠道对潜在客群的覆盖范围整体上比较粗略、模糊，营销覆盖的遗漏情况难以明确，对客群难以实施井格化管理等穷尽化、精耕细作式的客户经营手段。又比如，线上渠道在“温度、情感、信任感”的建立、传递与连接上还非常欠缺，而信用、安全是银行长久经营的核心基石。再比如，线上渠道仍然难以对客群在线下的活动轨迹、注意力予以充分覆盖，线下仍将长期存在着大量的“离线流量”。

线上渠道的短板往往能从线下网点中找到解决办法。对于商业银行的线下网点，如果将其明确定位为对线上渠道的补充，反倒会让它的存在变得非常有必要，在线上化的洪流中便不再是被动求生。

定位为“补充”，并不意味着降低对线下网点的重视程度。就像链家地产，虽然因行业政策调控的影响，整体经营不太乐观，但不可否认的是，它这几年的互联网化是非常成功的，其成功背后的关键支柱之一，是其对线下门店无以复加的重视和持续不断的强化。

线上渠道与线下网点的关系，也可以用火箭军、空军、无人战机与地面部队的关系来诠释。火箭军的导弹能打击敌方战略要塞，空军的地毯式轰炸能大面积摧毁敌方主体设施，无人战机的精准点杀能斩杀敌方关键人物，但要对战场完成全面扫荡，要最终占领和接管阵地，则依旧必须由地面部队来完成。

破解纠结的第二步：重新界定网点。

在银行业务全面线上化的大趋势下，真正面临"关停"危机的其实是网点的服务交付属性，而网点的营销拓展属性，如上面所述，反而需要大力发展。

从服务对象和业务类型上看，银行网点需要加大对高净值客户以及保险代销等复杂业务的侧重。

当然，网点还应该以全新的形态和模式进行营销、拓展。

网点将是银行面向周边区域开展"最后一公里"细密运营的起点、据点。银行网点工作人员需要建立"行商"思维，走出去，在社区生态中完成对社区客群的覆盖，而不是只在网点坐等客户进门。

网点应致力于用户增长手法的不断创新。网点人员，将更像是用户增长"黑客"，其主要任务是利用一切合规手段把客户引进银行的生态之中，使其成为生态注册用户。例如，银行可考虑利用"亲子活动"天然偏好线下的特征，将"亲子"与"金融"两个概念结合，打造场景，形成生态。至于贷款办理等业务，将更多发生在线上，且主要由后续的用户运营过程来触发。

网点在驱动用户增长的过程中，应特别重视"以客户体验为中心"，充分发挥线下优势，主攻客户旅程中的体验痛点，为客户提供更具"温度"的服务，让客户愿意、乐意与网点发生互动。譬如，在客户线上浏览与财富管理相关的内容或产品的过程中，可为客户提供"网点在线客服"，为其匹配周边的网点人员，充当客户当前线上旅程的一对一"导游/客服"。线下网点由此融入线上场景，既解决了线上缺乏"温度"的痛点，也能"平滑"线上互动和线下互动的边界，有利于打造全渠道内线上线下的一致体验。

破解纠结的第三步：最难莫过于落地。

商业银行要真正摆脱在网点问题上的战略纠结困局，确保网点及网点体系转型到位，最为重要、最具挑战的还是落地环节。

高钧先生等编写的《数字时代银行网点转型》便是一本极具实操性的银行网点转型著作。作者就网点转型的大方向定位、网点选址布局、改造工程管理、网点运营、人才培养等展开详细讨论，并阐述了 AI（人工智能）等数字技术在网点转型中的应用。整本书勾勒出一个饱含经验和洞见的网点转型实施框架，值得细读！

赵志宏

渤海银行副行长兼首席风险管理官

序二

银行网点转型要重视“最先一公里”

网点转型是一个老课题，但在不同时期有不同的含义。

2020 年 6 月，一则“今年来近 900 家银行网点关门”的消息引发关注。2020 年 1 月至 6 月，全国已有 889 家银行网点退出营业，其中包括包商银行的 236 家网点。尽管 889 家网点在全国银行网点中的占比不到 0.4%，但在数字时代，网点转型再次成为银行业不得不面对的新课题。

网点是银行为满足客户对金融产品和服务的实际需求和潜在需求而设立的营销机构和服务窗口。一般而言，银行网点是指有工作人员的物理网点。广义上的网点，也包括 ATM（自动柜员机）、自助银行等自助服务机具和场所，甚至还包括作为物理网点的延伸的电话银行、网上银行、手机银行、微信银行等。截至 2019 年，我国银行业金融机构共有法人机构 4 607 家，网点总数达 22.8 万个，自助设备共有 109.4 万台。

值得注意的是，从 2013 年开始，社区支行、小微支行作为新的网点形式开始出现。而近年来，部分银行推出了一些智能旗舰店、“无人银行”“5G 银行”。那些耗费大量硬件和运营成本、堆积大量高科技设备的“智能网点”，本质上不过是一种“砖头银行”。此外，一些银行打着“将网点开在手机 App”的旗号，尝试在互联网上开设营销服务平台。这种被称为“数字支行”的银行网点，从某种意义上讲可被视为一种虚拟网点。

公元 15 世纪前后，在地中海沿岸的威尼斯，诞生了世界上最早的银行。当时，人们在码头或岸边摆上几张长条凳，为来往的商贾提供现金存放和货币兑换业务。这是银行网点的“鼻祖”。而银行的英文“bank”，就来自意大利语“banca”（长条凳）。

在我国，自改革开放以来，银行网点建设走过不短的一段路，历经体系建立期（1979—1989年）、快速扩张期（1990—1997年）、调整优化期（1998年至今）等三个阶段。在20世纪90年代以前，网点处于快速发展阶段。确切地说，20世纪80年代中期以前，银行网点非常少；20世纪80年代中期到90年代后期，银行网点迈入快速增长时期。从20世纪90年代后期到现在，则进入调整数量、提高单产的集约化经营阶段。例如，2000年前后，四家大型商业银行对网点进行了大规模撤并，网点数量显著下降，直到2010年之后才逐步恢复。关于网点数量的演变，该书第一章进行了详尽的分析。2015年以来，部分银行在社区支行、小微支行建设上过于冒进，社区支行、小微支行设立未经严格论证，存在过多、过滥现象，脱离了客户需求和业务发展实际。这是近年来社区支行、小微支行裁撤较多的主要原因。

网点数量多，是我国银行业特别是大型商业银行的一大突出特点。很长一段时间以来，网点是银行提供服务的主要渠道和场所，是银行竞争力的重要体现。银行通过增加网点，吸引客户并为其提供服务，实现规模扩张，提升市场份额。但是，网点是银行成本最高、管理最困难、风险最集中的服务渠道。遍布全国的众多网点，如果分布科学合理，功能得到充分发挥，能够满足客户需求，那么就是良好的营销网络、交易平台和服务场所；反之，就会成为银行巨大的包袱和负担。

特别是近年来，随着金融科技的蓬勃发展和客户行为的深刻变迁，银行网点的功能和服务面临着巨大冲击。一方面，互联网和信息科技为手机银行、智能客服等服务方式提供了强大支撑，一部手机就相当于一个支行，95%以上的零售业务可以通过手机办理。即便需要进行实时对话沟通，也可以借助机器人来满足，如一些银行推出了“数字人”。另一方面，客户行为正在发生变迁，越来越多的客户偏爱数字化、移动式的服务体验，网点难以满足客户随时随地获取服务的需求。2019年，我国银行业平均离柜率已经高达89.77%。新冠肺炎疫情暴发后，“排斥聚集”或将成为常态，“非接触银行” 服务兴起将加剧银行网点的式微。

在过去，银行从业者往往信奉“终端制胜，渠道为王”。这句话现在仍然没有过时，只是终端从网点演变为电脑进而被手机取代，而银行将越来越依赖线上渠道。在形式上，银行已经从“砖头银行”演变成“鼠标银行”进而进化到目前的“指尖银行”。从更深层次看，随着技术创新和金融开放，我国银行业市场的进入壁垒逐步降低，客户获取信息的来源增加，信息获取成本下降，作为支付中介和融资中介的商业银行原本具有的金融中介优势减弱，网点在银行战略和服务体系中的角色弱化局面是难以扭转的。2013 年，美国银行家布莱特 · 金（Brett King）在《银行 3.0》（*Bank* 3.0）中提出：“银行不再是一个地方，而是一种服务。” 很多人对此将信将疑。2018 年，布莱特 · 金在《银行 4.0》（*Bank* 4.0）中进一步做出论断：“银行服务无处不在，就是不在银行网点。” 我们已经看到，在我国，一些互联网银行及直销银行的所有服务的确不在网点，这些银行从一开始就没有设立任何网点。

尽管如此，对银行和客户而言，网点仍然具有独特的价值。网点作为银行的基础分销渠道和服务窗口，在树立服务品牌形象、销售复杂金融产品以及管理高端客户关系等方面具有重要且不可替代的作用。特别是对中小银行和县域地区而言，网点仍然是发展普惠金融，服务小微大众的重要依托。所以，一方面要反对“网点中心论”、“网点主导论”，另一方面也要反对“网点无用论”、“网点消亡论”。未来，银行网点不应该只是一个点，而应该是一张网。网点转型不仅要从减少客户排队时间、改造营业厅堂、规范产品销售流程等具体问题着手，还要从发展战略、公司治理、业务转型等“顶层设计” 入手。《易经》里有三个词：取势、明道和优术，代表处事的三个层次。在过去很长一段时间里，我们对网点转型的理解和实践往往聚焦在 “优术” 层面，而更重要的是 “取势”，即研判大势、顺应趋势。我以为，这是网点转型的“最先一公里”。

当然，“明道” 和 “优术” 也非常重要。“明道”，就是要明确目标，选择相应策略。具体到网点转型，就是要对网点进行准确定位、合理规划。我认为，在数字时代，应将网点定位为线上渠道的补充，应加快推进线上线下的融合和联动，推动服务渠道协同和资源整合，激发网点发挥线上渠道所难以具备的功能。从“优术”视角看，下一步的重点是推动网点向轻型化、智能化、场景化转型，提高辐射能力和服务张力，与线上渠道一起为客户提供任何时间、任何地点、任何方式的“AAA”（Anytime，Anywhere，Anyhow）服务。更重要的是，要以此为契机，推动银行从“资金中介”转型为“服务中介”，成为金融服务的综合提供商，满足金融消费者多样化、个性化的需求，在数字时代找到自己的新定位、新方向。

高钧先生长期专注于网点转型咨询和培训等工作，在网点转型方面积累了丰富的实践经验。他领衔组织编写的这本《数字时代银行网点转型》汇聚了业界和学界智慧，既有宏观层面的分析和研判，也有大量的案例和工具，在取势、明道、优术三个层面均有涉及，是一本值得仔细品读的佳作。我愿意向银行业以及关注银行网点转型的朋友们推荐！

董希淼

招联金融首席研究员

中关村互联网金融研究院首席研究员

中国银行业协会行业发展研究委员会原副主任

推荐语

网点是商业银行业务经营的主要阵地，是展示形象的重要窗口，是联系客户的关键纽带。面对金融科技的发展和行业竞争的加剧，如何把握数字时代的发展趋势，推进网点优化转型，提升网点综合竞争力，是各银行需要认真思考和解决的问题。网点转型永远在路上，这本书结合大量案例，深入探索数字时代网点转型的方法和路径，提出系统性的转型实施方案，具有非常重要的指导意义。

胡晓宁，江苏省农村信用社联合社运营管理部总经理

文如其人，其实书也如其人。《数字时代银行网点转型》的主要作者高钧先生及其创办的银翱咨询长期专注于银行网点经营管理的研究和咨询，并且始终关注和跟踪银行网点的转型问题。中国的银行网点经历了多次转型，但前几次基本上都没有真正触及“灵魂”。而这次的网点转型是在数字化背景下展开的，对银行网点的变革是颠覆性的，是触及“灵魂”的。虽然目前各商业银行都在积极推进此项变革，但国内关于这个问题的系统性研究的专著还很少。《数字时代银行网点转型》有对理论的思考、对逻辑的梳理，更有对实践的观察和总结，对于数字时代银行网点转型工作是一本指导性和实用性很强的参考书。

刘杰，建行大学特聘学者，建设银行上海市分行人力资源部原副总经理兼培训中心主任，上海市银行同业公会人力资源专业委员会创始人、主任

我们正处于数字互联的时代，数字互联将对银行经营理念与策略带来颠覆性影响。如何顺应新时代的变化，从战略和策略层面推动银行网点转型，是业界普遍关心的问题。《数字时代银行网点转型》一书，运用理论联系实际的方法，从把握银行“去现金化”“去交易化”以及向“咨询服务中心”和“生态圈中心”转化的发展趋势入手，全面诠释了银行网点硬转型、软转型和数字化转型的方向与策略，创造性地提出了网点生态建设与精准营销问题解决方案。我相信，这本书对于银行从业人员解放思想、与时俱进、转变理念，从战略决策、策略优化、服务创新、科技赋能等方面深化网点转型，提升网点核心竞争力和可持续发展能力，将大有裨益。

李国峰，中信银行私人银行部原总经理

这本书以银行网点如何转型为着眼点，全方位地揭示了该领域的发展趋势和未来前景，具有较强的前瞻性、专业性和可操作性，是各级银行从业者，特别是银行管理者重要的学习参考书和操作指引。

周早林，中国投资协会专家委员，中国银行湖北省分行武汉业务发展委员会原常务副主任、营业部原总经理

随着互联网发展的浪潮，中国银行业线上与线下业务的配比发生了巨大的变化，线上模式与线下网点的融合也是近几年各家银行看重的领域，这本书将从流量视角来剖析互联网及网点间该如何实现有机融合，给新型银行网点乃至其他行业线下网点的经营者，提供了崭新的经营视角。

熊熊，天津大学管理与经济学部教授、副主任，中国系统工程学会副秘书长，金融系统工程专业委员会主任

《数字时代银行网点转型》描绘了未来银行网点的各种可能性，同时也呈现出看似保守的金融行业活力旺盛的一面，“线下经营”与“线上运营”间的实际界限已经非常模糊，取而代之的则是参与其中的更多元的

角色，这本书详细描述了各种“升级”“优化”“赋能”的尝试与宝贵经验，为银行业走赢这盘“数字化转型”的“迷茫”棋局，提供了一个可行路径。

刘玉珍，北京大学金融发展研究中心主任，北京大学金融学系教授

近二三十年来，银行业走过了从“经验”到“流程”，又从“流程”到“数字”的转型发展之路，网点建设也有“重选址”“竖特色”“进社区”“建旗舰”的各种尝试。当今在市场及监管的主导下，互联网与金融正在银行内部深度融合，未来银行网点在如何做好线上流量的承接，如何提高价值转化、加强品牌认知等方面有着广阔的探讨空间。《数字时代银行网点转型》一书给我们提供了多种可能的网点发展路径，值得银行从业者研究、思考与尝试。

徐磊，中信百信银行股份有限公司行长助理

数字化是当今时代的特征，其对商业银行的影响不可估量。网点作为银行经营细胞，其活跃程度，除受选址引客、服务动线影响外，主要取决于银行的机具配置、处置时间和系统效率。因此，对于数字化转型，任何银行都不敢忽视、轻视。这本书有三个特点：一是析“势”也析“术”，对发展方向、规划建设与线上线下渠道长期相济的“硬软”双修，以及场景、平台业务赋能均有涉及。二是见“物”更见“人”，关于人才培养储备当先和闭环训练 AI 技术应用的探索实践，作者进行了阐述。三是重“合”也重“开”，互联网时代银行网点与其他行业兼容共生的场景设想或许是未来商业银行“涅槃”的基础。读者阅读这本书后，应当会有所启发，特此推荐。

孙方，交通银行培训中心原副主任，中银协教育培训高级顾问

互联网从诞生之时就开始对实体店发起挑战，跌宕起伏的 50 多年过去了，线上与线下的融合模式逐渐被人们接受，成为主流的经营模式。金

融业务由于涉及复杂的信息交互，信用识别与业务流程离不开人与人的见面。数字时代网点不会从银行业务中消失，但需要重新定位，在线上线下融合、体验的全渠道管理、营销线索发现、引流推荐等方面重塑网点的业务、服务与流程。

刘燕，建信金融科技战略生态总监

数字时代银行网点何去何从，确实是现在银行，尤其是零售银行亟须面对和解决的问题。这本书基于银翱过去十几年对此专题的悉心耕耘和研究，提供了思路和方案。从整体趋势，到硬转型、软转型和数字化转型等，对银行网点如何进行转型做了深入分析和探讨。尤其在硬转型和软转型两个方面，集银翱过去十几年在网点规划和人才培养之大成。无论是七步规划法、数字时代网点人才培养闭环训练系统，还是关于网点的场景化、平台化与生态化的探讨，都具有极强的实战指导意义。这本书从“是什么”、“为什么”和“如何做”3个维度对问题做了鞭辟入里的阐述。

李峰，汇丰中国副行长兼财富管理及个人银行业务总监

前言

自比尔·盖茨在1994年接受《新闻周刊》采访时将银行比作恐龙以来，国内外对网点未来命运的讨论一直不绝于耳，但没有人能给出标准答案。事实上，在“看跌”中，国内银行的网点数量已悄悄地从2010年的19.6万个发展到2019年年底的22.8万个，但未来还会这样吗？

近年来，银行网点的客流量下降已经成为各家银行的“新常态”。一方面，国内银行业的离柜率不断上升，2019年已达到89.77%；另一方面，网点成本居高不下，占很多银行非利息支出的一半以上。2020年年初，一场突如其来的新冠肺炎疫情，更是像时光机器一般，加速改变了很多银行客户的行为习惯，也促使银行对未来网点转型的路径做出抉择。

在移动互联的数字时代，未来银行网点是否还有必要存在？如果还存在的话，会是怎样一种形态？银行应该如何提升网点的综合竞争力？

我们可以肯定的是，银行网点不会在短期内消亡，而是会不断“进化”，并且这种演进正在不断加速。未来数年的变化可能远超银行诞生以后数百年变化的总和。

亚马逊创始人贝索斯（Jeff Bezos）说：“我经常被问到一个问题，未来十年，会有什么样的变化。但我很少被问到，未来十年，什么是不变的。我认为第二个问题比第一个问题更重要，因为你需要将你的战略建立在不变的事物上。”在移动互联网时代，尽管人们的消费行为习惯在不断变化，但是像安全、便利、情感、尊重等人性的基本需求是不会变的。银行网点不管未来如何演变，都是为了满足人性的这些基本需求而存在的。我们对于网点未来转型的思考，也是基于这些“第一性原理”而展开的。

我从2003年开始协助银行开展网点转型的工作，亲历了网点转型近20年来的发展变化。我认为，“网点转型”一词中虽然有“网点”，但绝不只是网点的事，绝不只是网点建设和网点辅导。所有成功的网点转型都是银行自上而下的变革，网点只是“网点转型”工作的载体和结果的呈现。网点转型涵盖硬转型、软转型和数字化转型等多方面内容。硬转型包括网点的规划和选址、网点的品牌形象、网点的分类和定位、新型网点的建设等方面的转型。软转型包括网点的岗位职责、服务和营销流程、客户经营方式、绩效考核、文化建设等方面的转型。数字化转型则需要运用各种新的信息科技手段来为网点和网点员工赋能。

本书从国内外先进银行的大量实践经验出发，结合数字时代客户需求的变化，提出了未来银行网点在移动互联网时代的应对之策。数字时代的网点转型，需要从硬转型、软转型和数字化转型三个方面着手，运用各种新兴的金融科技手段和精细化的管理手段来提升零售银行综合竞争力。

本书由来自银行业的多家专业机构的资深人士所著，既有行业洞察和趋势预判，又有实践指引和解决建议，适合银行各级管理人员、银行运营人员、研究银行的各类投资机构、针对银行提供各类产品和服务的机构和供应商、大专院校和科研机构的学者等相关人员阅读。

本书分为四篇，第一篇“趋势篇”探讨了银行网点未来的发展方向，第二篇“硬转型篇”主要和网点的建设和规划相关。第三篇“软转型篇”探讨了未来的网点管理和人才发展之道。第四篇“数字化转型篇”探讨了金融科技在网点的运用。

本书从不同角度阐述了在移动互联网时代，银行网点应该如何转型。

第一篇“趋势篇”包括第一章和第二章。第一章“银行网点的发展趋势”介绍了线上渠道和线下渠道并不会互相取代，而是互相依存的关系，需要发挥各自优势。未来的银行网点是为了让客户有更好的体验而存在的。银行网点在未来将会出现“两去、两中心”的趋势，即“去现金化”和“去交易化”，向“咨询服务中心”和“生态圈中心”转化。网点的“去现金化”已是大势所趋，网点的“去交易化”将逐渐呈现，网点作为线下的“咨询服务中心”和“生态圈中心”的地位将不断凸显。

第二章“新形势下如何发挥网点的作用”说明了网点不会消亡，但网点形态和运营模式需要逐步演进。网点转型是一项系统性工作，一方面需要通过网点网络体系重构、网点形态调整、劳动组合优化和金融科技应用，降低网点成本，提升运作效率，另一方面需要更加关注客户需求和客户体验，增加客户经营能力。客户不是为了银行网点而来，而是为得到网点人员的服务而来。全能客服经理模式会是未来重要的网点经营模式。

第二篇“硬转型篇”包括第三章和第四章。

第三章“银行网点布局和选址”介绍了网点布局和选址是银行线下渠道布设绕不开的话题。所谓“三分天注定，七分靠打拼”，能左右网点“天赋”的布局和选址评估，不应只停留在理论层面，而需要运用经过市场检验的规划布局和选址方法进行实践。这在一定程度上可以帮助银行网点跳出纷乱繁杂的众多陷阱，对银行管理者来说也是一种风险控制方法。

第四章“银行网点再生之道”介绍了目前在银行物理网点建设中，渠道部门工作中面临很多常见的问题，如供应商众多、施工设计难、施工污染大、项目期限长、建材组织难、场景更新难等。通过本章介绍的“道法自然”，我们尝试用创新的方法来解决实际中的困难。

第三篇“软转型篇”包括第五、六、七章。

第五章“银行网点转型新形态”提出科技在进步，网点该如何快速适应的问题。科技的进步给银行网点带来了许多变化，智慧网点逐渐普及，后台数据处理功能越来越强大，最新的5G网点可以实现“无感”识别客户。既然有了不一样的营销工具，网点运营模式也应随之调整。本章围绕客户管理、营销方式升级、网点管理三大内容发散思维，探讨网点运营的新模式。

第六章“网点人才数字化培养方式的探索与实践”介绍了在深化网点转型的背景下，在银行网点管理手段、理念、方法等发生变化的同时，银行人才培养模式与学习领域也在发生深刻的变化，数字时代下银行网点人才闭环训练系统应运而生。本章重点介绍了数字时代网点人才培养闭环训练系统、AI（人工智能）以及直播在网点人才培养中的应用及相关案例。

第七章“场景化行动学习”介绍了能否让培训直接产生绩效，是每位行长都关心的问题。我们用项目成果给出了可行的答案。其方法是基于平衡计分法原理，从底层入手，运用“场景化行动学习”技术、促动技术和复盘技术等来逐层解决管理问题。其中，大量应用一次成型的管理工具，让管理者带上这些“管理装备”来“登山”，加速了人才培养，竞争力打造和业绩目标的最终达成。

第四篇“数字化转型篇”包括第八至第十一章。

第八章“开放银行的线下实践”从流量的视角出发，介绍了将开放银行中与全行业深度结合的思路融入线下网点的发展，更符合互联网化银行的发展趋势，突出银行网点未来必须引入不同行业的能力、资源，方能强化其自身不可取代的线下优势，进一步搭配互联网时代客户经营的各种新模式，从而使网点自内而外地重生为兼容行业场景及具备自我进化能力的开放空间。

第九章“银行数字化营销升级”介绍了在银行4.0时代，银行等金融机构的传统业务模式面临巨大挑战，需要打造全新的营销战略来获取用户，即将营销中台系统作为基础，包揽内容制作、权益分发、数据统计及用户管理等功能，通过流程自动化降低人力成本，通过全员营销为企业员工赋能以进行传播。在微信生态中将场景化运营和数字化营销结合起来，通过多样的活动来吸引用户参与，再加上轻量化的小程序来引导用户使用，获取用户数据后便可进行“千人千面”的精准触达，最终实现产品销售及业务转化。

第十章“网点的场景化、平台化与生态化”介绍了当银行正在大量放弃线下网点的时候，互联网企业正在通过它们的平台能力加速线下门店的布局；当银行正在加速裁员的时候，互联网企业正在通过生态数据反哺终端，完善人性化的客户体验。告别互联网流量红利的时代，银行的发展从重构自己的场景、平台与生态开始。技术改变体验，渠道绽放人性。在迈向“无界银行”的路上，生态化是谁也迈不过去的坎。

第十一章“浅谈金融科技发展与银行业务赋能”简述了从互联网公司引领到商业银行主导的金融科技的发展历程，分析了零售银行业务和公司银行业务数字化转型的趋势和方向，并结合实际案例，阐述金融科技如何为业务赋能。

本书由上海银翱管理咨询有限公司的高钧和京东数字科技控股有限公司的胡庆能牵头组织编写，具体分工如下：上海银翱管理咨询有限公司咨询顾问团队撰写了第一、二、三、五章，上海银翱管理咨询有限公司合伙人王自生撰写了第七章，江苏卓越天创智能科技有限公司的王洪波撰写了第四章，上海思创网络有限公司的徐海宁、陈其晖、蔚艳、吴福生撰写了第六章，京东数字科技控股有限公司的胡庆能撰写了第八章，深圳兔展智能科技有限公司的马思乐和曾令超撰写了第九章，上海银翱管理咨询有限公司的特约专家胡国强和胡青分别撰写了第十章和第十一章。高钧和胡庆能最后负责统稿。

本书是众多作者通力合作的结果，是集体智慧的结晶。此外，还要感谢“新华一城书集”主编刘智慧女士在本书出版过程中给予的帮助，以及复旦大学经济学院的丁北晨和柴哲对初稿的编辑整理。最后，还要感谢中信出版社墨菲工作室的王晓春老师，这本书的面世离不开你的专业支持和建议！

管理大师彼得·德鲁克（Peter F. Drucker）曾经说过：“在动荡时期，最大的危险不是动荡本身，而是仍按照过去的方法来行事！”愿本书给能给您在探讨数字时代网点转型之路上带来新的思考和新的实践！

高钧

上海银翱管理咨询有限公司董事长

目录

第一篇　趋势篇

第二篇　硬转型篇

第三篇　软转型篇

第四篇　数字化转型篇

第一篇

趋势篇

第一章　银行网点的发展趋势

任正非谈到战略的时候曾经说过："如果我们'东一榔头、西一棒子'，注定是失败的，应该坚定不移在一个正确方向上去努力，才有可能成功。后来我们把奋斗目标叫作'方向大致正确'，绝对正确的方向不存在，大致正确就可以了。"

银行网点转型首先要明确目标，聚焦于一个方向，因为目标的实现需要不断投入时间、人力和财物等各种资源。国内外成功的企业都有明确的目标，数十年来，目标的坚定使它们取得最后的成功。如果大方向经常变化，那么实现目标往往是一件很困难的事情。

近年来，随着银行内外部环境的巨大改变，银行面临的不确定性增多。对于未来如何发展，银行必须有自己明确的方向。我们认为银行不会消失，银行网点也不会消失，但网点的形态和管理模式会不断演进。

近年来国外银行网点的变化

1994 年，比尔·盖茨在接受《新闻周刊》采访时说："传统银行将成为 21 世纪的恐龙。"一方面，实体网点的成本远高于电子化渠道；另一方面，网点的客户到店率一直在下降，离柜率一直在上升。未来银行网点应该何去何从？

事实上，从比尔·盖茨发出预言后十余年的情况看，美国银行网点总量不仅没有减少，反而增加了约 15%。但这种情况在次贷危机后发生了变化。由于在危机中受到重创，欧美国家的银行纷纷对网点数量进行了重大调整。

欧洲银行业自次贷危机以来出现大面积亏损，加上受监管、市场、负利率等因素影响，长时间未走出经营业绩低迷的阴影。2015 年年初，波士顿咨询集团发布的报告显示，次贷危机以来，除欧洲地区外，全球范围内的银行都已实现盈利，但在欧洲地区仅有 3 家银行实现盈利，该地区的银行几乎未出现复苏的迹象。

在此背景下，欧洲银行网点数量的上升势头在 2008 年“戛然而止”，此后银行开始大幅削减网点，尤其是裁员，以此作为降低成本的主要手段，其中北欧地区银行和最高峰时相比已削减了近 50% 的网点。主要原因是，这些国家有着比较高的互联网使用率和在线银行使用率。另外，在金融危机后，大量欧洲银行仍经营困难，需要通过削减网点等方式来降低运营成本，摆脱亏损局面。

近 80 年来，美国的银行网点数量总体呈上升趋势。美国联邦存款保险公司于 2015 年发布一篇研究报告，对美国过去 80 年的网点数量变化情况进行了分析。该研究报告显示：①

美国的电子银行渠道始于 20 世纪 70 年代的 ATM（自动柜员机），20 世纪 90 年代网上银行和纯网络银行（无实体网点的银行）开始得到大力发展，网点的业务量显著下降，每个网点的日均交易数量从 1992 年的 390 笔下降到 2013 年的 210 笔，下降了 46%。然而，美国银行网点总体上仍呈增长趋势，20 世纪 70 年代到 2014 年网点数量增加了近 50%，20 世纪 90 年代到 2014 年网点数量增加了 10% 以上。

1989 年美国经济危机和 2008 年次贷危机后，美国银行业发生了大量的银行合并案例，银行网点有所减少，但在其他阶段，网点数量一直呈增加趋势。

---

① *Brick-and-Mortar Banking Remains Prevalent in an Increasingly Virtual World*, FDIC Quarterly, 2015, Volume 9, No. 1. https://www.fdic.gov/bank/analytical/quarterly/2015-vol9-1/fdic-4q2014-v9n1-brickandmortar.pdf.

2008—2014 年，美国的银行网点数量下降了 4.8%，主要是因为银行收购兼并后对重叠网点的撤并（在金融危机前的 2007 年年底，美国有 8 543家银行，在金融危机后的 2010 年年底，减少到 6 914 家）。网点对客户的辐射距离无明显变化。关闭的分支机构几乎完全位于银行分支机构重叠的区域，但没有任何证据表明银行打算扩大网点与客户之间的距离。

从次贷危机到 2018 年，美国减少了 15% 左右的网点。美国的四大银行中，除了富国银行，花旗银行、摩根大通和美国银行都撤掉了 20% 左右的网点。相比之下，美国小型银行（主要是信用合作机构）的网点数量基本稳定。此外，自 2018 年以来，美国的银行网点的撤并速度有所放缓，80% 的银行没有在 2018 年继续撤并网点，而在 2017 年撤并网点的银行的占比达近 50%。

在美国，银行撤并网点的驱动因素主要有两个：一是次贷危机后，很多银行经营失败，银行兼并导致重叠网点撤并。在此驱动因素下，银行减少的网点中有 1/4 是 1.5 千米之内的重叠网点，1/2 是 3 千米之内的重叠网点。网点周边其他网点越少，银行撤并网点越谨慎。二是大型银行退出规模较小或增长缓慢的区域市场。到目前为止，美国各大银行以调整重叠网点、低效网点为主，而不是主动关停网点。在此背景下，第一种驱动因素将继续存在，但第二种驱动因素可能不复存在。

有意思的是，尽管次贷危机后美国银行业网点的总量减少，但大城市的银行网点总量一直在增加。数据显示，美国前二十大城市以 6.6% 的网点份额占据了 25% 的存款份额。在其他区域的网点数量都减少的情况下，这些地区的网点总量仍在逆势增长，2000—2015 年，美国前二十大城市银行网点数量从 4 000 增长到 6 000，而且还在继续增长。①

在经济衰退时，银行考虑的是怎样控制成本。在经济复苏后，银行继续开始新的扩张。近几年来，美国银行业恢复增长态势，2019 年，多家大型银行的利润又创历史新高。自 2017 年以来，摩根大通和美国银行先

① Citi GPS：Global Perspectives & Solutions，March 2016.

后宣布计划未来几年在新的市场开设数百家新网点，其中，摩根大通计划在未来3年新开设400个网点。值得注意的是，这两家银行的计划并不是简单地加大网点密度，而是要在新区域市场中进行开拓。①

目前，银行业务地域扩张采取的是全渠道扩张模式，网点就像地面部队，互联网科技手段就像空军，银行采用全方位立体作战方式进入一个新市场，这就是美国多家银行会进一步扩张线下网点的原因。

从以上分析我们可以看到：国外银行网点数量的变化受到电子化渠道的一定影响，但与经济发展及经济周期的关系更为紧密。

近年来国内银行网点的变化

中国的四大银行在2000年以前主要按照行政区划来设置网点，存在大量低效网点，由于股份制改造和上市需要减员增效，四大银行在1998—2004年开展了大量网点撤并工作。2002年中国网点总量约为26万个，其中四大银行的网点总量超过12.3万个，而到2010年，四大银行的网点数量下降至6.45万个。

在2010—2014年的5年间，四大银行的网点数量恢复增长。一方面，四大银行对其现有网点布局进行了结构调整，另一方面，四大银行积极新设网点。中国农业银行主要以结构调整为主，通过大力提升在中心城区的网点占比来实现客户结构的调整，通过加强对重点县域的网点渗透来巩固原有优势区域的竞争地位；中国建设银行和中国银行在城市新兴区域和县域加强网点布设。据统计，2011—2014年，四大银行在全国范围内均不同程度地增加了网点数量，如中国建设银行增加7.9%，中国工商银行增加4.5%，中国银行增加3.5%，中国农业银行增加0.4%。

受到国内宏观经济的影响，2012年，中国银行业利润增速开始下降。

---

① Big Three U.S. Banks Set Branch and Tech Plans for Year Ahead. https://the financial-brand.com/92487/branch-mobile-banking-app-google-bofa-citi-chase-digital-innovation/2020.

中国 GDP（国内生产总值）增速从 2012 年起开始回落，告别了过去 30 多年平均 10% 左右的高速增长，2012 年中国 GDP 增速为 7.9%，首次进入个位数时代。2015 年中国 GDP 增速为 6.9%，进入“6 时代”。在中国经济进入新常态的背景下，国内银行业利润增速出现下降的情况。

尽管如此，但在全球银行体系中，相对于大面积亏损的欧洲银行业和刚刚从金融危机中走出来的美国银行业，中国银行业可以说是“一枝独秀”，虽然中国银行业也面临利润增速下降的挑战，但中国的银行目前仍是全球盈利能力最强的银行，中国银行业的盈利水平仍远远高于全球银行的平均盈利水平。尽管国内大多数银行的净资产回报率（ROE）从 2014 年的 20% 左右下降到 2018 年的 15% 左右，但仍然高于国际大型银行的 8% ~ 10%，中国的银行在全球排名前 1 000 的银行里贡献了 1/3 左右的利润。

如表 1 – 1 所示，近 10 年来，中国银行业并未出现网点大量减少的现象，网点总量一直在不断增加。

表 1 – 1 中国银行业网点数量变迁

年份	网点总数（万个）	新增网点数量（个）	新增百分比（%）
2014 年	21.7	6 800	3.24
2015 年	22.4	6 900	3.18
2016 年	22.8	3 800	1.69
2017 年	22.87	800	0.35
2018 年	22.86	–100	–0.04

资料来源：中国银保监会。

从表 1 – 1 可以看出，2014—2017 年，中国的银行网点总量一直在上升，不过网点数量的增速与银行利润的增速一样，呈减缓的趋势。到 2018 年年末，全国网点数量首次较同期减少。

按照中国银保监会公布的金融许可证的相关数据进行统计，2019 年全年新增网点 2 880 个，退出网点 2 758 个，到 2019 年年末，全国银行网点总量为 22.51 万个。相对于 2018 年年末全国银行网点总数 22.50 万个，

2019 年全年网点总量仅增加了 122 个。

根据中国银行业协会于 2019 年发布的数据，2018 年全国一年减少了约 100 个网点。中国银保监会和中国银行业协会发布的数据的口径可能不太一致，但从网点增减的百分比来看，2018 年和 2019 年网点数量的增减幅度都不到总量的 0.05%，相对于全国庞大的网点总量，可以认为 2019 年网点数量继续保持稳定。

从全国的情况来看，2000—2005 年，由于四大银行股改上市，全国的网点数量急剧减少。在其后的 10 多年里，一直到 2017 年，网点总量缓步上升。2018—2019 年，网点总量相对稳定。

从四大银行的情况来看，根据银保监会发布的数据，2019 年全年四大银行净减少网点 584 个。其中，中国农业银行网点净减少最多，净减少了 231 个。中国建设银行网点净减少幅度最小，净减少了 71 个。①

根据我们的数据统计，2011—2018 年，四大银行的网点总量增加了 1.69%，而 2014—2018 年，四大银行的网点总量增加了不到 0.1%，相对稳定。

除了四大银行外，其他类型的银行，尤其是地方性银行、村镇银行等的网点总量一直略有增长。

各大银行对网点数量的决策是一种博弈行为，属于纳什均衡。假设有 n 个局中人参与博弈，在给定其他人策略的条件下，每个局中人选择自己的最优策略（个人最优策略可能依赖于，也可能不依赖于他人的策略），从而使自己的效用最大化。所有局中人的策略构成一个策略组合。纳什均衡就是指这样一种策略组合，这种策略组合由所有局中人的最优策略组成，即在给定其他人策略的情况下，没有人有足够理由打破这种均衡。

“囚徒困境”是一个典型的博弈论模型。两个犯罪嫌疑人被关入监狱，不能互相交流。如果两个人都不揭发对方，则由于证据不足，每个人

① 由于银保监会公布的数据为金融许可证口径，其与各行实际运营的网点数量存在一定的差异。

坐牢1年；若一人揭发对方，而另一人沉默，则揭发者因为立功而立即获释，而沉默者因不合作而要坐牢20年；若两人互相揭发，则因证据确凿，两者都被判刑5年。囚徒困境所形成的均衡解就是纳什均衡解，即两个囚徒从自身效用最大化的角度考虑都会互相揭发，而不是同守沉默，但这并非帕累托最优状态。

囚徒困境是两个被捕的囚徒之间的一种特殊博弈，说明了为什么甚至在合作对双方都有利时，保持合作也是困难的。囚徒困境是博弈论的非零和博弈中具有代表性的例子，反映了个人最佳选择并非团体最佳选择。

大型银行对于网点总量的决策属于博弈。尽管从帕累托最优状态的角度看，在目前盈利增速下降的情况下，各家银行应该考虑削减网点以降低运营成本，但是在实务中，银行往往担心撤销网点后，会有一定的市场份额和客户流失，所以各大银行对于网点的撤销是非常谨慎的。

近年来，在我们和一些大型银行总行的交流中，多数银行表示，一方面不会像过去那样通过"跑马圈地"大幅扩大网点规模，另一方面也不会通过大量削减网点来降低运营成本。今后的工作将更注重不同地区间网点数量和结构的调整，以及网点形态的调整。

大型银行的策略显然也是一种博弈的均衡，而这种均衡何时会被打破，取决于中国经济未来的走势和各大银行未来几年盈利能力是否出现剧烈的负面变化。

2020年新年伊始，突如其来的新冠肺炎疫情很有可能会拉开中国银行业网点进行更大规模调整的序幕。

从经济发展的情况来看，2019年中国GDP增长6.1%，是2015年中国经济进入"6时代"以来的最低值。受新冠肺炎疫情影响，2020年中国GDP的增速将承压，中国银行业盈利增长空间进一步收窄成为大概率事件。

从积极的方面来看，新冠肺炎疫情将大大促进银行业电子渠道的发展。与其他行业相比，目前银行业务的电子化程度已经非常高，整个银行业的离柜率已接近90%，部分银行已达到95%以上。除了少部分业务外，客户和银行工作人员面对面接触已非必需。

根据我们于2020年2月下旬完成的一份线上市场调研报告，有57.40%的个人客户认为新冠肺炎疫情对自己获取银行的金融服务“基本没有影响”，只有12.15%的个人客户认为“影响很大”。具体如图1-1所示。①

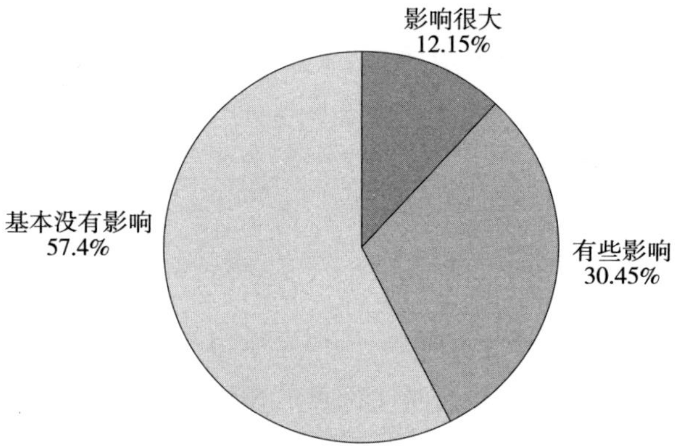

图1-1　市场调研结果（1）

当被问及“新冠肺炎疫情是否会改变您去银行网点办理业务的习惯”，有30.12%的个人客户反馈“会改变，以后将更多使用线上渠道”。具体如图1-2所示。

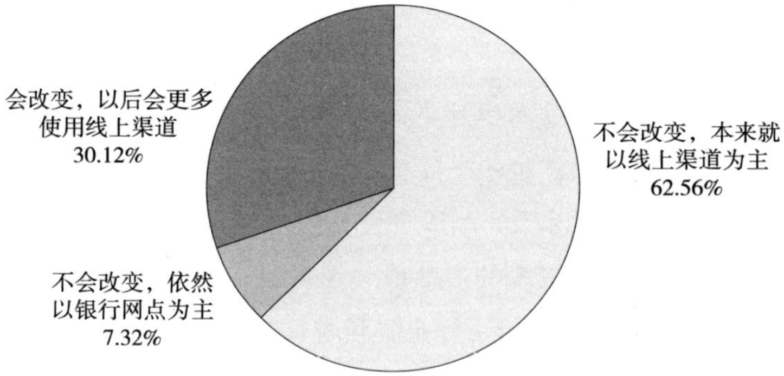

图1-2　市场调研结果（2）

① 本章图表除具体标注的，均来源于上海银翱管理咨询有限公司。

当被问及“如果银行大量减少网点，您觉得对您的生活有影响吗”，只有 4.66% 的个人客户认为“有一些影响”，而 51.5% 的个人客户认为“基本没有影响”。具体如图 1－3 所示。

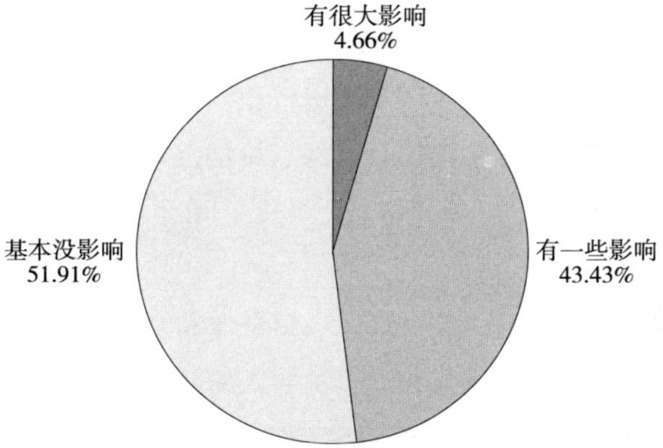

图 1-3　市场调研结果（3）

除了针对个人客户外，我们本次还专门对超过 200 名来自各类银行的业务管理人员、渠道管理人员和支行网点负责人进行了线上调研。

当被问及“您觉得本行网点数量未来会发生怎样的变化”，有 37.95% 的银行工作人员认为不会有变化，有 38.84% 的银行工作人员认为会有一定减少，只有 0.89% 的银行工作人员认为会大量减少。具体如图 1－4 所示。

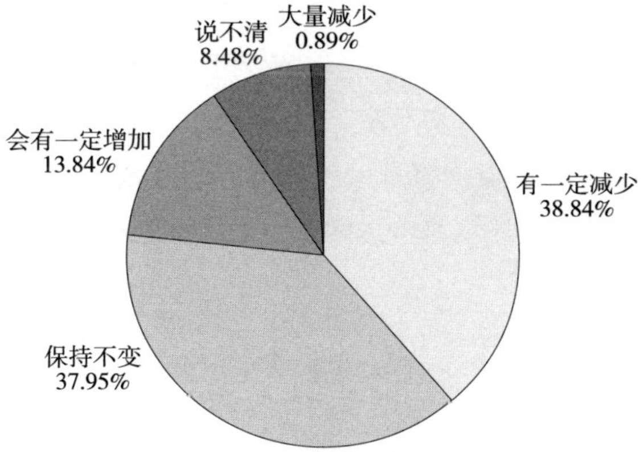

图 1-4　市场调研结果（4）

从针对个人客户和银行工作人员的调研结果我们可以看到，供给方和需求方存在较大的认知差异。这意味着未来银行网点的数量一定会发生变化，但并不会在短时间内迅速调整完毕。

由于银行是顺周期行业，鉴于当前经济形势，银行的利润增长会受到负面影响。由于银行网点的综合成本在银行总成本中占 50% 以上，银行势必将在运营成本和人力成本等方面进行压缩和控制。

我们认为，未来几年中国银行业网点总量会处于下降通道，而且降幅会从过去几年的不足 0.1% 逐渐放大。但是，由于多种原因，网点总量不会出现剧烈的跳水。

由于未来都市圈的进一步发展，人口资源和金融资源相应地会不断转移调整。作为线下渠道，网点在有资源导入的新兴区域仍需要有一定的布局，以保证适度的覆盖和全渠道运营的完整性。在网点总量减少的背景下，这意味着原有的传统区域的网点会有更大幅度的调整和撤并，网点密度会适当降低。在这种情况下，作为一种“昂贵”且在全渠道中不可或缺的角色，现有网点的资源如何最大限度地发挥作用，就成为希望保持可持续发展的银行在精细化管理方面必须认真对待的问题。

在目前的经济环境和信息科技发展背景下，我们预计，大型银行由于已经具备网点规模优势和较强的金融科技能力，将进一步强化全渠道融合，率先扩大网点总量的减少幅度；地方性的中小银行由于客群、科技投入的限制，其网点仍会扮演重要角色，以发挥网点地缘优势和人缘优势，因而网点数量的下降空间相对有限。

2020 年的新冠肺炎疫情将进一步促进客户养成线上金融习惯，同时也使银行管理人员不得不认真考虑网点未来的价值定位，促进银行网点加速转型。

截至 2019 年年底，中国有 22 万多个银行网点，美国有近 10 万个银行网点，欧洲有 20 多万个银行网点。庞大的数量必然会使银行网点经历一个较长的演进过程。我们认为，银行网点不会消失，而且仍将在全渠道中扮演重要的角色，但银行网点本身会不断进化，今天的银行网点已不是昨天的银行网点，也不会是明天的银行网点。传统意义上的银行网点正在消失，不是在物理结构上，而是在服务方式上。为了在新时代生存和发展，银行需要对网点布局规划、科技手段运用、网点运作模式选择以及网点员工配置等进行更多战略调整。

线上和线下的关系

随着线上销售模式的发展，线下零售门店的职能正经历着从产品销售中心到品牌体验中心的重大转变。2019 年 10 月 18 日，三星在中国的首家旗舰体验店正式在上海开业，该店位于上海南京东路步行街，对面就是苹果的体验店。三星体验店的主题围绕人们的生活，展示了技术如何让生活更美好，并开展了一系列的体验活动及技能分享讲座。和苹果一样，三星未将销量作为体验店的考核指标，不会诱导人们在体验店购买产品，而是鼓励大家去尝试、去体验。

研究发现，同时具有线上线下能力的企业的销量增速要比纯线上企业高 8 倍，因此门店成了全渠道中的一个重要组成部分。近年来，互联网巨头们纷纷加强线下门店布局，因为它们意识到，只有进行线上线下融合，才有未来。

大多数银行所面临的问题和零售业类似：一方面，线上渠道正在不断成为人们的第一选择；另一方面，人们对线下网点仍有需求。研究发现，线上线下是相互影响的：新开设一家实体店后，网上点击率增加了 37%；在一个区域市场关闭一家实体店后，相应市场的网上点击率下降 77%；线下服务人员与客户的接触次数和销售收入呈正相关；全渠道客户（使用线上和线下两种方式的客户）带来的业务额和忠诚度都高于其他客户。

因此，在线上渠道快速扩张的同时，美国的一些银行并没有停止线下网点的扩张。美国银行和摩根大通在次贷危机后的经济衰退中减少了 20% 的网点，但这一做法并不意味过去存在网点冗余现象，而是综合考虑成本和收入后做出的决定。作为上市银行，美国银行和摩根大通需要考虑股东回报等资本市场影响，只能通过不断减少网点数量来控制成本。

银行线下网点的存在是必要的，客户经理在线下与客户的接触次数和销售收入呈正相关。银行需要经常为客户进行财务方面的规划，根据国内外形势的变化进行资产组合的重新调整。如果客户每季度能来网点一次，假设每名客户经理负责 400 位客户，一年工作 250 天，那每天就要接待近 7 位客户，这个时候线下交流场所——银行网点的重要性就凸显出来。在银行网点，除了进行金融相关的客户活动外，还可以安排其他非金融方面的活动。

与零售业的情况类似，银行业全渠道客户带来的业务收入和忠诚度都高于其他客户，同时这些客户的满意度也最高。满意度最低的是那些只能获得线上服务的客户，遇到问题很难高效地在线上找到相关负责人，只能和语音机器人打交道。亚马逊是线上巨头，于 2017 年开始开设线下门店，就是因为线上线下能够相互影响，促进业务的发展。

线上渠道和线下渠道不是彼此取代，而是发挥各自优势、互相依存的关系。未来银行网点的存在是为了让客户有更好的体验，而不是刻意成为“无人网点”。没有银行员工的“无人网点”很可能会变成没有客户的“无人网点”。

服务客户的差异化偏好

在个人客户和小型企业选择银行时，网点的便利性仍然至关重要。我们进行的客户调查显示，距离和网点工作人员的服务能力仍然是客户选择银行网点的首要考虑因素。

银行客户具有多样性，年龄跨度从二十来岁刚进入社会的职场新人到七八十岁的老人；地域分布从沿海城市到内陆地区，从城市到乡镇农村。不同的客群有不同的行为习惯和需求。

将客户“迁移”到自助服务设备是银行提高网点运营效率、降低成本的常用方法，但并不是所有客户都喜欢自助服务，有些客户仍希望能和信得过的银行网点员工面对面交流，例如中老年人和高净值人群。

目前，有相当一部分中老年人依赖银行网点，他们不会使用电子设备，也不相信互联网服务。特别是前几年 P2P（互联网金融点对点借贷平台）频频“爆雷”后，这部分客户更不相信网上理财，更倾向于和银行打交道。同时，银行线下理财收益超过余额宝，因此拥有大额资金的居民更愿意到银行办理业务。高净值客户习惯到银行网点办理业务（大额储蓄和大额理财），并接受银行专业理财人员的服务。一些银行发现，最有价值的客户往往是网点和电子银行等多个渠道的活跃使用者。

关闭银行网点和减少人员将减少银行的运营费用，但也可能造成客户的流失。客户被迫转向电子渠道可能迫使其转投其他银行。银行网点内的沟通交流仍然是交叉销售和客户转介的主要来源。如果没有这些沟通交流，一些价值客户就会流失到其他银行。在衰退的区域市场中关闭某些网点可能会提高银行利润，但不加判断就大量关闭网点将损害利润的长期增长。

当遇到复杂问题时，客户希望能与银行人员交流。当涉及大额资金或做有长期影响的财务决策时，人们更相信银行网点。

全渠道融合的要求

每位客户都认为自己是独一无二的，应该受到银行的重视，不愿因为银行想降低成本而被迫使用某种特定的渠道。客户希望能自由选择产品购买渠道和互动方式，不管使用何种渠道，都能得到良好的服务。虽然大多数客户在购买前会通过网络、银行网点和社交媒体搜集信息，但他们不希望购买方式被限制在某个渠道。此外，如果客户的购买过程由于某些原因而中断，应允许他们在不丢失已提供信息的情况下继续使用他们偏好的渠道。

对于大多数金融机构来说，流程和技术需要改进，以使客户获得跨渠道、跨部门的一致体验。

在关于银行网点的作用和未来命运的争论中，最重要的决定因素是客户需求。虽然客户到银行网点办理业务的频率下降，越来越多的客户选择手机银行和网上银行服务，但他们仍然会去银行网点办理业务，因此大多数客户选择的是多渠道银行服务。

客户对移动设备的偏好并不会降低他们对线下渠道中人际交往的需求。客户对电子渠道的使用实际上会增加他们对线下渠道中人际交往的需求。客户喜欢用手机银行查询账户余额，进行转账，但他们也需要到网点申请贷款和解决问题。更多的线上交易意味着更多的网点访问或电话咨询。

使用多种渠道的客户会购买或使用更多银行产品，而且会给银行贡献更高利润。根据富国银行的数据，使用三种以上渠道和购买九种以上产品的客户，与使用不到两种渠道和购买少于三种产品的客户相比，利润贡献高两倍，客户保留率高 24% 。

不是每位客户都会以相同的流程使用相同的渠道。客户交易流程可以从手机银行或网上银行开始，也可以从网点开始。多个渠道并行使客户可以在网点就问题进行交流，在线上购买产品。

无论客户的交易流程如何变化，银行变革的关键是允许渠道的无缝连接，并保持信息的一致性和连贯性。在此过程中，网点仍将是客户整体体验的一部分，可以给客户带来便利。

虽然未来网点的数量会有一定减少，但网点将更好地满足客户不断变化的电子化和人际沟通需求，成为科技和人际交互的结合点。

线上和线下的关系概述

科技的发展正在推动网点提供更多电子自助服务，这对网点员工与客户的互动方式产生了巨大影响。正在加快转型的银行网点，需要在人与科技之间找到平衡。

对于银行网点使用自助智能设备的看法往往分两种：一类认为网点应

尽可能配备自助设备，另一类认为网点应用科技武装员工，使员工和客户进行更密切的接触。

马斯洛需求层次理论认为，人的需求从低到高依次分为生理需求、安全需求、社交需求、尊重需求和自我实现需求。这些需求是按先后顺序出现的，当一个人的较低需求得到满足之后，才会出现较高级的需求。

从银行服务的角度分析，客户同样有安全、快捷、社交和受到尊重的需求。在办理账户查询、转账、支付等业务时，关键是安全、快速和便利，在这些功能性需求方面，高度数字化的处理能力是关键，在这个方面，电子渠道有优势。在提供建议、咨询式销售、解决问题等客户服务方面，信任和情感是关键，在这些依赖人际关系和社交的情感性需求方面，线下渠道有优势。客户在基本的功能性需求得到满足后，仍然会有更高级的情感性需求。

线上服务和线下服务像是人的左脑和右脑。人的左脑负责逻辑思维，如科学、下棋等，右脑负责艺术思维，如舞蹈、音乐、绘画等。左脑和右脑分别被称为“知性脑”和“艺术脑”。

物理渠道和电子渠道在满足客户需求方面，也像左脑和右脑，各有优势，分别满足客户的基本需求和高级需求，两者密不可分。

认为实体网点和数字化银行之间存在竞争关系的观点是错误的，重点应该放在客户需求上。根据第一性原理，客户关心的并不是采用线上渠道还是线下渠道，而是便利性，即能在其需要的时候，通过最适合的渠道得到服务。

随着交易量继续向电子渠道迁移，银行网点需要将资源投入能产生更高价值的销售和咨询服务中。其实客户仍然需要来自网点的建议和服务，但是，目前各银行的服务离客户的期望还有一定差距，员工专业度有待提高，这是未来几年的变革重点。由于客户到实体网点寻求服务的首要目的是解决问题，银行员工良好的人际沟通能力和专业技能是基本要素，高质量的服务是工作基础。

银行网点可以发挥线下渠道的优势，人机协同才是未来网点的重点。

“两去、两中心”趋势

银行网点在未来将出现“两去、两中心”的趋势，即“去现金化”和“去交易化”，向“咨询服务中心”和“生态圈中心”转化。网点的“去现金化”已是大势所趋，网点的“去交易化”趋势将逐渐呈现，网点作为线下“咨询服务中心”和“生态圈中心”的地位将不断凸显。

去现金化

随着互联网的普及，智能手机连接线上线下，移动端支付凭借便捷、高效的优势逐渐成了人们的主流支付方式，以“无现金”为核心的支付时代已悄然而至。从北上广等一线城市到三、四线城市，街区、菜市场或任何一个小商铺都可以用手机付款，移动支付已经深入中国支付交易的各个角落。

《2018 全球支付报告》显示，统计期内无现金支付总次数，美国以 1 485亿次名列第一，欧元区以 745 亿次位居第二，中国以 480 亿次位居第三。①

美国的去现金化主要体现在信用卡上。在美国，信用卡体系非常完善，世界上信用卡交易量的 40% 产生在美国，因此美国的去现金化在世界排名第一。但是如果只看电子支付，早在 2017 年，中国市场就已经超过 200 万亿次的容量，比美国高 90 倍。中国移动支付飞速发展，交易占比从 2013 年的 8.6% 上升到 2018 年的 62%，移动支付全面替代了现金支付和银行卡支付，成为居民日常消费的第一大支付方式。

根据中国支付清算协会发布的《中国支付清算行业运行报告

① Worldpay. Global Payments Report Digital 2018［R］. London：Worldpay，2018.

(2018)》，如表 1－2 所示，2016—2019 年，全国非现金支付业务笔数飞速增长，趋于高频小额化。①

表 1－2　2016—2019 年中国非现金支付业务发展情况

年份	非现金支付业务笔数（亿）	非现金支付业务笔数同比增长（%）	非现金支付总额（万亿元）	非现金支付总额同比增长（%）
2016 年	1 251. 11	32. 64	3 687. 24	6. 91
2017 年	1 600	28. 59	3 750	1. 97
2018 年	2 203. 12	36. 94	3 768. 67	0. 23
2019 年	3 310. 19	50. 25	3 779. 49	0. 29

资料来源：《中国支付清算行业运行报告（2018）》、中国人民银行官网。

分析 2016—2019 年的数据发现，非现金支付业务笔数持续增加，而非现金支付总额趋于平稳，说明非现金支付业务已趋于成熟，融入了寻常百姓的日常生活。

另外，从 2017 年开始，银行用于网点分流的 ATM 的交易额出现大幅负增长，同时银行 ATM 投放数量、自助银行数量也出现负增长。

根据中国人民银行发布的《2018 年支付体系运行总体情况》报告，2018 年四季度银行 ATM 总量为 111. 08 万台，较上季度末减少 1. 77 万台。全国每万人对应的 ATM 数量为 7. 99 台，环比下降 1. 57%。这是自央行扩大 ATM 统计范围后数量首次出现下滑。截至 2019 年年末，银行卡跨行支付系统联网商户有 2 362. 96 万户，联网 POS 机 3 089. 28 万台，ATM 109. 77 万台，较 2018 年年末分别减少 370. 04 万户、325. 54 万台和 1. 31 万台。全国每万人对应的 POS 机数量为 221. 39 台，同比下降 9. 88%，每万人对应的 ATM 数量为 7. 87 台，同比下降 1. 56%。2013—2018 年中国工商银行 ATM 交易额如图 1－5 所示。

① 中国支付清算协会. 中国支付清算行业运行报告（2018）［R］. 北京：中国支付清算协会，2018.

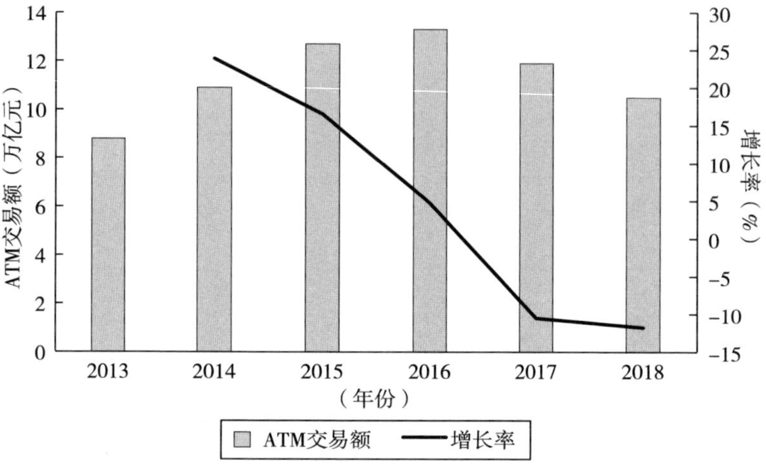

图 1-5　2013—2018 年中国工商银行 ATM 交易额

资料来源：智研咨询。

2017 年，中国工商银行 ATM 交易额为 11.86 万亿元，同比减少 10.6%，五年来首次出现负增长。2018 年，中国工商银行 ATM 交易额进一步下降 11.0%。中国工商银行为四大银行中规模最大的一家，其数据有很强的代表性。ATM 交易额减少是网点去现金化的一个缩影。2017 年以来多家 ATM 厂商的营业收入和净利润大幅下滑也印证了这一点。

去交易化

银行离柜率超过 90%

离柜率指的是离开柜台办理的业务量和总业务量之间的比率。随着金融科技的不断渗透，离柜率不断上升，根据中国银行业协会发布的数据，2018 年中国银行业的离柜率已达 88.67%，具体如图 1-6 所示。

2019 年，银行业的离柜率已经达到 89.77%。同时，近年来全国性银行的离柜率普遍在 90% 以上，导致银行网点的客户流量支持出现“断崖式”下跌。

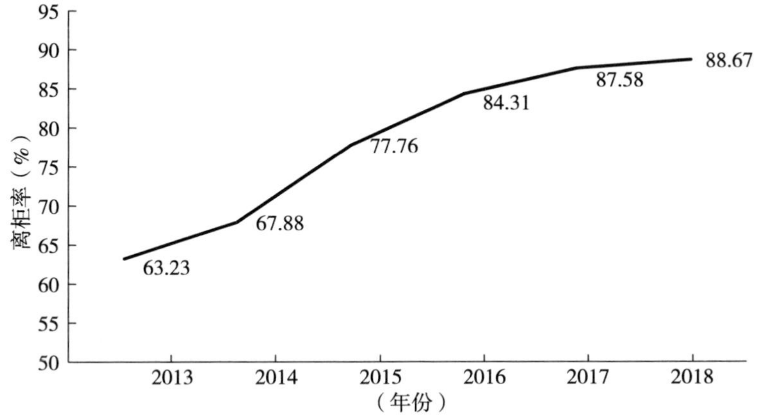

图 1–6　中国银行业离柜率

资料来源：中国银行业协会。

移动支付在柜面交易替代结构中的占比超过 50%

银行在进行离柜率的分析时，简单从大机具（主要指存取款一体机和智能自助终端）、小机具（POS 机）、线上渠道（手机银行和第三方支付）和柜面交易（网点柜面业务办理）等四个维度进行划分。某银行 2016 年 6 月的离柜率为 79%，其中大机具为 49%、小机具为 11%、线上渠道为 19%，柜面交易为 21%；到 2017 年 6 月，离柜率为 87%，其中大机具为 25%、小机具为 8%、线上渠道为 54%，柜面交易为 13%，可以看到移动支付发展迅猛，线上渠道逐渐替代其他渠道。2019 年全国性银行的离柜率为 89. 77%，其中移动支付占比超过 50%。

互联网金融的发展和移动技术的逐渐成熟，大大提高了移动端金融业务的可能性和便利性，加速了银行电子渠道对传统物理渠道的替代，越来越多的客户更倾向于在线上完成金融交易。

如今银行面临客户到店率不断下降，离柜率不断上升的局面。与此同时，线下网点出现了资源利用率偏低，成本高昂，营运压力较大的问题。根据第一性原理，客户希望得到的是便利的服务。因此，基于以上原因，各银行依据轻型化、智能化的升级转型方向，开始对网点进行重新定位。

银行网点将不断剥离交易功能，大众化、标准化产品都将被转到线上，而网点则主要提供非标准化、个性化的产品和服务。

咨询服务中心

随着金融科技的发展，客户对现金的需求不断下降，大部分交易类业务已经可以在手机银行上完成。虽然银行网点的位置仍然是客户选择银行时考虑的首要因素之一，但和以前相比，其重要性已有所下降，网点更需要通过针对目标客群的专业咨询服务来吸引客户。

银行需要依靠数据分析来推动网点变革，为客户提供多渠道体验，并在自助服务和人工服务之间进行无缝衔接。与一名有亲和力、训练有素的工作人员进行面对面的沟通，比任何电子渠道或自助服务中的互动更有可能使客户感到满意，并建立客户忠诚度。

尽管银行认为未来银行网点应该主要为客户提供咨询服务，但在大多数客户的眼里，银行网点仍然是进行业务处理的场所，而不是提供咨询服务的地方。这就是为什么很多人认为银行网点在未来没有存在的必要，“金融服务无处不在，就是不在银行网点”，这句话的由来也是如此。

客户进入银行网点，首先看到的往往是柜台和各种自助交易设备。因此，在客户的认知里，银行网点就是进行交易的地方，而不是进行咨询或财富管理的地方。同时，在对银行提供的咨询服务的评价上，较少客户认为银行提供了令人满意的咨询建议。因此，如果银行要将未来网点的功能定位从业务处理转换到服务咨询，就必须采取与以往不同的手段和方法，培养一批能胜任的理财顾问，提供有质量的咨询服务。

富国银行董事长曾在致股东的信中说：“我们的目标是为每一位客户制定一份理财规划……有些客户需要一份详细的理财规划，有些只需要简单的理财规划。我们为客户所做的一切都是要和客户的财务计划相联系。”因此，最好的销售方法就是扮演好理财规划师的角色，帮助客户建立一个旨在实现客户最重要的个人或家庭目标的全面财务规划，实现不销而售。在创建财务规划的过程中，银行员工可以全面了解客户的财务状况、社会关系、财务方面的问题和目标，并建立未来财务计划。

由于金融几乎渗透到生活的方方面面，作为金融市场中的重要组成部分，银行可以通过对客户的财务进行健康化管理，来帮助他们改善生活。

对于银行来说，这不仅仅是场景化营销，还需要充分了解客户生活的方方面面。人们一直希望有可信赖的财务顾问，帮助他们应对生活中的诸多财务挑战。我们可以看到，在前几年 P2P 的不断“爆雷”中，很多人多年积累的财富化为乌有。对这一现象进行反思，我们可以发现，这一问题就是客户财务健康管理功能的缺位所造成的。

金融知识的普及并不局限于识别假钞，更重要的是帮助客户理解收益、风险和流动性之间的内在联系，从而进行良好的平衡。在这一过程中，银行大有可为。

通过了解客户的家庭规划和人生规划，网点可以更有效地帮助客户，进而理所当然地成为社区中心。

下面列举一些典型的网点类型：

- 针对年轻家庭的网点。咨询区域要有一定的私密性，要能同时容纳一对夫妇，有可能还需要有小朋友玩耍的地方。这类网点在设计的时候要用居家的颜色，让客户坐在里面就有回到家的感觉。
- 针对中小企业的网点。网点内提供小型会议室，除了用于银行员工和客户的交流外，企业客户还可以申请用于客户会议。众多小企业客户希望获得一站式服务，包括税务上的咨询、人力资源方面的服务、市场营销上的支持等。
- 针对高净值客户的网点。这种网点在形式上可以和上面两种网点相结合，通常设置在二楼，需要有私密的会议室，为高净值客户进行各类财富规划。

在所有这些网点的转型中，银行需要不断提高员工的能力，使他们可以为客户提供高质量的咨询服务，成为真正的专家。除了财富咨询外，银行员工可能还需要在客户的生活、经营等方面提供建议和帮助。

生态圈中心

每个银行网点都处在一个生态圈中，网点员工在根据生态圈内客群的特点提供针对性服务的同时，能够加强和客户在情感上的连接，人和人之间的连接仍然是网点服务中一项非常重要的内容。

银行需要将网点建成以咨询服务为重点的生态圈中心，银行网点的咨询服务是网点价值的重要体现。要针对不同类型的客群提供不同类型的网点，使客户有被特殊对待的感觉，而且要使客户有良好的体验。

银行需要为人们提供一个进入银行网点做其他事情而非办理传统银行业务的理由。这么做的好处是显而易见的。通过使银行网点成为客户“自己的空间”，能够促使客户有更多理由走进网点，从而创造更多销售金融产品的机会，甚至通过客户的口口相传获取更多的增量客户；当银行网点成为社区居民日常活动的聚集地时，网点的形象就从传统的单纯办理银行业务的金融机构转变成社区的一分子，居民对网点的信任和依赖将大大加深，从而增加客户黏性，延长生命周期。

随着网点的转型，网点内交易功能的占比将不断下降，银行可以根据实际情况，将网点富余的空间转化为客户咨询交流、共享学习、共享办公、社区活动甚至业余锻炼的场所。这样做，一方面可以帮助人们更好地管理自己的财务，另一方面可以丰富人们的生活。通过这种方式，银行可以不断加强与社区的联系，满足人民“对美好生活的向往”。

目前，一些银行已经开始对银行网点进行重新定位。一方面，支持“数字优先”，另一方面，将网点从销售中心转变为客户生活中心。因为如果银行过度强调网点的销售职能，就会使客户对网点敬而远之，而通过银行提供的咨询服务和指导，客户可以自行在线上进行操作，也就完成了所谓的销售。

我们知道，身心和谐是幸福的本质。人们都希望在金钱方面对自己的生活有掌控感。对金钱的担忧是造成精神压力的主要原因之一。如果不加以控制，这些压力甚至会导致疾病。

因此，银行可以通过讲座或一对一的交流来协助人们解决由金钱问题引起的心理健康问题。只有心理方面的问题得到解决，人们的生活才能更幸福。金融知识方面的教育是帮助人们实现人生目标的加速器，给人们带来财务上的自信。无论是社区讲座，还是当地企业家的研讨会，银行网点都可以通过成为社区学习的传播基地，重获在社区的中心地位。

星巴克的定位是“第二会客厅”，既然客户可以在星巴克工作或会客，那么银行网点也可以具备同样的功能。从这个角度出发，就可以发掘出网点新的价值。

从清晨的瑜伽课，到午间或晚上的健身运动，通过提供设施和环境，银行网点可以更好地为当地社区服务。此外，银行网点还可以开展营养保健、美食烹饪或健康饮食等讲座，来帮助人们维持心理与身体的健康。这些活动都可以将银行网点变为充满活力的社区中心。

对大多数人来说，由于银行的专业术语、利率费率、合规要求等多种多样，和银行打交道不是一件容易的事情。为了实现各阶段的人生规划，需要攒多少钱，能贷多少款，怎样安排还款最合适，对于这些问题，银行网点可以为客户营造放松的环境，通过提供咨询服务，使客户有对财务的掌控能力。只有这样，银行网点才能成为当地的社区中心和人们可信赖的伙伴。

在未来，银行网点将明显多元化。一些银行将通过技术手段降低成本和缩小网点面积，另一些银行则将不断探索，挖掘网点新的价值。一些真正有远见的银行会将数字化转型和重塑网点定位结合起来。

银行网点不再会有排队现象，柜台和自助区域将消失，取而代之的是能给人们带来全新体验的网点。银行网点帮助人们进行财务健康管理，还可以通过提供其他一系列服务，帮助人们平衡身心，获得更美好的生活。

网点的未来

“没有永远成功的企业，只有适应时代的企业。”

中短期

由于银行网点租金和人员成本不断上升，在经济新常态下，中短期内银行会以控制和压缩网点成本为主要着力点，努力降低运营成本，提升渠道整体投资回报率以及经营效率。银行在保持一定程度的线下网点覆盖，发挥网点线下引流和展现品牌形象作用的同时，整体上会缩小网点面积，逐渐减少网点人员，用机具替代人工。智慧网点的建设在中短期内将以降低成本为主。

在可预见的未来，国内网点总量剧烈下降是小概率事件。从国外银行实践来看，利率市场化后银行将会更积极地进行网点布局以及结构和数量的调整。

银行一方面要积极拥抱金融科技，充分利用大数据、AI、互动体验等新科技手段，实现网点升级；另一方面要改变网点人员结构和技能，以及网点经营方法，发挥网点在物理性、情感性和属地性方面的优势，在为客户制定财务规划方面发挥作用，充分满足客户追求便利、趋利和情感方面的人性需求，将网点向“咨询服务中心”和“生态圈中心”转变。

长期

传统的营销和客户经营管理方式已不适应时代的要求，银行网点需要在运作方面进行改善，要积极利用大数据、AI 等手段，在科技手段上要与时俱进，通过客户精细化管理和网点生态圈经营，在精细化管理策略上不断做精做实，线上线下联动，以金融科技思维重塑经营逻辑、业务流程、服务体系、管理模式和 IT（互联网技术）架构，推动新技术、新理念、新模式与零售业务的深度融合，全面启动新时代零售业务战略转型，不断提高全渠道收入。

银行竞争出现差异

由于科技投入能力的差异，未来国内各类银行在网点运作方面将会出现差异化竞争：全国性大型银行由于在金融科技方面具有规模优势，科技投入大，能力比较强，未来几年网点数量会减少，向全渠道整合迈进；地方性银行由于客群、科技投入的限制，仍会比较依赖网点，网点数量会保持相对稳定，以布局优化调整为主，并需要用创新手段发挥网点的地缘优势和人缘优势。不同类型的银行在渠道策略和渠道管理上的变化会引起各行客群的进一步分化。

网点客户经营

在银行转型的背景下，银行需要重塑网点主攻客群，需要重构网点主要服务内容，需要用科技手段为员工和客户赋能，实现降本增效并提升客户体验。

未来银行网点的科技投入将会越来越大，但科技手段是为网点和员工赋能，是为了支持网点员工为客户提供更好的服务，而不是替代员工。人永远是最积极的因素，家文化、“善待员工”、“员工第一”、员工授权等在发挥创造性和提升客户体验方面仍扮演重要角色。

人员的集约化管理将是各行接下来的重要任务。网点需要敏捷转型，减少网点人员配置是趋势，一是减少人员数量，二是提高人员综合能力。在一个以客户为中心的世界里，客户体验的重要性无可比拟。网点更多员工将从后台走向前台；先进银行 85% 的员工面向客户，传统柜员的转型刻不容缓，全能客服经理（universal banker）是柜员的未来归宿。

未来必须到网点办理的大部分业务将由客户和网点工作人员协同完成，操作由客户自助发起，网点工作人员不再扮演柜员角色，而是提供综合客户服务。这里的综合客户服务，首先是处理客户对业务的咨询，担当金融顾问，帮客户做好财富和账户管理；其次是做好风险防控，对客户身份、客户权限、客户真实意愿进行审核，确保业务风险处于较低水平；最后才是协助特殊客户，如不会使用自助设备、电子银行的客户完成简单的业务操作。

没有员工的“无人网点”最终会变成没有客户的“无人网点”。“人机协同”才是银行网点发展的未来，银行需要用科技手段为网点和网点员工赋能，实现降本增效，提升客户体验。

第二章　新形势下如何发挥网点的作用

由于银行经营的外部环境和客户需求一直在变化，网点转型的挑战既来自信息科技的进步，也来自银行组织的内部要求。网点转型目标必须随着这些内外部的变化不断演进。未来银行网点既没有一个固定形态，也没有一个既定模板，需要不断演进。即使是先进的网点模式，一旦落地，由于来自外部和内部的变革力量，一段时间后也会过时。因此，网点转型不是一劳永逸、一蹴而就的事情，而是一个没有终点、持续创新的过程。

银行组织内外部存在各种变革力量。外部变革力量包括客户需求的改变、信息科技的发展、同业的市场竞争、互联网金融的挑战等因素，内部变革力量包括业务战略和发展的要求、网点优化和升级的要求、品牌和文化建设的要求、人力资源管理的要求等因素。

银行要勇于不断进行新的试点和尝试，从错误中吸取宝贵经验。银行网点的运作模式不应千篇一律，而应针对每个细分市场的客群特点和需求进行不断调整。

银行一方面需要通过适当缩小网点整体面积和减少网点人员来控制成本，提升运作效率，另一方面需要更加关注客户需求和客户体验。在网点转型方面，银行要不断思考，不断实践，通过积极应对变化，抓住机遇，为客户和银行自己创造更好的未来。

网点转型的框架

银行网点转型是一项系统性工作，需要多方面工作的配合。我们认为网点转型包括三个方面，即硬转型、软转型和数字化转型。

硬转型包括网点的规划和选址、网点的品牌形象、网点的分类和定位、新型网点的建设等方面的优化和升级。

随着银行外部环境和内部环境的变化，银行需要进行网点布局优化，调整网点总量和各区域市场的网点资源投入。由于网点的成本在增加，未来需要尽可能发挥每个网点的地理位置和区位优势，并在全渠道中积极发挥网点的作用。此外，由于网点的交易功能的重要性在不断下降，非交易功能和非金融服务的重要性在不断上升，银行需要对网点的布局设计进行相应调整，以发挥网点在品牌形象、线下咨询服务、线下生态圈等方面的作用。

软转型包括网点员工的岗位职责、服务和营销流程、客户经营方式、绩效考核、文化建设等方面的优化和升级。

由于银行网点的总体从业人员数量在减少，而且未来将继续减少，网点员工正在不断从柜台内走到柜台外，从厅堂内走到厅堂外，业务从产品销售变为客户经营，技能从单一技能变为综合技能。银行网点需要对现有管理流程和制度进行梳理和优化，不断提升网点员工的综合能力，努力降低运营成本，提升渠道整体投资回报率和经营效率。

数字化转型是指运用各种新的信息科技手段为网点和网点员工赋能。

近年来新的科技手段层出不穷，如AI、大数据、云技术、区块链等。银行一方面需要运用新的科技手段来降低网点的运营成本，另一方面还要借助新的科技手段提升网点和网点员工的客户综合经营和服务能力，通过更清晰地了解客户需求，为客户提供更好、更丰富的服务内容，从整体上增加银行的服务收入，实现客户和银行的双赢。新的信息技术手段不是用来替代员工的，而是要为网点和网点员工赋能。

具体来说，硬转型、软转型和数字化转型之间的关系如图2－1所示。①

① 本章图表除具体标注的，均来源于上海银翱管理咨询有限公司。

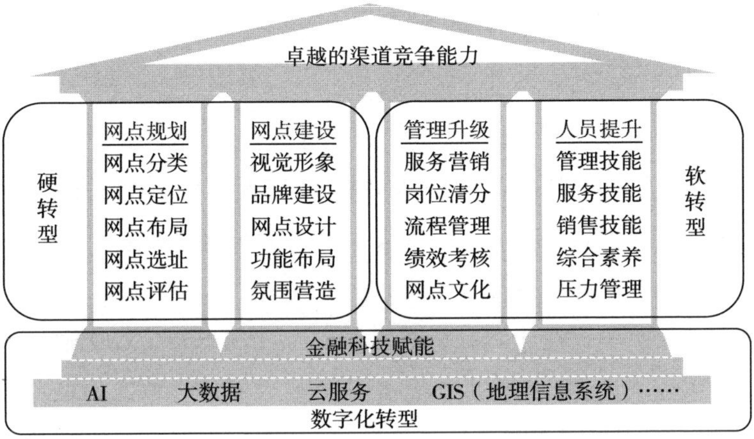

图 2-1　硬转型、软转型和数字化转型之间的关系

未来网点需要采取群落化管理模式

中心地理论

“中心地理论”是区域经济学中的一个理论，由德国城市地理学家克里斯塔勒（W. Christaller）提出，阐述了一个区域中各中心地的分布及其相对规模。根据该理论，城市的基本功能是为周围的地区提供商品和服务。最重要的中心地不一定是人口最多的地区，却一定是在交通网络中处于关键位置、能提供广泛的商品和服务的地区。根据中心地理论，中心地主要提供商品以及金融、行政、文化和其他方面的服务。中心地提供的商品和服务有等级之分，中心地分布形态受市场因素、交通因素和行政因素的制约。中心商品根据服务范围的大小可分为高级中心商品和低级中心商品。高级中心商品是指服务范围大的中心商品，例如，名牌服装、宝石等。低级中心商品是指服务范围小的中心商品，例如，小百货、副食品、蔬菜等。提供高级中心商品的中心地为高级中心地，反之为低级中心地。

该理论也可运用于银行网点布局。银行网点为客户提供服务，也会受该规律的制约，中心地理论决定了银行网点的等级分化。在中心地理论中，中心地规模与服务半径成正比。银行网点的等级不同，意味着各网点的权限、所提供的金融产品和辐射范围也会有差别。

按照各网点服务半径的大小进行划分，可能造成等级不同的各网点在区域上的分离。一般情况下，等级高的银行网点的服务半径较大，所提供的服务和产品层次较高；反之，等级低的银行网点的服务半径相对较小，所提供的服务和产品层次相对较低。

高等级网点一般位于对公和对私资源都比较丰富，且交通便利（如位于主干道或次干道，有充足的停车位，或毗邻多个地铁站或公交站）、辐射能力强的区域市场。

高等级网点往往位于高级中心地，虽然这使银行网点面临多个竞争对手，但也会产生“聚集效应”，因而能吸引更多客户。由于这些网点等级高，所处区域客户资源密集，交通便利，其辐射能力通常远大于其他类型的网点，同时由于产品种类多，员工团队能力强，这类网点能拥有较高的金融资源覆盖能力，并对区域内其他网点起支持作用。

“行星－卫星”式网点群组化管理模式

过去，银行网点里现金窗口较多，而且需要宽敞的大厅来容纳排队的客户。随着网络金融和电子渠道的发展，大多数网点交易活动可以转移到网上银行、手机银行或电子设备上，支付宝和微信支付等第三方支付手段也使现金需求大大减少，客户对银行网点交易功能的需求不断下降。此外，随着网点租金的上升以及人员成本的增加，网点处理现金交易和结算交易的区域应相应缩小，银行可以缩小部分网点的面积，将部分传统网点改造为小型网点。

为了应对移动互联网时代客户使用银行网点习惯的变化，以及银行网点小型化、平台化、智能化发展趋势，银行一方面应不断调整银行网点的布局、形态和结构，另一方面应采用“行星－卫星”式网点群组化模式对网点进行管理。不过，“行星 - 卫星”式网点群组化管理模式经常被误解为只和网点规模相关，由大型网点作核心网点（行星），由小型网点作辐射网点（卫星）。

银行应采用“行星 - 卫星”式网点群组化管理模式对现有网点的结构和功能进行调整，减少一些网点的产品和服务，降低其功能，释放出一些网点员工，使其成为“卫星”网点，由附近的大型网点（“行星”网点）或升级网点，在产品和服务上对这些“卫星”网点进行协同和支持。

制定一个有效的“行星 - 卫星”式网点群组化管理模式，需要对各区域的市场进行细致的分析，不同的网点类型要反映不同的客群构成。在设计“行星 - 卫星”式网点群组化模式时，银行需要考虑不同区域客户的消费习惯、人口分布和客户资源的结构，以及核心网点的管理半径等因素，更重要的是要考虑每个网点的功能和定位，即哪些产品和服务是每个网点都要提供的，哪些只需要由核心网点提供。

分析客户的产品和服务需求要从两个维度来考虑，一是客户使用频率，二是客户便利性（时间、距离）要求。一些是客户使用频率较高的产品和服务，要求距离较近，如衣服干洗、早餐等。对于银行来说，就是存取款、转账、理财业务等。另一些是客户使用频率低、金额较大、专业性较强的产品和服务，如家具建材、家用电器、奢侈品等。对于银行来说，就是个人贷款业务、按揭贷款业务等。在“行星 - 卫星”式网点群组化管理模式中，所有网点都提供客户使用频率高的业务，而低频业务只由核心网点提供。

在这种情况下，如何估算各种类型的网点的覆盖半径呢？对于不同的产品和服务，客户接受的距离不同，如对于存取款等基础性高频业务，客户通常接受的距离较短，而对于个人贷款、住房抵押贷款等低频业务，客户接受的距离就比较长。由于区域不同以及人口密度、商业分布、竞争对手等情况不同，各区域网点的辐射距离不同。这样的话，就可以针对不同城市、区域对核心网点和其他网点的服务半径设置标准。

除了网点的功能外，“行星 - 卫星”式网点群组化模式还对网点的管理有影响。在核心网点安排一个级别比较高的网点经理，他同时管理一些小型网点。在小型网点可以只安排网点副经理，也可以对人员数量进行相应调整，这样可以大大节省人员成本。一般来说，一个网点经理管理包括本网点在内的3~4个网点为宜。银行需要分析每个网点辐射区域的特征，来决定由哪一个网点当核心网点。这些决策要反映区域市场的需求、客群构成、区域特点、网点辐射能力、竞争情况等多种因素。

我们认为，在未来银行网点体系中，除了少部分是综合型网点外，大部分将是中小型网点。综合型网点以业务的全功能覆盖和员工的专业化服务能力见长，强调服务能力的广度和深度。综合型网点中的旗舰店，更要通过最新的科技应用和形象设计，来凸显银行的科技能力、品牌形象和经营实力。

未来大多数网点会是中小型网点

几个容易混淆的概念

本章主要对未来网点中占大多数的中小型网点进行分析。在分析之前，首先需要厘清社区支行/轻型网点（也称作微型网点）、社区银行、社区银行业务的概念及它们之间的关系。

社区支行/轻型网点、社区银行、社区银行业务这几个概念既有联系又有区别。

社区支行/轻型网点

社区支行（community branch）是支行网点的一种类型，主要从网点的物理形态上来定义，监管机构针对这类网点进行行政管理。

中国银监会于2013年发布的《关于中小商业银行设立社区支行、小微支行有关事项的通知》中，用了“社区支行”一词。社区支行是定位于服务社区居民，实行有限牌照经营的简易型银行网点，属于支行的一种特殊类型。与传统支行相比，社区支行定位于特定区域和客户群体，功能设置简约，网点面积、经营规模、人员配置等可以进一步减少。社区支行可以设置现金柜台，也可以不设现金柜台。

从 2014 年开始，地方性银行和股份制银行以社区支行的形式，新增了大量网点。由于监管方式的差异，四大银行将这种形式的网点称为轻型网点或微型网点，主要是为了进行网点瘦身，降低网点的物理成本和人员成本，同时尝试以这种网点形式对空白的潜力区域进行低成本的快速覆盖。

社区银行

社区银行（community bank）一词起源于美国，根据美国联邦存款保险公司的定义，社区银行要符合以下特征：资产规模小于 10 亿美元，或者资产规模大于 10 亿美元，但符合贷款占总资产的比例大于 33%，核心存款占资产的比例大于 50%，网点数量不超过 75 个以及经营地域不超过 3 个州的条件。

美国联邦存款保险公司将“社区银行”作为一种银行机构。在美国近 6 000家法人银行机构中，社区银行数量超过 90%。从某种意义上说，美国社区银行类似于中国的小型城商行、小型农商行、农村信用社以及村镇银行。

社区银行业务

在 2014 年“社区银行”成为热词之后，富国银行经常被提到。富国银行将社区银行业务（community banking）作为其业务的一种。富国银行的社区银行业务就是银行零售业务。富国银行的“社区银行”是指其深耕社区银行业务的经营模式。

但是，如果翻看美国其他三大银行（花旗银行、美国银行、摩根大通）的年报就会发现，这几家银行并没有称其零售业务为“社区银行业务”，这又是为什么呢?

这与富国银行的历史有关，和美国其他三大银行一开始就是全国性银行甚至国际银行不同，160 多年前，富国银行只是美国中西部一家小型地方性银行，通过不断收购其他地方性中小银行，逐渐成为一家全国性银行，但其仍重视与本地社区居民和中小型企业的关系，所以它特意把自己的零售业务称为社区银行业务，以区别于其他全国性银行。富国银行宣称，和其他全国性银行相比，它是基于社区的，与社区的关系至上，天生就是社区银行；和地方性银行相比，它有全国性经营网络，是一家全国性银行。这成为富国银行独特的差异性竞争优势。

从银行规模上看，富国银行为美国四大银行之一，一度成为全球市值最高的银行，和美国联邦存款保险公司所划分的“社区银行”有很大区别，当然不算是社区银行。

从网点形态上看，富国银行绝大多数网点和中国传统网点的面积大小类似。富国银行于 2015 年才开始尝试开设类似于我国“社区支行”的小型网点，富国银行称之为“迷你网点”，在时间上并不比我国银行早，而且数量上也只有为数不多的几个，其主要目的是降低网点开设成本，用更多的网点对客户进行覆盖。

综合以上分析我们发现：社区支行/轻型网点是一种简约的网点；社区银行是银行的一种。发展社区银行业务的未必都是社区银行，如富国银行不是社区银行，但社区银行业务是富国银行 100 多年来稳定发展的制胜法宝；社区银行的网点形态未必都是社区支行/轻型网点，如美国安快银行从规模上来看是一家典型的社区银行，但是其并未用社区支行/轻型网点作为其网点的主要形态，其特色化社区银行经营理念和方式为业内所称道。

下文中为了方便表述，把社区支行、微型网点、轻型网点统一称为轻型网点。从银行实践来看，设立轻型网点的出发点有两个，一是降低成本，这类网点往往是现有传统网点瘦身后留下来的过渡性网点，主要通过自助设备和少量员工提供服务，用低成本来满足现有客户的需求；二是进行低成本扩张，这类轻型网点所在区域的客户“质量”往往比较好，银行希望以低成本快速设立轻型网点，扩充网点渠道，以覆盖盲区，完善现有网点的布局体系。

地方性银行大多把轻型网点作为获取新客户和新业务的场所，而四大银行中除个别银行将轻型网点作为新的业务增长渠道，其他银行均将轻型网点作为网点瘦身的一种手段。由于定位不同，银行对轻型网点的考核和资源安排也不同。

从社区银行业务经营情况来看，国外大多数社区银行强调地缘优势和人缘优势，通过和银行网点所在社区的互动，采用社区服务、社区捐助、社区活动赞助等形式，强调和当地社区是利益共同体，“取之于社区，用之于社区”。

银行大多数网点所在的经营区域都是以社区居民为主，另外还有商圈内的中小企业业主、写字楼内的白领等。根据社区①的定义，大多数银行网点都是在社区银行的“土壤”上经营的，只不过过去更侧重个人客户的企业属性（代发工资等），或对于个人客户处于被动等客上门状态，很少去研究网点周边社区和各类人群的社区属性，更谈不上根据客群特点，主动出击，进行“生态圈”的深度开发和挖掘。

事实上，众多地方性银行虽然没有开设社区支行，但是它们一直在通过各种方式探讨和实践如何为所在区域的客户提供更好的金融和非金融服务。所以说，并不是只有开设社区支行才能发展社区银行业务。即使像国内四大银行这样的大型银行，只要把零售业务（社区银行业务）放在一个重要位置，紧密围绕网点所在区域的客群特点，提供各种金融和非金融服务，其传统网点也可以变身为社区银行网点。

网点选址要更加精细化

近年来，虽然银行对新增网点持谨慎态度，但每年仍会对一些网点进

---

① 社区是指聚集在一定地域范围内的人们所组成的社会生活共同体。

行迁址或调整，并在某些地区新设网点。由于网点租金和人员成本不断攀升，网点选址需要更加慎重。一个网点的调整，装修和建造成本少则数十万元，多则上千万元。此外，网点选址是否恰当还会对网点今后的经营业绩产生持续影响。而且，网点一旦设定，由于银行对网点的装修和改造都有最低年限的要求，几年之内很难调整。因此选址有误的网点，业绩也会受到持续影响。

网点选址要发挥两个作用，一是尽可能提升网点的覆盖范围（辐射能力），二是尽可能提升网点的视觉营销效果（获客能力）。网点所处区域的商业氛围和人气、网点所处道路等级、网点周边交通站点分布、网点周边同业银行聚集度、网点周边停车条件、网点周边聚客点的分布情况等因素都会影响网点的辐射能力。网点的视觉效果、客户抵达网点的便利程度、网点所处位置等都会影响网点的获客能力。网点门前的客流量大，网点的获客率不一定就高；同样，网点门前的客流量低也不意味着网点的获客率就一定低，还要具体分析网点所处区域的客群特点和网点具体立地条件。

各银行对不同网点的称呼不尽相同，但一般会包含综合网点、专业网点、轻型网点等类型。与大卖场、专卖店和便利店类似，各类网点对客群的服务能力和辐射能力是不同的。对于地方性银行来说，由于其在某个区域的网点数量相对较多，轻型网点往往扮演便利店的角色，其辐射能力和获客能力也相对有限，对其期望值和考核指标应有所降低。对于网点数量相对较少的银行，如股份制银行，网点是相对稀缺的资源，仍然要发挥好网点的辐射作用。一家银行是选择开设数量有限、规模较大、辐射能力较强的综合网点，还是选择开设数量较多、规模较小、辐射能力有限的轻型网点，是一个战略选择问题，还需要考虑现有财务资源和人力资源的限制。

此外，综合网点和轻型网点的选址有一定的区别。把综合网点开在轻型网点的选址上，会导致综合网点吸引不到足够的客群，辐射能力受影响；反之，将轻型网点开在综合网点的选址上，由于其服务能力有限，竞争能力弱，无法充分发挥网点的选址优势和获客能力。在开设社区支行的热潮中，有些银行望文生义地把社区支行都开在小区门口，很可能会降低网点的辐射能力，网点业绩低也是意料之中的事。

在网点选址时，要尽量选择那些有助于扩大网点辐射范围的区位，那种认为社区支行就应开在社区边上，而忽略网点辐射能力和获客能力的选址，将导致社区支行辐射能力弱，获客能力不强，实质上浪费了社区支行吸引客户的功能。

网点要进行差异化管理

由于轻型网点的业务相对简单，轻型网点天然以社区银行业务为主。社区银行业务是一种业务模式，以零售业务为主，向特定客群提供金融和非金融服务。社区银行经营要求对网点所在区域进行精耕细作，包括对网点所在的区域进行客群调研和客户建档，根据客群特点策划和举办各类金融和非金融活动，和网点周边的各类供应商进行异业联盟等。

轻型网点的突出特征是网点面积小，人员配置少，服务能力也相对有限。针对这种情况有几种应对方式。一种是改变轻型网点单兵作战的局面，将其作为一个区域内网点网络体系中其他网点的延伸，定期或不定期地由核心网点对轻型网点的营销活动提供人员支持。这种安排需要组织管理模式和考核方式上的配套支持。另一种方式是由总分行或管辖支行来“搭台”，做好中后台支持工作，由轻型网点“唱戏”，深耕其所在网格化片区，开展基于平台的各项活动。

在上文我们提出，轻型网点有两种定位，一种是节约成本，尽量减少网点人员配置，在这种情况下，上级行对这类网点业务增长的期望值不能太高。另一种是采用集约化手段开拓新的市场，在这种情况下，网点交易可以通过自助和智能设备来完成。但是，服务和营销活动、非金融服务、各项外拓活动、客户转介活动、异业联盟活动等都需要人员来完成。在这种情况下，网点需要适当增配营销人员。只有这样，才能把轻型网点做活，发挥轻型网点作为实体网点的作用。

网点要能为客户提供资产配置、家庭财富管理、贷款方案建议等各种专项金融咨询服务。这些经营活动对网点人员的数量、分工、技能都有一定要求。地方性银行往往在一个城市或地区有很多网点，其中大多数覆盖社区居民等客群，由于传统网点人员配置相对较多，人员可以围绕社区银行经营的各项活动进行分工，这样的网点在发展社区银行业务时比轻型网点有更好的条件，更容易发展社区银行业务。因此，社区银行业务不应局限于轻型网点，当然，如果能够做到总、分、支行各司其职，上级行搭好平台和做好后勤支持工作，用成本集约的轻型网点来发展社区银行业务，那就更好了。

目前，不少轻型网点业务发展压力比较大，往往是因为轻型网点在定位、选址、资源配置、总分行管理和支持等方面存在一定问题。此外，对于社区银行业务，地方性银行可以做，四大银行和股份制银行也可以做，但未必一定要设置轻型网点这种特定的网点形态。从因地制宜的角度来看，很多传统网点在网点所在区域、网点客群、网点人员配置等方面，都更适合大力发展社区银行业务。但是，切忌过于追求形式，为了社区银行经营模式，而盲目发展轻型网点，尤其是在如今移动互联网快速发展的时代。

全能客服经理模式

近年来，随着银行内外部经营环境和客户需求的变化，网点的交易量正在不断下降。根据中国银行业协会发布的《2019 年中国银行业服务报告》，截至 2019 年，中国银行业的平均离柜率已达到 89. 77%，而上市银行整体离柜率均高于 90%，部分银行已超过 95%。与此同时，银行的经营成本在不断上升，人员成本也在不断上升。所有这些都导致网点交易的平均成本在不断上升。

国外银行也面临着相同的情况，据研究，由于网点交易的减少，在过去的十年里，美国的银行平均每笔网点交易的成本提升了 45%。

网点不会消亡，但网点的形态和运营模式会逐渐演进。近年来，我们通过客户调研发现，网点的地理位置、员工服务水平和专业能力等仍然是客户选择银行网点的主要考虑因素。从全世界主要国家的情况来看，有15%~30%的客户仍倾向于使用网点。当涉及复杂业务（往往是对银行最有价值的业务，如开户、申请贷款或进行理财咨询等）时，网点仍是客户办理业务的主要渠道，客户仍然需要专业人士提供金融服务。客户希望网点在技术设备升级换代的同时，也能不断提升网点人员的能力，从而使客户能在网点得到和移动互联网世界一样便捷、个性化的服务。

国际领先银行正在不断尝试新的网点形态和运营模式。很多银行已采取一系列的措施，利用智能化科技手段来支持网点员工更高效地工作。新的网点运营模式，不仅可以使客户通过手机银行、网上银行等便捷地获取银行服务，还可以改善银行员工与客户在网点的互动方式，让客户获取更好的体验。

自2016年起，越来越多的美国金融机构开始采用全能客服经理模式。全能客服经理不同于国内的综合柜员，除了能处理柜面交易业务外，还需要具备各种销售和提供咨询服务的能力。全能客服经理由原来的柜员、大堂经理、理财经理等转型而来，打破了这些职能原有的界限，综合承担协助业务办理、柜面操作、营销、服务、厅堂环境与设施管理、外拓、现场授权等具体工作，实现厅堂队伍一体化融合。

从图2-2可以看到，到2019年美国已有55%的银行采用全能客服经理模式，有40%的银行认为新模式的运作良好。从2016—2019年的情况来看，越来越多的银行开始采用全能客服经理模式，而且运行有问题的银行的占比在不断降低。同时我们也看到，全能客服经理模式并不适合所有银行，有15%的银行在2019年仍不打算采用这种模式。①

在美国金融机构的一些中小型零售网点中，员工岗位职能通常分为两种：网点经理和全能客服经理。网点经理负责营销活动的组织工作，并对

① Branch Transformation Rolls On, Kiran Analytics, 2019.

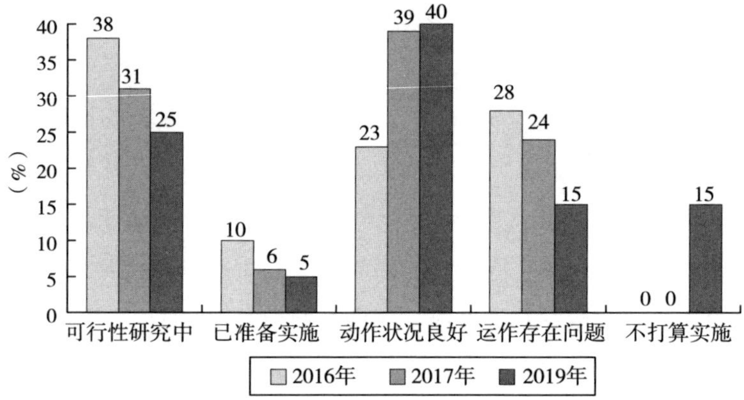

图 2-2　美国银行业全能客服经理模式的相关情况

资料来源：Branch Transformation Rolls On，Kiran Analytics.

注：原始资料中没有 2018 年的相关数据。

员工进行培训和指导；全能客服经理负责营销活动和网点服务的具体执行。根据需要，网点经理也可以承担全能客服经理的工作。

全能客服经理要接受全面的培训，熟悉全部零售业务，不仅要能单独为客户办理存贷汇、信用卡申请等常规业务，还要具备一定的金融知识，能回答客户关于抵押贷款、投资建议等方面的问题。在全能客服经理模式中，经过培训的员工可以高效处理销售和交易的所有工作，因而可以帮助银行节省人力成本。

全能客服经理模式的收益

全能客服经理也可以被称为综合客服经理、全能客服专员或全能柜员。全能客服经理就像是厅堂里的一把“万能钥匙”，既可以承担柜员、大堂经理的职能，也可以胜任理财经理、客户经理的工作，能提供业务咨询和产品销售、贷款申请、开户结户等业务支持，能提供客户在银行网点所需的大多数服务。在大多数情况下，客户在网点只需要和全能客服经理一个人打交道就可以了。

全能客服经理是客户进入网点接触的第一个人，直接影响客户对网点甚至银行的第一印象，是客户网点体验的关键影响者。接待客户的全能客服经理就是客户本次在网点办业务的责任人。如果客户需要进行交易，全能客服经理就需要将其引导到自助智能设备，并提供必要的协助。如果客户希望开户、讨论投资理财方案或咨询一些私密问题，那么全能客服经理可以将客户引导到一个合适的区域或空间进行交流。银行希望客户在谈到自己的网点时，首先联想到的是一个具体的友好而专业的人。同样，客户在银行眼里也不应该只是一个资产管理规模（AUM）值或一个存款数字，而应该是一个有血有肉的人。如果客户每次离开网点时，都会感到心情舒畅，且增长了知识，那么下次有机会还会愿意来造访。简而言之，全能客服经理是未来银行网点创造价值的关键所在，员工的销售和财务咨询能力至关重要。

如今由于很多银行对员工的总体数量进行了控制，很多网点都面临员工数量不够的问题。在这种情况下，银行就需要培养一支全能客服经理队伍。根据国外银行的经验，通过对员工进行多种业务能力的培训，银行网点能将员工数量减少1/3左右，既节省了人员成本，又提高了队伍的“战斗力”。实现员工一岗多能，既能为客户提供有价值的咨询服务，也能为复杂的交易提供服务支持。对客户来说，也可以实现在网点的“首问负责制”或“客服经理制”，无须为了不同业务而与不同的银行工作人员沟通，无须和不同的银行工作人员复述同一个业务需求，从而提高客户满意度。

全能客服经理的来源

转岗

银行要建立一支全能客服经理团队，首先要有一批员工有转岗的意愿。银行需要提前说明这个模式对员工有什么好处，让员工一起参与转型讨论，从而获得员工的支持。对于部分员工来说，这个模式会带来很大的工作压力，而对另一部分员工来说，这个模式则很有吸引力，因为这个新岗位的工作内容丰富，不像柜员工作那么单调。一些老员工一开始会觉得很难接受这种模式，但大多数人最终能够适应，因为角色的转变会使个人能力增强，银行在培训方面的投资会使自身在未来有更好的发展机会。根据国外银行业的经验，80% 的员工都能成功转型。

银行要使全能客服经理这个岗位充满吸引力，最简单有效的方法是制定较高的薪酬标准。根据美国银行业的经验，全能客服经理的薪酬比传统网点员工高 1/3 左右。初级全能客服经理的平均薪酬比传统柜员高 10%。一个传统银行员工，薪酬增长主要靠工作年限的增长。而对全能客服经理的薪酬来说，从业年限的重要性大大降低。

除了从业年限外，一些专业技能也会对网点员工的收入产生影响。对于传统银行员工，业务处理量的高低对收入的影响有限，产品销售能力和成果对收入的影响更为显著。对于全能客服经理来说，其基础薪酬本就较高，如果有开发消费贷款的能力，那么收入还可以提高更多。

归根结底，与传统银行网点的员工相比，全能客服经理面临的最大挑战是如何掌握多种技能。在全能客服经理一天的工作中，除了业务处理外，更多是对客户进行服务和咨询式销售。

银行需要让员工清楚地了解，全能客服经理模式是以客户为中心的转型，随着网点交易量的下降，来网点的客户大多是寻求交易处理以外的各项服务，对网点人员能力的期望值会不断提高。除了现有员工转型外，银行网点还可以聘用有销售经验的外部员工。

招聘

国外银行的经验证明，招聘合适的人员对于全能客服经理模式的成功运作至关重要。银行需要在人员招聘上投入更多时间。全能客服经理的候选人要有性格外向、待人友好、善于沟通、灵活性强、具有主动性等品质，能够想方设法帮客户解决问题。在招聘过程中，很多银行偏好招聘在百货、餐饮、宾馆等行业有销售经验的人员，因为这类人员已经具备较高的销售技能和职业素养，银行在将他们招聘进来之后只需要进行一些银行业务知识方面的培训即可。进行银行业务知识方面的培训相对容易，但要改变一个人的个性和态度是很难的。

全能客服经理模式的网点环境

采用全能客服经理模式会对网点的物理环境有一定要求，但不是非要对现有网点进行重新改造。国外一些银行在没有对网点进行改造的情况下采用了新模式，另外一些则对网点进行了全新的改造。

银行需要减少甚至完全撤销现金柜台，在仍然保留柜台的情况下，也要把它放在非显著位置。国外一些银行采用 TCR（柜员现金循环机），使柜员可以完全从柜台后面解放出来，可以直接为客户提供面对面的服务。总而言之，银行要让网点看上去不像传统上处理业务的地方，而更像一个开放的共享空间。

为了让全能客服经理在网点更好地发挥作用，需要以客户旅程为导向，重新对网点环境进行规划设计，进行适当改造，配置自助智能设备，并给员工提供相应的培训指导。

在进行网点环境设计时，需要规划网点中的客户旅程，分析客户在网点中的体验，以及员工和客户的交互情况。可以将客户在网点的旅程地图作为分析框架，分析网点空间结构设计、设施配置、宣传陈列、员工活动等相关内容。客户旅程体验又分为功能区域的体验、客户动线的体验和客户接触点的体验。

功能区域

在采用新模式的网点中主要有三个与客户相关的区域：迎候区域、交易区域和咨询区域。网点内的各个功能区域，一方面要提供相应的业务功能，另一方面要营造良好的客户体验。在功能区域内的所有安排，包括科技手段、办公家具、机具设备、产品营销陈列和员工行为等，都应该是为了更好地服务客户的。

迎候区域是客户进入网点并等待服务的功能区域，设置这个区域的目的是吸引客户，给客户留下热情而专业的第一印象。除此之外，在迎候区域还可以设置与信息发布、客户教育、休闲娱乐等相关的多种内容。

在迎候区域内，全能客服经理是第一个问候客户的人，在明确客户需求后，应立即协助客户进行处理，或将客户引导给其他合适的银行人员。全能客服经理可以站在或坐在最容易与客户接触的地方。如果需要客户等待，还需要设置舒适的座椅，以及电子屏幕、营销陈列等。

和传统网点相比，新型网点中变化最大的区域是交易区域，从以柜台为主变为以智能机具为主。设置交易区域的目的是为客户营造舒适、安全、高效、服务周到的体验。交易区域可以根据需要配置人工柜台以及有人值守的智能机具，目的是为客户提供高效的服务，同时还能与客户交流，进行交叉销售。全能客服经理的定位是咨询专家和财务顾问，除协助客户进行自助业务处理外，还可以基于客户需求进行咨询式销售。

完成新模式转型后，网点的重心将从交易区域转移到咨询区域，咨询区域成为网点的新中心。全能客服经理在这里为客户提供网点所独有的价值：面对面的交流与服务。咨询区域内交互空间可以有多种形式，可以是正式的洽谈室，也可以是比较随意的卡座，包括全封闭式、半封闭式、吧台式等。根据咨询和交流所需时间以及私密性要求的不同，可以由客户根据自己的偏好来选择感觉舒适的空间。客户洽谈室是共享的，不是某些员工专用的，使用人应根据需要进行预订。

客户动线

客户动线是客户在网点内体验的动线，客户视觉引导是关键。网点内要有清晰的视觉指引，并且精心设计在客户动线上希望客户看到哪些内容，不希望客户看到哪些内容。动线设计包括客户进入网点到离开网点的整个过程，要结合人体工程学来进行空间规划，设计家具尺寸、营销陈列、物品摆放等。

客户接触点

客户接触点是客户动线上的目的地和停留点，直接影响客户在各个区域的体验，既包括较大的办公家具和设备（如平板电脑桌、智能机柜等），也包括软性内容（如平板电脑里的内容）。银行应该围绕客户体验来设计和规划这些接触点。

全能客服经理模式的服务方式

网点服务的方式可以分为自助服务、人工辅助服务和全方位人工服务。每种服务方式都有其特定的优势，但只有人工辅助服务和全方位人工服务才能更好地提升客户体验和发挥网点优势，这样既提高了网点的安全性和效率，也提升了客户体验。网点里各种技术手段和设备是用来给员工赋能的，而不是替代员工。

自助服务

随着网点的主要功能更多地向销售和咨询服务倾斜，能够便捷、无缝地处理现金交易和其他非现交易变得至关重要。智能柜台的出现使全能客服经理这个角色成为可能，网点人员可以从繁重的业务处理中解放出来，从事更有价值的工作。

智能设备中的 VTM（远程视频柜员机）增加了客户自助服务的地域和时间，比较适合偏远地区以及 24 小时延时服务。当然，除非某些网点业务量非常大，否则不建议银行将 VTM 大量部署到一般网点，因为这些设备可能会给客户不太好的感受。虽然它们会提高网点人员的工作效率，但由于大部分业务已可以在手机银行或网上银行完成，来网点的客户往往寻求的是银行员工的服务和支持，而不是银行自助设备的服务。毕竟，网点最大的价值在于人与人之间的互动。

人工辅助服务

人工辅助服务是完全自助服务和全方位人工服务之间的折中方式。这种方式使银行员工有机会和客户进行更多的交流和互动。

全方位人工服务

由于大额现金存取款设备和智能设备的使用，员工只需要用较少时间来处理现金和其他业务，可以投入更多时间来服务客户和销售产品。在网点设计时，尽量不要将交易处理设备安放在突出位置，网点的主要空间应留给客户和银行人员来进行互动。

全能客服经理模式的人员培训

新的网点运营模式建立后，接下来一个重要的步骤是对全能客服经理进行培训。由于许多全能客服经理在转型以前都是柜员，作为网点新的重要的有生力量，全能客服经理需要被赋能，需要接受各类培训，了解网点转型的目标、运作特点、新岗位的工作职责和所需技能，并用各种科技手段来支持自己的工作，用多种方式为客户提供服务。建立一支精悍的全能客服经理队伍，对于网点的成功转型至关重要。

对全能客服经理的培训可以分为轮岗培训和专项培训。

轮岗培训

银行通过轮岗交叉在职培训的方式，安排一个岗位的资深员工培训带教其他岗位的员工。每名员工在其他岗位上一般有 3 ~6 个月的轮岗时间，时间长短取决于该岗位所需技能的复杂程度。

专项培训

网点转型/文化培训：采用全能客服经理模式是网点组织模式的变革。

对一线员工进行网点转型战略和文化方面的培训教育有助于他们接受新理念，并为客户提供更好的服务。培训应包括网点转型的理念和模式、全能客服经理的入职计划、新岗位的介绍、岗位职责描述、职业发展规划等。

技能培训：包括各种智能设备和科技手段的使用，以及各类产品知识、交叉销售、咨询式销售、客户关系管理等的培训。除了银行自己安排的培训外，全能客服经理还可以从智能设备供应商和第三方培训公司获得更广泛的专题培训。

现场培训：在网点转型/文化培训和技能培训之后，员工在新的网点内还需要接受现场培训。这个培训将针对新网点的空间，帮助员工了解新网点的各个功能区域、客户动线和接触点，以及背后的设计意图。员工将学习如何在新环境中自信地为客户提供服务，和客户建立良好的关系，并进行咨询式销售。

第二篇

硬转型篇

第三章　银行网点布局和选址

银行网点的选址要考虑各种因素，不同因素通过不同方式影响着银行网点的经营状况。

从广义上讲，影响银行网点选址的因素包括自然、社会、经济等各个方面，具体的选址分析往往从网点的商业性质和特点出发来确定主要影响因素。银行的网点选址要着重考虑区域人口构成、竞争状况、公共服务设施分布、交通条件、商业地价等经济和社会因素，同时要考虑到，具体的影响因素随着银行网点规模、不同时期经济发展水平等的不同而具有明显差异。

在本章，我们将先介绍网点布局规划的整体方法，接下来回答网点选址中的几个常见问题，以选址新手的视角一步步探寻银行网点选址的步骤和方法。

规划选址七步法

我们进行网点布局规划和选址的方法叫“规划选址七步法”。银翱的“规划选址七步法”综合考虑宏观区域经济和微观市场、同业业务情况、物理渠道和非物理渠道、客户需求和银行定位、现在和未来等多个因素，采用结构化和系统化方法为银行网点规划提供决策支持。“规划选址七步法”的考虑因素和具体方法如图 3 -1 所示。[①]

---

① 本章图表除具体标注的，均来源于上海银翱管理咨询有限公司。

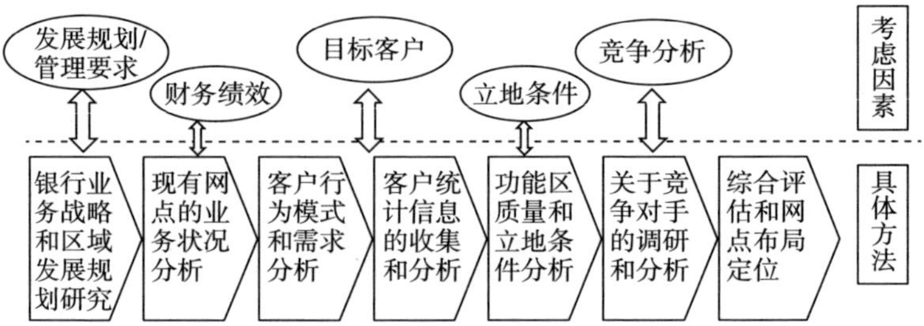

图 3-1 “规划选址七步法”的考虑因素和具体方法

银行业务战略和区域发展规划研究

网点规划是银行业务战略的重要一环，是银行整体战略的一个重要组成部分，和其他战略及措施一起，共同支持银行业务战略和业务目标的实现。进行网点布局规划，首先需要深入分析银行的业务战略、渠道战略和客户战略等。

银行需要深入研究所在城市的规划和建设现状，结合银行的业务战略、渠道战略、客户战略，筛选出需要重点布局和关注的区域，包括商业中心、住宅区、金融中心、经济开发区、规划新区等，尤其是大型人口导入区、新型城镇、工业园区等。

现有网点的业务状况分析

银行需要对现有网点的业务状况和财务绩效进行评价。在进行评价时，要根据实际情况对业务状况和财务绩效数据进行调整，以真实地体现网点布局和立地条件对业务和财务绩效的贡献。

银行需要在现有网点业务和财务绩效的基础上，按照行政区域、地域属性等不同维度，分析银行各类网点业务的特点，进而分析每个网点的业务特点，初步筛选出规划布局调整中需要重点关注的网点。

在后续工作中，银行需要对低效网点做进一步的分析。网点财务状况不理想，立地条件较差可能是一个重要原因，但不一定是唯一的原因。在进行规划决策时，需要结合每个网点的业务管理水平等做进一步分析。

客户行为模式和需求分析

了解客户的需求和行为偏好是银行提高客户满意度和忠诚度的关键。这使银行在特定市场，能够更好地服务目标客户，提高规划选址的适用性和网点的利用效率。

银行可以通过问卷调查、焦点访谈等形式，了解各类客户（包括个人客户和企业客户）对银行网点等各类渠道的使用偏好和习惯，以及对银行网点布局的意见和建议等，以为网点布局规划工作提供导向。

在客户需求调研中还要关注，在移动互联网时代，各类客户渠道使用偏好的变迁和发展趋势。

客户统计信息的收集和分析

客户统计信息的收集需要采用一手信息和二手信息相结合的方法，一手信息和二手信息之间可以互相补充和交叉验证。

一手信息收集

通过现场勘查，可以收集调研范围内重点对象的名称和数量。例如，在收集居民区户数、房价、工作场所、工作人口等数据时，可以通过现场勘查，询问居民区物业、写字楼前台和市场管理办公室等方法了解相关情况。

二手信息收集

随着信息采集技术和数据存储技术的发展，数据逐渐精细化，成本也已可控，网络信息来源较多，因此可以充分利用网络途径收集信息。可以获取的信息包括房产数据、企业信息、商业信息等。随着移动互联网技术和大数据技术的发展，应用通信运营商和互联网公司等的大数据可以更准确、高效地分析客户的分布情况、活动规律、人口结构等信息。

功能区质量和立地条件分析

银行需要通过实地调研，评估网点所在区域和辐射圈的需求潜力，了解网点辐射区域内客群分布情况。对于分析中需要重点关注的网点，以及城市规划分析中需要重点关注的区域，银行需要详细调查客户分布、数量和结构，评估客户资源是否能够支撑现有网点或新设网点业务的发展。

对于网点经营是成功还是失败，除了辐射圈的质量外，其所处位置和物理条件吸引客户的能力也非常重要。对于需要重点关注的网点，银行需要进一步分析网点的立地条件，包括交通因素、人流动向、可见因素、便利因素、竞争强度等，分析网点的物理条件是否支持网点的发展，是否需要进行调整和改善。

关于竞争对手的调研和分析

银行业面临激烈的竞争。了解竞争对手的网点布局策略和特点，对银行自身网点的发展非常重要。

银行需要分析同业网点的总量、类型、区域布局和选址偏好等，以实现知己知彼。除了分析竞争对手的网点数量和布局外，还要关注这些网点的竞争力。银行需要通过多个维度对同业网点的竞争力进行综合分析和比较。

了解和分析主要竞争对手网点的区域分布特点和业务特点，可以帮助银行更好地在各细分市场制定有针对性的竞争策略。

综合评估和网点布局定位

有效的银行网点网络管理能减少内部竞争，填补目标市场的“空白”区域，增强本行网点间的协同效应。

银行需要评估各区域市场的潜力，排列其进入和退出的优先次序，以实现网点资源的优化配置。排列优先次序可以发掘现有市场中尚未被发掘的潜力区域，通过识别这些潜力区域可以提高银行的市场占有率。银行需要结合根据城市规划所确定的重点区域、银行关注的重点区域、根据实地调研和同业分析等筛选出的重点区域，确定未来新设网点的重点区域。

按照各项具体规划建议的重要性、紧迫性和可行性排列优先顺序，制订未来网点规划方案，确定需要调整的网点以及整改措施（包括迁址、撤销、增加设备或网点装修改造等）。针对现有网点中哪些需要重新装修，哪些需要迁址、撤并或撤销，项目组会给出相应的整改方案和具体措施。

“傍大款” 能选到好网点吗

银行渠道管理部新手：“选址就是选客流量，麦当劳的客人很多，我们将网点开在麦当劳旁边不就好了？”

在商铺选址时，有一种“傍大款”的说法：“选铺跟着麦当劳走，肯定没错！”似乎麦当劳把店开在哪里，哪里就是黄金市口。

麦当劳能够成为全球连锁快餐业的领跑者，除了经营有道外，在店铺选址策略上，它也自有一套标准。如果银行网点也跟着麦当劳开，结果会怎么样呢？

麦当劳最成功的地方在于选址，它只选择在适合汉堡包生存的地方开店，所以它的每个店都非常成功。麦当劳的目标消费群体在国外主要是蓝领，在刚进入我国时，麦当劳主要针对中高端消费人群，现在主要针对年轻人、儿童和家庭。麦当劳在布点上，一是选择人潮涌动的地方，如大型商场、旅游景点、交通集散点周边；二是选择年轻人和儿童经常光顾的地方，如娱乐中心、儿童乐园附近等。

像麦当劳这样的快餐店，其顾客进店有比较强的随机性。根据我们的经验，一家超市在住宅区的顾客捕获率为15%左右，在办公区的顾客捕获率为12%，在车站码头等的顾客捕获率为10%。所谓客户捕获率，就是路过店面的人可能进店的概率。零售业通常用捕获率来估算门店业务额，门店业务额＝门店门前路过的客流量×捕获率×购买比率×客单价。

而银行客户到银行网点的目的性比较强，客户捕获率远低于1%，所以银行业不用捕获率来估算新设网点的业务额，而用一个区域可能的业务总量（如居民和工作人口的总存款量），以及本行网点从周边同业网点处可能获取的份额，来估算新设网点的业务额。

根据对麦当劳的分析，其进店消费的顾客中，70%左右为随机性顾客，即想用餐的时候，刚好路过麦当劳，就进去消费了，另外30%左右的顾客是专门到麦当劳就餐的。所以，麦当劳非常注重客流量，通常在大型商业设施、交通站点、旅游集散中心等处设置门店。

根据我们的市场调研，到银行网点办理业务的客户中，80%以上是网点周边的客户，其中50%为居民客户，30%为周边的工作人口，只有不到20%的客户是在购物或来往于交通站点时路过银行网点，由于网点的视觉营销，或被银行网点的产品或收益率所吸引，而进入网点的。

也就是说，麦当劳注重人流，注重路过门店的流量客户的数量（重要性超过80%），而银行网点更看重周边固定客户的数量（重要性超过80%）。这就解释了为什么在机场、车站、公园、大型商场、零售市场等一般都有麦当劳的身影，而如果银行网点跟风开在这些地方，业绩往往不佳。

麦当劳和银行网点的目标客群是有一定差别的。如果路过的人流是由周边固定客群（居住人口和工作人口）组成的，那么银行网点和麦当劳都会从中受益，当然受益的程度不同。但如果人流是由流动人口/

随机顾客组成，那么麦当劳仍能从中受益，而银行网点就无法从中受益了。

零售业和餐饮业选址主要看人流，通过人流测算可以基本确定门店的选址。但对银行来说，一个网点人满为患，而另一个网点门可罗雀，并不意味着前一个网点的业绩比后一个好，有时可能刚好相反。因此，银行在网点选址中，更注重对固定客户人群构成的分析，仅将人流作为一个参考因素，其重要性远低于其在零售业和餐饮业选址中的重要性。

银行网点选址是否应该扎堆

银行渠道管理部新手："同业都聚集在这个路口，如果我们也选择在这里开设网点，担心竞争太激烈；如果不在这里，又担心客户忽视我们，好纠结！"

根据克里斯塔勒的"中心地理论"，高档消费品店通常扎堆在市中心或区域中心（高级中心地），聚集效应可以为客户提供更多选择，因此高级中心地对客户的吸引力要高于低级中心地。

由于高级中心地的服务范围大，如果一家银行的产品和服务能力弱，没有很强的竞争优势，那么就不容易达到门槛人数（见下文介绍），这就是为什么一些大型城市的农商行、邮储银行通常不愿意在城市最核心地段设置网点（如果只为了展示银行形象，那成本就太高了）；而那些对自己的产品和服务有较强信心的银行（如四大银行和某些股份制银行）往往对高级中心地情有独钟，因为高级中心地的服务范围大，其理论市场份额和潜在可达市场份额（见下文介绍）的绝对值往往也大。

由于一个城市中高级中心地的数量相对较少，高级中心地往往成为那些对自身竞争力有较强信心的银行的"必争之地"。当然，设在这些高级中心地的都是高级网点，如旗舰店、贵宾理财中心、全功能网点等。这类网点的服务范围大，提供的产品和服务全面。

由于低级中心地服务范围较小，市场份额潜力有限，在低级中心地进入过多竞争者会使大家都“吃不饱”。因而，在低级中心地，银行网点应尽量避免扎堆。另外，和中心地的等级相对应，在低级中心地一般设置低级网点，如社区支行、离行式自助银行等，提供的产品、服务类型也相对有限。

由于一个城市中低级中心地数量往往较多，银行完全可以寻找尚未出现过度竞争且理论市场份额较高的区域来设置网点。

门槛人口

门槛人口指的是某中心职能在中心地布局能够获得正常利润所需的最少人口，也可以称之为服务范围的下限。

为简化起见，假设网点覆盖的都是居民客户，我们可以计算一个网点为达到盈亏平衡所需要服务的最低居民户数。假设某银行在某市设立的网点中，存款在 2 亿元以下的都是低效网点。根据统计数据，该市的户均存款为 10 万元，在不考虑各区域收入差异的情况下，需要 2 000 户居民才能使网点达到盈亏平衡。但根据经验，一个地区总有一部分人不在该地使用银行网点业务，这个经验值是 33%，被称为散逸度。这样的话，就需要有 3 000 户居民才能支撑一个网点。假设有两家同质竞争行的网点在本区域经营，那么就需要有 6 000 户居民才能支撑这两个网点。在这个简化案例中，3 000 户居民是一个网点的门槛人口，6 000 户居民是两个网点的门槛人口。

市场份额

理论市场份额

一个网点在一个特定区域的合理市场份额。例如，A 银行所有网点的平均存款为 3 亿元，B 银行所有网点的平均存款为 2 亿元。假设 A 银行和 B 银行所有网点的类型都一样，在一个区域内，如果市场存款规模为 10

亿元，A 银行和 B 银行各有一个网点，则 A 银行网点的理论市场份额为 6 亿元，B 银行网点的理论市场份额为 4 亿元。

潜在可达市场份额

由于每个网点条件的差异性，如网点所处位置，网点的硬件条件（如面积、设备配置等），网点的人员配置，网点人员的管理能力、营销和服务能力等不同，网点可能获得和理论市场份额不一致的市场份额。例如，根据上述例子，如果 A 银行在该区域的网点的各项条件均高于 A 银行所有网点的平均水平，B 银行在该区域的网点的各项条件均等于或低于 B 银行所有网点的平均水平，那么 A 银行在该区域的网点的潜在可达市场份额将介于理论市场份额和全部市场份额之间。

选址新手的晋级指南

银行渠道管理部新手：“我刚从其他部门调过来，对选址的事一点都不了解，领导让我明天去评估一个新位置，我该怎么办?”

只要按照“面、线、点”的步骤做，初步评估一个新网点并不是一件难事。

面的评估——了解商圈

不同形态的商圈，有不同的客群，不同客群对银行网点的使用习惯不一样。例如，商业街的客户更偏爱品牌大、产品种类丰富的银行网点，而社区客户更偏爱服务态度好、交通便利的银行网点。

评估一个商圈到底适不适合自身的网点，需要关注商圈类型和客户类型这两个指标。

商圈一般分为商业体型、行政商务型、社区型、高校型，不同商圈中人们的行为习惯不同。例如，在行政商务型商圈，只有工作日的白天有客户，而在社区型商圈，周末和上下班期间客户较多。对于混合型商圈，则是“混”得越多越好。

通过百度地图、微信城市服务，可以免费获得所在位置的商圈热力图，识别当时段的人流量，如图3－2所示。

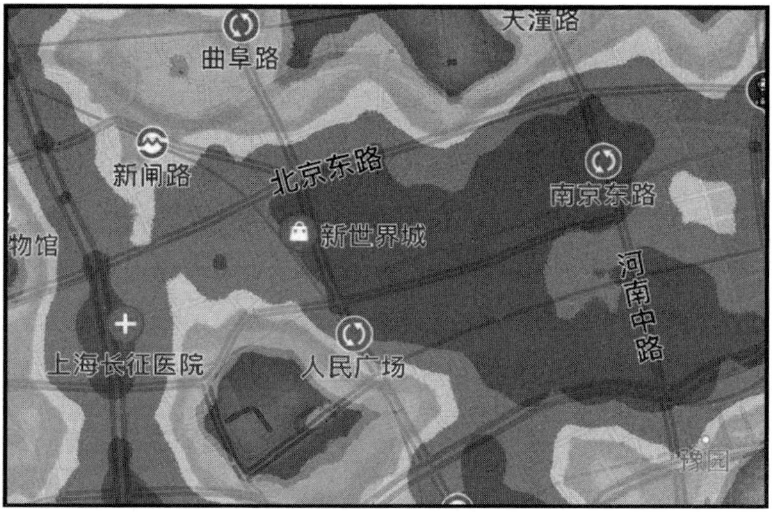

图3-2　百度地图热力图

资料来源：百度地图。

分析客户类型则需要收集人口总量、人口构成、人口密度、受教育程度、人流量等信息，客户类型决定了商圈的金融产品需求特点、客户贡献值等。部分技术能力较强的银行可以与互联网公司、通信运营商等的数据团队合作获取第三方外部数据，也可以通过周边调研进行间接分析，例如，周边小区的建成年代可以体现客群年龄结构，小区房价可以体现客群收入水平。

商圈客户类型对银行选址的影响，首先体现在银行目标客户和网点规模的确定上。银行通过研究人口的年龄、学历、收入等要素，确定目标客户，并在目标客户集中的地区设立网点。在网点选址时，通过对商圈环境的调查和分析，可以初步判断该局部市场的规模和潜力。其次体现在业务范围、营销策略的确定上。通过进一步分析目标客群的行为方式和兴趣，研究和了解其金融需求和偏好以确定网点的业务范围和营销策略。商圈客群的测量指标和标准见表3－1。

表3－1　商圈客群的测量指标和标准

测量指标	测量标准
商圈分布	商圈数量，商圈之间的距离
商圈规模	商圈内商业形态分布（大型商场、超市、小商店等）
商圈客流量	平日及节假日客流量
商圈内居民年龄结构	实际年龄分布
商圈内居民家庭结构分布	家庭常住人口数
商圈内居民受教育水平	居民学历分布
商圈内居民收入水平	家庭平均年收入（税后收入）
商圈内居民职业分布	职业分布
商圈内居民投资习惯	投资渠道分布
商圈内居民网点使用习惯	网点形式偏好/网点距离选择/使用业务及频次等
商圈内企事业单位客户行业分布	上年度商圈内各行业企业数量
商圈内企事业单位客户规模	员工人数
商圈内企事业单位客户网点使用习惯	使用业务/存贷规模/网点形式偏好/网点距离选择

线的评估——模拟出行动线

部分银行网点反馈它们所处商圈成熟喧闹，但就是“旺市不旺铺”，分析下来往往是因为在选址时忽视了线的评估。银行需要了解客户的出行动线，可以把自己想象成周边客户，模拟去网点办理业务的路径，例如选址的区域靠近居民区，旁边有地铁站，我们就要考虑，从地铁站出来的人，是回家还是去上班，人们往往愿意在回家的路上顺便处理事情。而反过来，大部分人不会为了办业务而错过搭乘地铁去上班。

要模拟出行动线，需要分析待评估位置，包括路口位置、街面位置、地势、楼位、停车位、公交车站、交通拥堵状况、阻隔度等情况。在评估出行动线时，如果能和地铁工作人员或附近水果店老板聊一聊，就会有很多收获。

- 路口位置：十字路口的西北角位置较好，但在选择十字路口的哪一侧时，则要认真考察道路两侧的情况，通常要对每侧的交通流向及流量进行较准确的调查，应选择流量最大的街面作为银行网点的位置和店面朝向；三岔路口中人流量较大的路口的正面位置较好；丁字路口人流量较大的转角位置较好。
- 街面位置：朝阳街面优于背阳街面；宽度在 25 米左右或以下的街面优于宽敞街面；规避单行线以及人流、自行车流、机动车流三分流街面。
- 地势：楼体地面与相邻路面高度持平或略高于相邻路面的位置优于楼体地面与相邻路面高度相差较大的位置；相邻路段为水平路段优于坡道路段；主干道、地势独特、门前视野开阔、采光好的地段优于次干道、采光相对较差的地段。
- 楼位：转角位置较好，出口右转角位置优于左转角位置；人流出入口或临广场位置优于沿街位置；楼位出口的右边位置好于左边位置，东、南面开口位置好于西、北面开口位置；屋顶可租用或免费制作广告位的较好。
- 停车位：如果网点门口附近所能容纳的停车位数量较多，则会吸引较多的有车一族，从而增加银行网点的客流量。
- 公交车站：在网点附近 100 米的范围内，如果有较多的公交车站点，则会给人们带来很多便利性，同样可以增加银行网点的客流量。
- 交通拥堵状况：如果网点附近的道路容易堵车，则会减少潜在客户来该网点的便利性，从而会减少目标客户。
- 阻隔度：如果网点附近有高架桥、铁道、花坛、人行道等，则会大大降低网点的可视性和客户到达的便利性，因而会减少人流量。网点门面应尽量避免被路旁树木、广告牌等物体遮挡，特别要注意遮挡物是否遮挡了网点的标牌和广告等。

此外，在地理交通方面，还要考虑客流量、商务流量、过往车辆数量及类型、道路状况等。通过测量客户流量和集散状况，分析潜在客户总量、客流规律以及网点的地理辐射能力。通过提高到达网点的便利性，可以增强网点对客户的吸引力。地理环境优越的地方往往成为银行网点的聚集地。

在网点位置的选择上应充分考虑客户到达的交通便利性，尤其在新兴地区，必须鉴别出网点目标位置周边能影响交通的各种因子。通过对影响交通的因子进行鉴别，可以确定网点周边交通状况改善的可能性。在此基础上，对网点目标位置的交通系统进行详细分析，有助于银行在选址时得出最大的客户覆盖范围。在微观上分析交通因子时需要分析的重要指标见表3－2。

表3－2　交通动线的测量指标和标准

测量指标	测量标准
人口迁移	区域内规划的居住人口变动
周边停车场分布	网点到停车场的距离 停车场的车位数量
周边客户聚集场所	网点到周边现有大型公共场所、社区、商业建筑的距离 网点到周边规划中大型公共场所、社区、商业建筑的距离
现有交通网络分布	周边可利用的交通工具的种类 周边各种交通工具的站点分布密度
区域交通规划	计划新增交通线路数量 计划新增交通线路的沿线站点位置
需穿越的障碍	从各交通站点到网点目标位置需要穿越马路的次数 从客户聚集区到网点目标位置需要穿越马路的次数
区域内客户可接受的最长时长	客户可接受的到达网点的最长时长分布
最大可覆盖范围	不同时长下，通过不同交通工具到达的网点目标位置的覆盖范围

点的评估——排查物业条件和竞争环境

物业条件会限制网点功能板块的切分以及客户识别度和空间舒适感的提升，而竞争态势决定了网点进驻后的岗位配置、营业时间和营销力度。

网点的物业条件主要是指银行网点所在物业的具体情况，包括网点的形状、占地面积、房屋的新旧程度、户外广告效果等。

竞争环境包括区域内竞争对手的数量、服务种类、营业时间、经营业绩、市场份额、经营策略和硬件设施等。

由于银行网点产品和服务的同质性，银行网点要想在激烈的市场竞争中获胜，在网点规划和布局时就要明确自身定位，充分了解自己的竞争地位。通过对竞争对手的了解和分析，力求掌握竞争对手和自身的优势和劣势，知己知彼，扬长避短，进而向个性化服务和营销转变，确立网点的核心竞争力，如此才能赢得客户、赢得市场。竞争因素的测量指标和标准见表3-3。

表3-3　竞争因素的测量指标和标准

测量指标	测量标准
区域内银行网点密度	平均每平方千米银行自身网点数以及不同类型的网点数
	平均每平方千米各银行网点总数以及不同类型的网点数
网点业务流量	工作日每日各类业务成交笔数
	双休日每日各类业务成交笔数
网点设施	网点面积
	业务窗口数量
	各类硬件设施配置及数量
品牌认知	第一认知度
	无提示认知度
	品牌熟悉度

续表

测量指标	测量标准
品牌形象	品牌美誉度
	品牌形象各指标得分
品牌忠诚	品牌忠诚度
	总体满意度
	推荐意愿
	再次使用意愿
	品牌转换率

根据以上三个步骤，反复练习几次，便可顺利晋级为一名合格的银行渠道选址小能手。另外，在实地调研的时候，多与商圈内的快递员、外卖小哥、的哥、小卖部老板、房产中介聊一聊，一定会让你有意想不到的收获。

数百家银行的网点选址经验

银行渠道管理部新手："我应该怎样有效规避选址的'坑'，选址失败的经验教训有哪些?"

在国内，我们已经为数百家银行的数万个网点提供过规划选址支持。在评估各地网点而辗转大江南北的 15 年间，我们遇到的选址失败案例不少，套用列夫·托尔斯泰经典语录的表达方式，就是"幸福"的网点选址总是相似的，"不幸"的网点选址则各有各的"不幸"。下面分享几点经验教训。

靠近公交站/地铁站是个好选择

传统银行网点选址理论认为，网点有一个半径 1 千米的辐射圈，半径 1 千米的辐射圈是这个网点的基础，只有精耕好这个辐射圈才能去开拓新市场，所以选址阶段的很多调研工作也围绕这个辐射圈内的有效客户展开。

然而，时代变迁，理论更迭，随着离柜率的迅速提升和城市人口分布的快速变化，银行网点的有效客群早已不再局限于网点周边的“一亩三分地”了。例如，很多股份制银行在国内中等城市往往只有3~5家网点，但可以通过品牌影响力和交通便利性放大辐射范围。

我们在江苏泰州做市场调查时，当地很多老百姓认为中心城区内A银行网点比B银行多（当时中心城区内A银行网点有4个、B银行网点有9个）。究其原因，是A银行网点多位于交通站点附近，很容易被平日上下班的人群发现；而B银行网点多位于街边小巷内，不居住在附近的人根本无从知晓。

也就是说，公共交通在一定程度上增强了网点辐射能力，我们以为客户在意的是1千米的距离成本，其实客户在意的是走到网点所需要的时间成本。

不同人群对于时间成本的敏感度是不一样的。年轻客群生活节奏更快，对时间成本的敏感度更高，他们愿意去的网点只能在上下班、采购生活必需品或接送子女上下学的途中。所以，在年轻客群聚集的新兴社区开设网点，模拟客户上下班动线是必需的。

通过对四大银行在上海的所有网点业务数据和位置信息的对比分析，我们发现，开设在地铁站附近的网点的业务水平普遍好于远离地铁站的网点。

此外，交通站点附近选址的细节也值得品味，例如，下站（到达）的站点附近要好于上站（出发）的站点附近；最好不要紧挨着站点，考虑便利性的同时，也要考虑私密性；如果站点附近有红绿灯，那么银行网点最好开在过了红绿灯的地方，和上下站的原理一样，人们潜意识里都不希望因为办业务而错过乘车、过路口的机会。

在商业综合体内选址要谨慎

10年前很多城市只有一个商场，现在商业综合体以各种形式林立在城市中。这种改变正让单一商业体的影响半径逐步缩小。有的商业综合体能够迅速招揽人气，短短几个月内就晋升为城市新的人流高地；有的商业综合体内，商铺如走马灯一样频繁更换，更惨的一些则自始至终门可罗雀。但是，即便商业综合体人气旺盛，网点也不一定就可以跟着旺盛。

某行广州 A 支行就曾经是一个在商业综合体内选址失败的案例，2013—2019 年，A 支行平日里鲜有客户光临，整个分行对这个坐享地铁站和商业综合体双重“地利”，却经营惨淡的网点百思不得其解。某行广州 A 支行变迁示意图如图 3 – 3 所示。

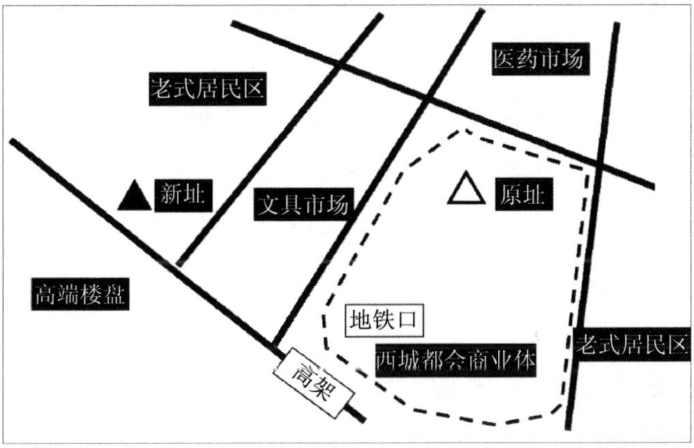

图 3–3　某行广州 A 支行变迁示意图

那么，问题出在哪里呢？经过两个月的调研，我们对 A 支行周边的客群规模、客群结构、客流动线、交通阻隔、物业视觉、竞争环境等进行了反复论证，发现问题是多方面的。因此，对于在此类商业综合体内的网点选址，我们有如下几点建议：

选择商业综合体时要尽量选择大品牌

尽量选择国内大品牌商业综合体，这类商业综合体开发和招商周期短，过渡期可控。某行广州 A 支行所在的西城都荟商业体所处地块是 20 世纪 90 年代和记黄埔与长江实业联手拿下的，但直到 2005 年才动工开建，到2012年年底才正式营业，开发周期长达20多年，仅“圈地”就超过10年。西城都荟于2013年被卖给离岸公司GCREF Acquisitions 22 Limited，2018年又被卖给领展。不稳定的管理运营拖累了商业体的整体招商节奏和成熟周期，致使从2013年刚开业就进驻的某行广州A支行并没有感受到开发商宣传的接踵而至的购物人流。

观察商业体的定位和周边客群是否匹配

西城都荟定位为中高端购物中心。从长远来看，广州市重点规划的白鹅潭中心商务区可以带动区域整体发展。但实际情况是，商业体北面是医药市场，西面是杂乱的文具市场，东面分布着一些老式居民区，南面虽然有不少高端楼盘，但有高架阻隔。周边商业档次、交通条件和人群消费能力，都没有和商业体的中高端定位相匹配。西城都荟引入的迪卡侬、百佳、屈臣氏等品牌并无特别的亮点来吸引周边客群，也缺少像星期8小镇这样自带流量的品牌。某行广州A支行就像这块商业孤岛上的渔夫，开始是想来钓鱼，后来是希望逃离。

摸清商业综合体内人流的购物动线

商场的购物动线都是经过设计的，有一定的规律，顾客从哪个门进、从哪个门出大概率是固定的。银行网点选址应优先选择正门右手边第三、四家门面。从人群的视觉偏好来说，大家的视线落点更多在右方，太靠近正门不够有私密性，太远的话顾客就不想走了，所以第三、四家门面的位置最好。

当初在某行广州A支行选址时，开发商出于自身招商的考虑，将正门最好的位置都给了迪卡侬、H&M、必胜客、喜茶这样的连锁品牌，某行广州A支行的位置更接近商业体的出口，因此就更没什么人气了。

你需要知道的五个小贴士

并不是人流量越大越好

曾经有些银行选择在高铁站和机场候机厅开设网点。交通枢纽的客流量很大，但其中开设的绝大部分网点经营业绩并不好，几乎没有人会冒着错过班次的风险耐心地听完详细的产品介绍。

好的学区规划比入住率重要得多

好的学区是稀缺资源，只要能确定学区规划的落地，优质的中高端客户的聚集和完善的商业配套是迟早的事。苏州工业园区星海中学所在区块，长年留存着大片待转工业用地和待建空置土地，就是这个平日里冷冷清清，根本看不出有什么人气，且辐射范围不足 3 平方千米的地方，硬是给了多达 7 家银行网点要留在这里的信心，如图 3－4 所示。

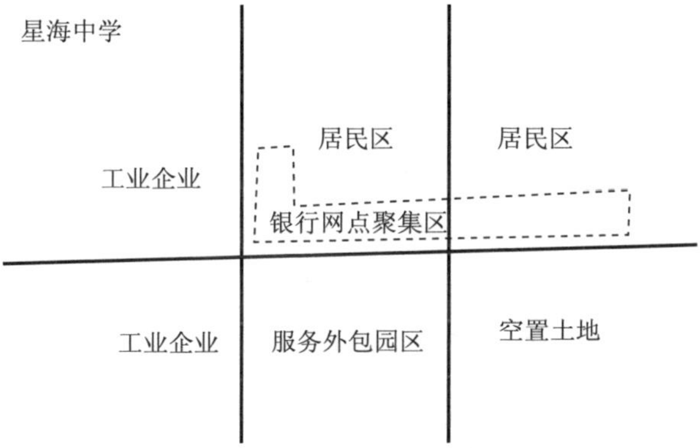

图 3-4 苏州星海中学周边同业及客群分布图

最好不要选高速路、 下坡路和丁字路口顶端

高速行驶的车辆像激流一样，会对客户的视觉和心理产生冲击。风水古籍《山龙语类论》将这种位置叫作“割脚煞”。犯“割脚煞”对房屋

地基不利。

要当心产权混乱的物业

如果物业产权混乱或者有法律纠纷，则相应网点可能会有大麻烦。之前遇到过一个案例，某网点在某处经营多年，且业绩都很理想，但租约到期面临续租，结果网点所在的物业涉及三个房东，两边门面的房东都很和善，续租价格也算公道，但中间门面的房东陡然提价，且态度强硬。在银行系统，财务流程很难通过这种价格差距巨大的同一位置的续租合同。对于这种问题，很多渠道“老手”都防不胜防。

道路交通规划改变的不只是道路

近年来，很多城市的交通建设如火如荼，原来周边商业氛围浓厚的网点，因为加了一条环线高架或拓宽道路通轻轨，不得不临时停业长达半年，业务指标迅速下滑。提早判断交通整改时间，早做就近迁址计划，避免新址无法落地倒逼网点停业。

网点选址的投入产出分析

银行渠道管理部新手：“领导让我做一份关于网点选址的投入产出分析报告，我应该从哪些维度分析？”

在网点选址时必须预测拟设网点的各项经济指标，主要是预测将来一段时间内拟设网点的建设成本与收入。投入产出分析的目的是计算出拟设网点的预期利润率或盈亏平衡点，这里需要掌握如下几个公式：

网点税前总利润 = 网点总收入 − 网点总成本　（公式 3 − 1）

网点总收入 = 存款收入 + 贷款收入 + 非保本理财产品收入 + 第三方产品代销收入　（公式 3 − 2）

$$网点总成本 = 物业成本 + 装修成本(摊销) + 设备成本(摊销) + 人员成本 + 运营成本 \quad (公式3-3)$$

其中，网点总收入中的存款收入和贷款收入可以通过计算行内 FTP（资金转移定价）的方式得出。产品收入可以直接由预期产品销售规模乘产品利润率（或代销费率）得出，可以用客群规模和定位相近的已开业网点的数据替代。

网点的物业成本（租金或购置费用）是网点成本中重要的一部分。根据城市地租理论，租金高的网点选址一般位置好、配套设施也相对完善，可能的产出也相对较高。网点投入产出的测量指标和标准见表 3－4。

表 3－4 网点投入产出的测量指标和标准

测量指标	测量标准
存款/贷款规模	最大覆盖范围内企业存贷款留存量/业务结算量估算
	最大覆盖范围内个人存贷款留存量/业务结算量估算
营业收入预测	根据存款规模预测可获得的利息收入及其他收入
投资成本估算	固定资产购置成本估算：电脑、安保、机具等
经营成本	人员成本、运营成本
	营业用房租赁、购置成本、装修成本
	其他经营成本：办公费、水电费、设备维护费等
投资回报	投资利润率分析
	盈亏平衡点分析

量化选址的四个方法

银行渠道管理部新手：“领导要求评估报告体现出科学性和专业性，最好能运用一些数据模型和可视化工具，有哪些模型和工具适合选址分析？”

选址模型和工具由于其复杂性和不友好的计算量，并不经常被商业选址采用，也不受早期的选址软件青睐。近年来，随着计算机技术的快速发展，庞大数据的调取和计算不再难以实现。下面我们介绍 3 类经国内外银行网点选址有效验证的决策方法（配对比较法、德尔菲法、空间相互作用模型）和 1 个可视化选址工具 GIS（地理信息系统）。

配对比较法

配对比较法也称相互比较法、两两比较法、成对比较法或相对比较法，具体就是将所有参加考评的网点列在一起，两两配对比较，表现较好者得 1 分，最后将各网点所得分数相加，其中分数最高者为等级最高者，按分数高低顺序对网点进行排序，即可划定网点等级，由于两种网点的对比并不十分容易，在评价时要格外小心。

假设有 10 个网点，考评时把每一个网点与另外 9 个网点逐一进行配对比较，总共进行 9 次。每次配对比较之后，表现较好的网点得 1 分，表现较差的网点得 0 分。配对比较完毕后，将每个网点的分数相加。分数越高，考评成绩越好。运用配对比较法时，参加考评的网点不宜过多，5 ~ 10 个为宜。

配对比较法使排序型网点评价变得更有效。在运用配对比较法时，首先要列一个表格，其中标明所有被评价的网点及评价的相关要素。然后，将所有网点依据某一要素进行配对比较，然后用分数 1 和 0，表明哪个网点好一些，哪个网点差一些。最后，将每一个网点的得分相加，具体如表 3 -5、3 -6 和 3 -7 所示。

表 3 -5　配对比较法（1）

被比较网点 / 标杆网点	A	B	C	D	E	F	G	得分合计
A		1	1	0	1	1	1	5

续表

被比较网点 标杆网点	A	B	C	D	E	F	G	得分合计
B	0		0	0	1	0	1	2
C	0	1		0	1	1	1	4
D	1	1	1		1	1	1	6
E	0	0	0	0		0	0	0
F	0	1	0	0	1		1	3
G	0	0	0	0	1	0		1

表3－6　配对比较法（2）

网点	分数	序列顺位
D	6	1
A	5	2
C	4	3
F	3	4
B	2	5
G	1	6
E	0	7

表3－7　配对比较法（3）

网点	A	B	C	D	E	F	G
甲评定结果	1	3	4	2	5	6	7
乙评定结果	2	1	4	3	–	5	–
丙评定结果	1	1	2	3	6	4	5
评定序数和（Σ）	4	5	10	8	11	15	12
评定网点的总数	3	2	3	3	2	3	2
平均序数	1. 3	2	3. 3	2. 07	5. 5	5	5
网点相对价值排序	1	2	4	3	6	5	7

德尔菲法

具体计算步骤

影响银行是否在某个地点开设网点的因素有很多，这些因素构成了影响选址决策的评价指标，主要可以归纳为以下十项：

- 储源，新设网点首先要考虑布设地是否有丰富的金融资源，目标区域客户密度越大，收入越高，金融消费越积极，金融资源相对越丰富。
- 中心点，各功能区域中具有聚集性能的特殊地段由于交通网线密集、大量客户聚集、经济活动频繁，成为该区域的中心点。一般而言，备选网点地址应该靠近金融功能区域的中心点，以提高客户的到访率，增大有效辐射范围。
- 物业成本，一个城市不同地段由于商业价值不同，往往具有不同的物业租赁价格，而物业租赁成本是影响网点营业利润的重要因素。在对客户的吸引力相当的地段中，物业租赁价格较低的相对较好。
- 交通因素，客户到达银行网点应十分便利，交通路线应通畅无阻，并方便停放车辆。
- 可见因素，这对提升银行的品牌形象非常重要。因此，门面应朝向可见度高的主次干道上，十字路口转弯处为最佳位置，两面临街、位置醒目、视野开阔，客户可从不同角度和方向加以识别。
- 人流因素，网点选址尽量选在客流多、滞留时间较长的地点附近，同时也要考虑人流行进和停留规律。
- 地形因素，网点的地面形状以方形为好，以便有足够的空间容纳各种服务设施，三角形或多边形地面除非足够大，否则不可取；同时要为未来业务发展和功能改造预留空间。

- 形象因素，宜选择在商业中心、百货商场、写字楼、中高档住宅的底层店面开设网点，择邻而居，更好地贴近目标客群。
- 竞争因素，不同城市都有与各自城市特点相对应的出行距离，该距离反映了银行网点的辐射范围。在辐射范围内，应该避免多家银行网点参与竞争的局面。
- 人口因素，周边人口数量包括常住人口数量和流动人口数量。

银行网点选址专家根据各指标对网点选址产生的影响的相对重要性，分别确定其权重，权重之和为1。

专家将每个指标划分为多个等级，并为各个等级赋予定量数值，如可划分为最好、好、较好、一般、较差、差、最差七个等级，可按1、0.8、0.6、0.5、0.4、0.3、0.1打分。

每一个等级对应一个分值。这样，每一个权重刚好对应一个等级的分值。当然，我们也可以划分为两个等级（好、差）、三个等级（好、一般、差）等。

将每项指标的权重与对应等级的分值分别相乘，得出该指标的得分。各项指标的得分之和即为该银行网点的评分。

将该银行网点的评分与过去其他银行网点的评分相比较或与标杆网点的评分相比较，如果该银行网点的评分高于高一等级的标杆网点，则建议将此网点升级为高一等级的网点；如果该银行网点的评分低于同等级的标杆网点，则建议将此网点降为低一等级的网点；如果该银行网点的评分高于新址评分，则建议将此网点迁址至新址；如果该银行网点的评分低于基础网点评分，则建议撤销该网点。

给某银行网点评分的过程如表3－8所示，备选网点的期望分值不能低于0.60。

从表3－8可以看出，该银行网点的评分为0.63，大于预期的0.60，所以被纳入备选网点。

表3－8　德尔菲法示例

影响因素	权重	等级							评分
		最好（1.0）	好（0.8）	较好（0.6）	一般（0.5）	较差（0.4）	差（0.3）	最差（0.1）	
储源	0.15	★							0.15
中心点	0.10			★					0.06
物业成本	0.05	★							0.05
交通因素	0.10						★		0.03
可见因素	0.15					★			0.12
人流因素	0.05							★	0.005
地形因素	0.15				★				0.075
形象因素	0.10			★					0.06
竞争因素	0.10					★			0.04
人口因素	0.05		★						0.04
合计	1.00								0.63

德尔菲法是对某个网点进行评价，即利用过去对银行网点影响因素打分的经验，确定一个机会分值。例如，机会分值在0.60以上就保留该网点，但也不能单纯看机会分值，还要考虑一些政策因素。当有备选网点可供选择时，可用德尔菲法计算网点的分值，并按分值高低确定优先顺序。

总分值计算方法

加法评价型

将各评价指标的分值相加，用总分来表示评价结果。此法用于指标间关系简单的网点。公式为：

$$W = \sum_{i=1}^{n} W_i \qquad \text{（公式3－4）}$$

其中：

W——评价对象的总分值；

W_i——第 i 项指标的分值；

n——指标项数。

加法评价型有两种方式：连加评分法和分计加法评价法，具体如表3－9、3－10所示。

表3－9　连加评分法示例

评价指标	评价分数				
	标准分数	可行方案得分			
		Ⅰ	Ⅱ	Ⅲ	Ⅳ
甲	40	30	35	20	40
乙	30	25	30	30	30
丙	20	25	15	20	15
丁	10	5	10	5	10
总分	100	85	90	75	95

表3－10　分计加法评价法

评价指标	评价等级	评价分数				
		标准分数	可行方案得分			
			Ⅰ	Ⅱ	Ⅲ	Ⅳ
甲	（1）级	40	30		20	40
	（2）级	30		35		
	（3）级	20				
	（4）级	10				
乙	（1）级	30		30		30
	（2）级	20	25		30	
	（3）级	10				
丙	（1）级	20	25	15		
	（2）级	15				15
	（3）级	10			20	
丁	（1）级	10		10		10
	（2）级	5	5		5	
总分		100～35	85	90	75	95

连积评价型

将各个评价指标的分值连乘，用乘积来表示业绩结果。这种方法灵敏度高，评价对象各指标间的关系特别密切，其中一项的分值就会影响总结果，即若某项指标不合格，则对整体起否定作用。公式为：

$$W = \prod_{i=1}^{n} W_i \quad \text{（公式 3－5）}$$

其中：

W——评价对象的总分值；

W_i——第 i 项指标的分值；

n——指标项数。

和数相乘评价型

将评价对象的评价指标分成若干组，先计算出各组分值之和，然后将各组分值连乘，所得结果就是总评分。这种方法考虑到了各评价指标之间关系密切程度的不同以及相互影响方式的不同。和数相乘评价型示例见表3－11。公式为：

$$W = \prod_{i=1}^{m} \sum_{j=1}^{n} W_{ij} \quad \text{（公式 3－6）}$$

其中：

W_{ij}——评价对象第 i 组 j 指标的分值；

m——评价对象的组数；

n——i 组中含有的指标项数。

表3－11　和数相乘评价型示例

评价指标	评价等级	评价分数				
			可行方案得分			
		标准分数	Ⅰ	Ⅱ	Ⅲ	Ⅳ
A	（1）级	3	3		3	3
	（2）级	2		2		
	（3）级	1				

续表

评价指标	评价等级	评价分数				
			可行方案得分			
		标准分数	Ⅰ	Ⅱ	Ⅲ	Ⅳ
B	（1）级	3		3		3
	（2）级	2	2		2	
	（3）级	1				
C	（1）级	3	3	3		
	（2）级	2				2
	（3）级	1			1	
D	（1）级	3				3
	（2）级	2		2		
	（3）级	1	1		1	
连乘合计		最高81分，最低1分				

加权评价型

依据重要程度，给予评价对象各项指标不同的权重，即对各项指标进行区别对待。

$$W = \sum_{i=1}^{n} A_i W_i \qquad \text{（公式 3-7）}$$

其中：

W——评价对象的总分值；

W_i——评价对象第 i 项指标的分值；

A_i——第 i 项指标的权值。

且

$$\sum_{i=1}^{n} A_i = 1 \ (0 < A_i \leqslant 1)$$

功效系数法

这是化多目标为单日标的方法，评价者给予不同评价指标不同的功效系数。总功效系数 d 为：

$$d = \sqrt[n]{d_1 d_2 d_3 \cdots d_n} \qquad \text{（公式 3-8）}$$

其中：

$d_i = 1$ 表示第 n 个目标效果最好；

$d_j = 0$ 表示第 n 个目标效果最差；

$0 \leqslant d_j \leqslant 0.3$ 是不可接受的范围；

$0.3 < d_j \leqslant 0.4$ 是边缘范围；

$0.4 < d_j \leqslant 0.7$ 是次优范围；

$0.7 < d_j \leqslant 1$ 是最优范围。

空间相互作用模型及其应用

雷利模型

空间相互作用模型也被称作重力模型，已逐渐发展成为当今主流选址模型之一。它的基本原理是：客流量与商铺/购物中心的吸引力呈正相关，与距离或其他阻碍因素（时间、交通系统等）呈负相关。这一模型已经被广泛接受，很多先进的零售商和数据公司都在以不同形式应用这一模型。空间相互作用模型包括雷利模型、康帕斯模型、阿普波姆模型、伽萨模型与哈夫模型。

在银行网点选址的早期模型中，有一种叫作雷利模型。一个可以接受的结论是，一个城市同周围城镇的交易量是该城市人口的直接函数，是该城市与周围城镇距离的反函数。雷利模型原则上可以用于解决银行网点的选址问题。雷利模型可以表示为：

$$\frac{B_a}{B_b} = \frac{(P_a/P_b)^N}{(D_a/D_b)^n} \qquad \text{（公式 3-9）}$$

其中：

B_a——a 城市从 t 城镇吸引过来的业务量；

B_b——b 城市从 t 城镇吸引过来的业务量；

P_a——a 城市的人口数；

P_b——b 城市的人口数；

D_a——a 城市与 t 城镇之间的距离；

D_b——b 城市与 t 城镇之间的距离；

N,n——由实际数据得出的指数。

此模型被应用于银行网点选址，A 城市和 B 城市可分别由两个确定的银行网点所替代，而 T 城镇则由将要建立的银行网点替代，然后就为每个地理位置上比较接近的现有网点计算“无差异点”。

这一模型首先预测该区域银行业务发展的总体潜力，然后预测银行网点在此范围内的市场份额。在很大程度上，这一模型特别适合美国的银行，因为它们大多是当地银行，外地银行在各个州的法律许可的情况下才能通过设立网点扩展经营。

空间相互作用模型在确定银行网点的最佳选址时，有三个主要步骤：

第一步，确定服务区域。

开设银行网点首先要确定大致的服务范围，可以是整个城镇或城市的某个工业新区。在大城市中心地区，银行网点的服务范围可能比在中小城市的一个街区要小，甚至只是一幢大楼。银行网点确定服务范围时必须收集并评估一些基本信息，具体如下：

- 人口特征，包括现有居民人口以及规划中的居民人口、中等家庭收入、住户收入分配、居民就业特点、拥有住房者和租借住房者的比例。所有这些数据可用于测算银行网点服务范围内居民储蓄和个人贷款潜力。
- 工业结构，包括主要工业企业数量和年销量、各公司的就业人数和工作时间。这些信息可用于测算银行网点服务范围内工业企业的存贷款潜力。
- 商业结构，包括主要商业单位、零售单位、服务机构、批发商的数量和年销量。这些信息可用于测算银行网点服务范围内商业企业的存贷款潜力。
- 政府机关及结构，包括现有金融机构（含银行、保险公司、证券公司和其他金融服务组织）的数量、营业规模、营业场所、营业时间、服务类别。这些信息可用于测算现有金融机构的规模及其分布，并用于评估未来竞争的激烈程度。

第二步，收集候选区的原始数据，对数据做统计分析，分析候选区的业务潜力。

第三步，计算候选区拟设银行网点的投资收益值，并做出最终决策。

应用案例

这种模型以投资度计算为核心，首先设立标杆网点，其次将待评估网点（候选位置拟设网点和现有网点中需要调整的网点）与标杆网点进行投资度的比较，进而判断待评估位置设点的可行性和网点类型。

这里引出了一个新的概念，即“设点投资度”，设点投资度是一个得分，体现了一个位置周边金融资源的丰富程度，得分越高，表明该位置周边金融资源越丰富，反之则表明该位置周边金融资源相对匮乏。投资度计算包含四类信息：人口信息、商业设施、同业网点、宏观经济。人口信息涉及位置周边的居住人口和工作人口，这两类人口会长时间在一个位置周边活动，体现了固定人口情况；商业设施对流动人口具有汇集作用，体现了位置周边流动人口情况；同业网点对客户资源具有分流作用，也应给予考虑；所有这些都在宏观环境内，因此还应考虑宏观经济。

其主要规划原理包括：

1. 在网点规划过程中，对城市整体情况和银行网点布局现状进行分析，并将城市划分为较小的片区，以识别其中的重点片区。

在网点规划过程中，我们会发现城市的功能区分布和道路交通情况相对比较复杂，不利于开展工作，给人一种无从下手的感觉。因此，基于“分解”的思路，考虑将城市划分为较小的片区，简化网点选址工作。在将城市划分为较小的片区之后，要识别其中对网点规划工作比较重要的片区，并将其作为日后工作的重点，这些片区可能包括商业区、商务区、居住区、工业区、高教区等。

2. 进行现场勘查，选取候选位置。

按照划分的片区，分组进行全面的现场勘查，特别要关注重点片区。在勘查过程中，初步选取候选位置，汇总后进行筛选。

3. 收集候选位置周边关键信息，运用评价模型计算其设点投资度。

4. 将候选位置的投资度与标杆网点进行比较，判断候选位置设置网点的类型。对于现有银行网点，还要结合内部业绩、条件进行综合判断。

标杆网点是指，在一个城市的某银行现有网点中，地理位置和业务构成具有代表性的网点。在实际应用中，需要将候选位置拟设网点的投资度与标杆网点进行比较，结果可以表明候选位置周边金融资源是否支持开设网点。例如，若候选位置 A 拟设网点的投资度比标杆网点 B（精品网点）高，说明从金融资源的角度看，在候选位置 A 可以开设一个精品网点。

5. 从各项网点规划建议的重要性、紧迫性和可行性出发，制定网点规划实施路线图。

重要性是指，一个候选位置对于当地分行是否具有战略意义，例如，该位置是否处于区域的核心地段，或在该位置设点是否能占据新兴市场，或填补重点区域的空白。

紧迫性是指，一个候选位置是否需要尽快抢占，例如，在该区域，其他银行是否已经加大投入，形成竞争压力，或一个位置如果不能迅速抢占，将被其他竞争对手抢占等。

可行性相对容易理解，是指如果银行希望在一个位置开设网点，那么需考虑物业、人员、牌照、财务等条件是否已经满足。

GIS 及其应用

GIS

GIS，即地理信息系统，是以地理空间数据库为基础，在计算机软硬件的支持下，运用系统工程理论和信息科学理论，科学管理和综合分析具有空间内涵的地理数据，以提供管理、决策等所需信息的技术系统。简单地说，GIS 是综合处理和分析地理空间数据的一种系统，是以测绘、测量为基础，以数据库储存数据，以计算机编程为技术支持的全球即时空间分析技术。GIS 作为获取、存储、分析和管理地理空间数据的重要工具，近年来得到了广泛关注和迅猛发展。

凭借形象直观的图形表达、有效的数据组织和丰富的空间分析，GIS 在网点选址决策中发挥着重要的作用，成为网点选址的可视化分析平台。GIS 可以在以下几个方面为选址分析提供有效帮助：

- 基本位置信息的直观表达。GIS 提供了方便、电子化的地图管理工具，为网点选址分析提供了可视化基本位置信息。
- 综合数据的组织与管理。以 GIS 为选址综合数据的管理平台，能够将有关网点选址的综合数据通过地理编码组织起来，实现统一管理，形成统一的数据管理平台。
- 空间分析功能的应用。GIS 具有空间分析功能，如缓冲区分析、叠置分析等，这些分析功能可以为网点的选址决策提供辅助信息。
- 融合选址分析模型。在 GIS 中融入选址分析模型，例如，解决资源和位置分配问题的“P 中心”模型等，有利于建立网点与客户、网点与网点之间的商业关系，辅助银行做出科学的选址决策。

应用案例

随着技术手段的不断进步，GIS 平台鹰眼通迅速在国内银行选址中获得青睐，近年来，我们在上海、西安、长沙等地的网点规划项目中使用了这一工具。

若要全面了解城市的潜力区域，将数据导入鹰眼通后就可以实现即时统计计算，若想了解网点分布与居住人口的分布是否匹配，通过鹰眼通，可以迅速得出相应的示意图。应用该工具，即使是没实地看过银行网点的渠道新手，也可以给网点照一张“X 光”影像。

前面介绍了商圈对网点选址的重要性，鹰眼通可以划定商圈辐射范围，对商圈内的客户规模、客户类型、同业分布等数据进行调取和分析。

鹰眼通还可以制作根据到达时间测算网点辐射半径的齿形辐射图，以及展示城市交通人流通勤态势的夜光图。

以上列举了鹰眼通可以快速识别有效位置的三种常用功能，除此之外，鹰眼通还可以实现多账户权限设置、地图数据更新及导出、热点位置的资源热力图和灯光图渲染、网点网格化资源测算等功能。

第四章　银行网点再生之道

每个普通百姓与银行最直接的接触就是在银行网点。最早的银行网点很简陋，模样几十年不变，随着时代的进步和科技的发展，银行网点变得越来越现代化，更新速度也越来越快。不同于其他商业业态，银行网点可谓“内有乾坤”，建设一个银行网点需要银行内部很多专业部门的通力合作。因此，如何能够快速、高效、环保地完成建设，是每个银行网点运作者需要考虑的问题，针对这一问题，本章将提供一些可行的解决方案。

银行网点再生的困与变

存在问题

从绿色 GDP 的角度来看，绿色、环保、低碳是现代化工业的基本要求，我们探讨其中一个维度，即“再生”，对于城市的基础建设，再生包含两层含义：节约能源，环保并可回收再利用；可持续发展，有延展性，不用推倒重来。

银行物理网点是城市基础建设的组成部分，因此，物理网点的再生之道就是要解决银行网点建设中存在的问题。

供应商众多

供应商众多且分散，很难沟通，会影响施工的预算、进度、质量和决算。在全国范围内，四大银行及其他全国性银行都设置了负责网点建设的部门，例如，某国有银行由渠道部门负责网点建设的管理工作，我们曾多次作为与会者参与碰头会、图纸交底会、图审会、进场准备会 、竣工验收会等，根据单个项目的大小，与会者中一般包括 15 ~ 20 家供应商，也就是说，对于一个面积超过 300 平方米的银行网点装修项目，银行负责网点建设的工作人员需要面对至少 15 家供应商，需要协调内外部工作，并配合国家监管部门的审批工作。

施工设计难

银行内外部需求（“封闭”与“敞开”、财务与方案）相互冲突。公安部门主张相对“封闭”才是安全的，所以在银行业金融机构营业场所的安全防范要求中明确规定了实体防护要求和技术防范要求的具体参数，对一些重要部位也做了具体要求。而消防部门为了便于疏散人民群众和保障财产安全，主张相对“敞开”才是安全的，对通道和消防设施做强制性要求。当“敞开”遇到“封闭”，这样的冲突在实际项目操作中会增加银行网点的建设周期和相关费用。另外，建设方案与财务部门的预算存在差异，一个创新方案需要财务预算给予支持，而财务部门通常不会给申请部门试错的机会，基于银行体制内财务预算审批制度，财务部门不会帮助解决网点建设中的增项费用。

施工污染大

装饰材料产生的气味，装修过程产生的粉尘和噪声会影响员工的身体健康。网点的升级改造中，大部分存在布局的变化，会对整个功能区进行重新布置。银行网点一般位于相对的“中心”位置，如果防护不当，施工就会对周边环境造成污染。即便防护得当，粉尘污染尚可控制，但气味是无孔不入的，电焊和油漆造成的空气污染短时间内也不会消散，随着新家具的入场，空气污染情况更是雪上加霜。近几年，银行网点所使用的家具大部分以中高密度板为原材料，采用表面烤漆工艺，这样油漆包裹着密度板，释放甲醛将是一个长期缓慢的过程，根据相关文献，最长释放期限可能达十年，这基本上贯穿了物理网点的整个生命周期，对银行员工尤其是适婚女员工的身体健康有较大影响。

项目期限长

方案设计不到位导致施工中费用增加，引发决算争议。方案设计单位与施工单位不能是同一家单位，理论上，这有效规避了预算过高等风险，但是同一分行的设计单位和施工单位80%在当地是长期合作的，所以实操中风险并没有被彻底规避。而在实际操作中，施工单位通常会做多次工程签证，原因有很多，但更多是设计不到位造成的，而设计不到位的原因中就包括了这两个：一是设计师本身的理解能力问题；二是在现有的“低价中标”体制中，优质资源不会服务于低净值客户，当工程需要签证时，尽职尽责的监理公司不会轻易认可工作量，除非甲方表态，否则扯皮纠葛将使工期延误。即便工程完工，决算上的出入也是需要施工单位自我衡量的，为了尽早完成决算，有些银行可能会被动选择承担其他人造成的损失。

建材购买难

一般来说，针对银行网点的建设，总行会规定材料标准，以便所有网点能够统一形象。而目前在一些小城市，装饰材料难寻且成本高，网点建设只能寻找替代品。虽然网上购物可以缓解这个问题，但发生问题时，沟通效率低，网上购物解决不了急需物资，最终导致工期延长。

场景更新难

局部装修改造，如拆墙、破顶、凿地，会引发施工成本大和歇业施工问题。线下场景已经是新零售的法宝，可以创造需求，引导消费，培养习惯。银行网点线下场景的表现形式是可移动、可再生、有延展性的功能区，并同时配合线上场景做线下延伸，可以具备多种功能，例如，在银行的引导区，既可以办理取号业务，也可以填单，查询银行各类信息，与机器人对话，还可以享受互动体验和云端服务。随着5G的发展，客户需求变得复杂多样，场景切换比以往更快。不能因需要的更新而使设备变成低效资产，再生就显得格外重要。

在项目实施过程中面对的问题更是层出不穷，就如何解决以上问题，我们与多家企业和银行进行了交流，才有了此文中的一些粗略感触。银行网点建设的图片素材（银行网点互动体验区）如图4-1所示，通过这些图片，我们可以更深刻地了解当今银行网点建设的风向。① 江苏卓越天创智能科技有限公司和上海桂金智能科技有限公司创造性地提出了针对工程承包的创新型服务模式“PMO（项目管理办公室）管理EPC（工程总承包）项目模式”，近年来业界很多公司也逐渐采用这一模式。

图4-1　银行网点互动体验区

拥抱EPC

什么是EPC

EPC即工程总承包，英文全称是Engineering Procurement Construction，

① 本章图表除具体标注的，均来源于江苏卓越天创智能科技有限公司。

是指公司受业主委托，按照合同约定对工程建设项目的设计、采购、施工、试运行等实行全过程或若干阶段的承包。通常在总价合同下，公司对其所承包工程的质量、安全、费用和进度负责。目前在国家发展改革委、住房城乡建设部共同印发的《关于推进全过程工程咨询服务发展的指导意见》的指导下，国有和政府投资项目要求配备全过程工程咨询服务团队，由全过程工程项目管理师作为总负责人和总咨询师为 EPC 项目提供各阶段的咨询服务和全过程管理服务。

在 EPC 模式中，Engineering 不仅包括具体的设计工作，还可能包括整个工程内容的总策划以及整个工程实施、组织、管理的策划和具体工作；Procurement 不是指一般意义上的建筑设备、材料的采购，而是指专业设备、材料的采购；Construction 应译为“建设”，其内容包括施工、安装、试测、技术培训等，同时意味着全部达标、交付后就可以正常使用。交付前应做无负荷试运行、带负荷联动试运行直到达标。

EPC 模式的法律依据

为与国际惯例接轨，克服设计、采购、施工相分离的传统承包模式存在的问题，进一步推进工程总承包制，我国现行《建筑法》在第二十四条规定：“提倡对建筑工程实行总承包，禁止将建筑工程肢解发包。建筑工程的发包单位可以将建筑工程的勘察、设计、施工、设备采购一并发包给一个工程总承包单位，也可以将建筑工程勘察、设计、施工、设备采购的一项或者多项发包给一个工程总承包单位；但是，不得将应当由一个承包单位完成的建筑工程肢解成若干部分发包给几个承包单位。”《建筑法》的这一规定，在法律层面为 EPC 模式在我国建筑市场的推行，提供了具体法律依据。

EPC 模式的政策、规章依据

为进一步贯彻《建筑法》第二十四条的相关规定，2003 年 2 月 13 日，建设部颁布了《关于培育发展工程总承包和工程项目管理企业的指导意见》，明确将 EPC 模式作为一种主要的承包模式予以政策上的推广。

EPC 模式的优势

与传统承包模式相比，EPC 模式具有以下三个方面的基本优势：

- 强调和充分发挥设计在整个工程建设中的主导作用，有利于工程建设整体方案的不断优化。
- 有效解决设计、采购、施工相互制约和相互脱节的问题，有利于设计、采购、施工各阶段工作的合理衔接，有效地实现对工程进度、成本和质量的控制，符合建设工程承包合同的约定，确保获得较好的投资效益。
- 建设工程质量责任主体明确，有利于追究工程质量责任和确定工程质量责任的承担人。

从 EPC 模式的定义和优势可以看出，EPC 模式适用于重大工程。按工程金额估算，千万元级别及以上的国家级工程更适合采用 EPC 模式，可以更好地发挥 EPC 模式的优势，而一个 300 平方米的银行网点，预算为 100 万元左右，拥有 EPC 资质的企业会谨慎考虑参与这类项目，那么银行网点的基础建设如何运用 EPC 模式呢？我们先关注一下传统模式的问题出在哪里。

银行网点传统承包模式可以简述为：供应商选择→方案设计→预算编制→立项申请→财务审核→预算批复→项目采购申请→项目采购谈判→项目采购批复→现场放样→组织施工→竣工验收→决算审核→账务结转。

从这个流程不难看出，一个银行网点改造项目将会有几十家供应商参与，在这种背景下，各供应商之间难以沟通协调，工序脱节，而银行方非专业人员主导项目施工，发生问题时无法明确责任方。

那么，一个 300 平方米的银行网点项目，如何在 45 天内交付？我们可以采用 PMO 管理 EPC 项目模式，对银行网点改造过程进行全流程管理，直接参与每个流程中的最核心部分，以控制质量和效率为目的，对项目的设计与施工进行一体化管理。总承包商负责方案设计、预算编制、装饰材料与产品采购、施工安装组织等。银行方聘请工程造价咨询公司、施工监理公司及采购代理公司等第三方公司，依据专业标准全程参与工程项目的每个阶段。PMO 管理 EPC 项目模式与联合体承包模式的最大区别是设计的重要程度不同，PMO 管理 EPC 项目模式的核心是设计阶段的工作，在 PMO 组织中充分沟通，组织成员应包括企业的高层主管、项目经理、各类专项专家、项目协调人员等。想要在短时间内交付，就需要几个工种同步进行，高度统筹所有设施设备的生产制造时间和材料家具入场顺序，为项目量身定制管理流程。尤其是功能区中使用的设备、家具，必须在施工单位进场时同步开始生产制作，软件开发需要在家具入场时结束，等等，任何一个环节出现协调上的问题都会造成工期拖延，高度统筹是“灵魂”所在，全面的方案设计是保证。这些统筹安排如果分散到几十家供应商，由银行工作人员一家一家地协调，难度是非常大的，最终牺牲的必然是工期和工程质量。

模块化银行

从银行网点的基础装修来看，再生是模块化银行的“灵魂”，具体表现为模块化、可回收、延展性、保修期内只换不修，这四个关键词已经涵盖服务的各个阶段并形成闭环。模块化银行建设有以下几个系统模块，通过模块化建设实现了干法施工，将噪声污染和环境污染降到最低，同时加快建设效率。

在银行网点建设中，模块化可以明显提高施工效率，我们以某行虚拟网点为例，简单剖析模块化在网点建设中是如何运用的。

包柱系统模块

包柱系统模块的场景效果如图 4－2 所示，这一模块整合了填单、广告宣传、厅堂营销、叫号显示、折页架陈列等功能，转化了柱子在网点中的形象，提升了网点的整体形象。

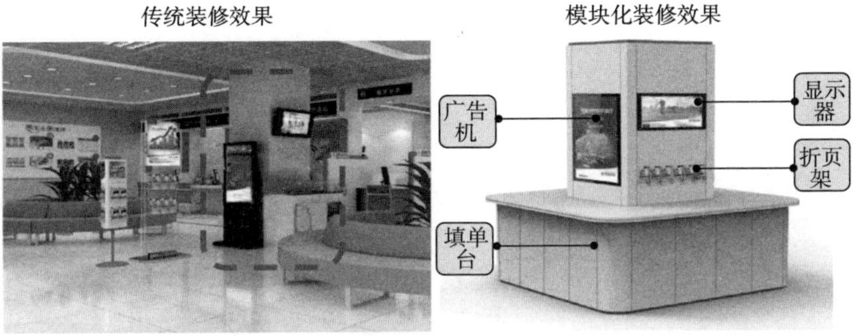

图 4-2　包柱系统模块的场景效果

注：包柱系统模块可整合填单台、广告机、显示器、折页架功能，在满足现场功能需求的前提下，使接待大厅更加整洁美观。

墙面系统模块

墙面系统模块的场景效果如图 4－3 所示，这一模块通过墙面和广告宣传屏的整合，能够提供厅堂营销、叫号显示、储物/便民服务/茶水摆放等功能，缩短了施工周期。

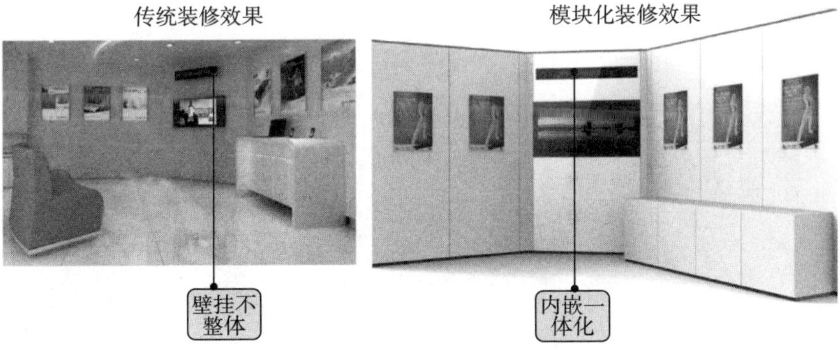

图 4-3　墙面系统模块的场景效果

注：宣传区模块墙体可整合内嵌式显示屏，宣传海报（可选内嵌安装和可快速更换的外置磁吸安装）。

隔断系统模块

隔断系统模块的场景效果如图 4－4 所示，这一模块通过隔断和家具的整合，在员工生活区进行布置，提高了员工关怀。

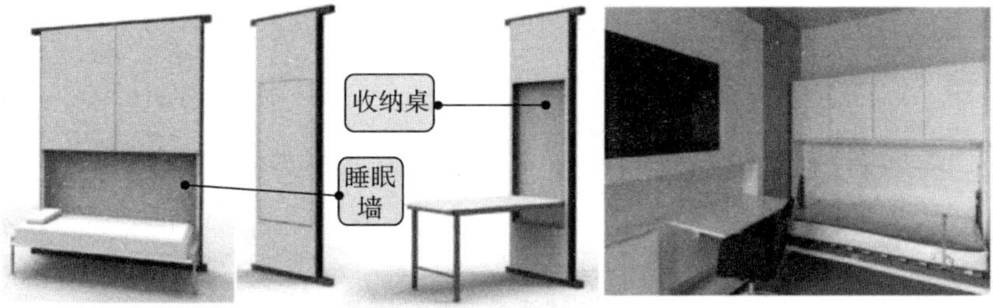

图 4–4　隔断系统模块的场景效果

注：办公区通常空间有限，但又是员工长时间活动的区域，可选用睡眠墙模块，既节约空间，又能使员工舒适地午休，提高工作效率。收纳桌模块可在紧凑空间内为员工提供专用餐桌。避免在办公桌上就餐，保持环境整洁。

墙柜系统模块

墙柜系统模块的场景效果如图 4－5 所示，这一模块通过墙面和文件柜、茶水柜、储物柜等柜体的整合，提升了网点整体形象，缩短了施工周期。

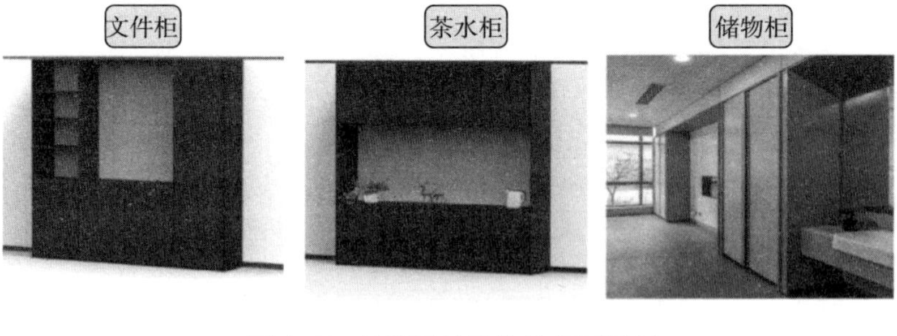

图 4–5　墙柜系统模块的场景效果

注：墙柜一体化模块，可以为办公空间提供一体化的文件柜和茶水柜，不再需要单独采购家具柜。

现金区墙体系统模块

现金区墙体系统模块的场景效果如图 4 –6 所示，这一模块通过建设现金区的安全墙体，提供了一个物理防护现金区，提高了防护等级和安全系数。

图 4–6　现金区墙体系统模块的场景效果

注：防爆墙模块，以装配式结构达到国家安防要求（GA38 –2015），安装速度快，整体性好，并可完整拆除，重新安装。

现金区整体柜台系统模块

现金区整体柜台系统模块的场景效果如图 4 –7、图 4 –8 所示，这一模块提高了现金区的安全防护等级，缩短了施工周期。

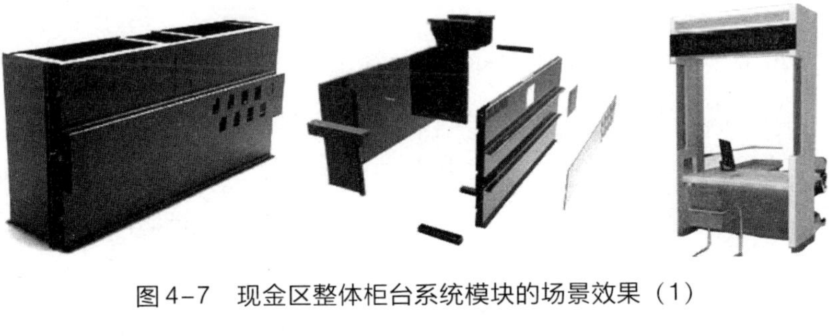

图 4–7　现金区整体柜台系统模块的场景效果（1）

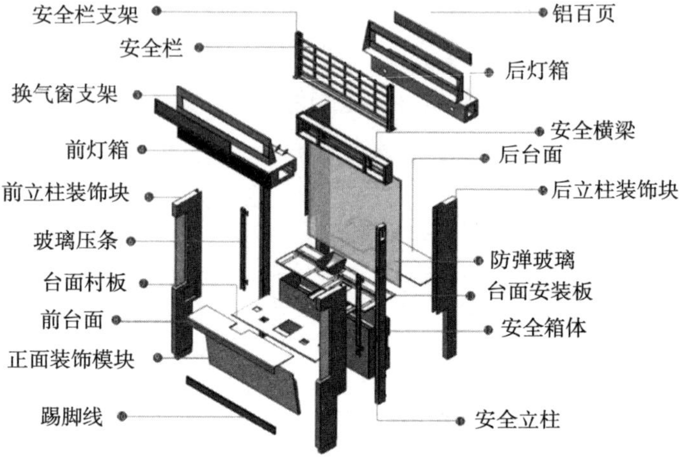

图4-8　现金区整体柜台系统模块的场景效果（2）

地面系统模块

地面系统模块通过复合式架空地面的设计，缩短了施工周期，集中布线便于后期维护。

PMO 管理 EPC 项目模式加快银行网点再生

PMO 管理 EPC 项目模式的意义

2020 年 3 月 8 日，中建三局原董事长陈华元接受《瞭望》新闻周刊记者专访，讲述了火神山医院和雷神山医院的建设过程。

当被问及“施工现场协调上万人，多道工序必须齐头并进。这是如何做到的”时，陈华元表示，作为牵头单位，中建三局如同项目的大管家，统筹制定通往胜利的路线图，统一策划、组织、协调，确定工序和工艺的穿插流程，为所有参建单位提供更好的服务和施工安排，保证每家单位都能最大化地发挥专业优势，保持各单位施工节奏一致。项目倒排工期，制定时间表，将每一个施工计划精确到小时乃至分钟，同时根据现场情况实时纠偏，使十余家单位、上千人的项目管理团队，都能听从统一指挥，并密切配合。

在火神山医院和雷神山医院的建设中，大管家统一协调所有资源，创造出中国速度。这种模式就是我们今天要探讨的 PMO 管理 EPC 项目模式。

PMO 管理 EPC 项目模式在银行网点建设中的意义包括：可有效规避利益输送问题，可有效缩短 30% ~50% 的施工周期，标准化管理使银行网点形象统一，由管理企业负责工程质量问题使售后服务更简单快捷，使工程质量责任问题不再有扯皮现象。

PMO 管理 EPC 项目模式实施流程

PMO 管理 EPC 项目模式实施流程为：供应商选择→方案设计→项目采购申请→项目采购谈判→预算立项申请→财务审核→项目采购预算批复→现场放样→施工组织→竣工验收→决算审核→账务结转。这一流程的核心是由供应商代替甲方的对口职能部门去管理整个工程直至验收交付。银行现阶段负责网点建设的部门存在两个问题：一是部门内负责网点建设的工作人员通常只有 1 ~2 位，需要对接几十家供应商，负责协调各专业部门，工作难度较大；二是很多银行管理人员缺少专业背景，管理成本过高。而交由供应商直接管理，专业的事由专业的人来做，分工合作更高效。

办公家具的迭代与更新

办公家具的现状

生产原材料简介

1. 密度板。密度板是甲醛含量最多的板材，因为用的胶最多。制造方法是将木板加工剩余物、小径木、木屑等物切削成一定规格的碎片，经过干燥，拌以胶料、硬化剂、防水剂等，在一定温度、压力下压制成一种人造板。定制家具，特别是颗粒板、多层夹板、高密度板做成的家具，有毒气体的散发期长达 15 年，有小孩的家庭要慎用。

2. 细木工板。细木工板一般叫作大芯板，是用胶黏剂将上下两层夹板和中间小块木条黏压拼接而成的人造板材，中间是以天然木条黏合而成的芯，两面粘上很薄的木皮，顾名思义称为大芯板，是装修中最主要的材料之一。

3. 胶合板。胶合板就是通常所说的三合板、五夹板、七夹板和九夹板。

4. 多层指接板。多层指接板主要包括使用胶黏剂的各种多层实木指接板。多层指接板一般为三层，三层中间必定会有两层涂抹大量的胶黏剂，但由于指接板的“指接缝”是裸露在空气中的，甲醛更容易挥发。

5. 饰面板。饰面板也叫贴面板，是将天然木材或科技木刨切成一定厚度的薄片，黏附于胶合板表面，然后热压而成的一种用于室内装修或家具制造的表面材料。用胶水粘在薄密度板、刨花板上用来装饰家具表面。饰面板无法单独使用，只能粘在细木工板、胶合板、杉木指接板上使用。

6. 实木指接板。实木指接板由于采用的是单层实木材料，也叫作单层实木指接板。这类板材的主要制作工艺是，把各种实木材料锯成小块，然后对其进行深度烘干，再将小块开齿，然后在开齿部位和小块侧面涂刷脲醛树脂胶黏剂，再通过挤压固定。实木指接板多用在一些实木家具中，作为实木家具的衬板、装板和隔板等，是实木家具中甲醛污染的主要来源。

办公家具存在的问题及应对措施

近几年银行网点转型升级改造正如火如荼地进行，就我们调查和亲身参与的一些项目来看，银行网点的办公家具大概分为两类。一类是银行网点的后台办公家具，即银行员工办公使用的家具，这些家具大部分是使用饰面板材包裹各种基材类板材，再和亚克力板、人造石、不锈钢等饰面材料结合使用，而大部分基材类板材为胶合板，各大厂家的胶合板符合国家的环保等级要求，但符合要求并不代表不含甲醛。另一类是银行网点的前台办公家具，即银行网点内使用的办公家具，近几年有一些公司将原来布展公司使用的道具推广到银行网点，称之为产品创新。展馆中大部分道具是使用中高密度板作为原材料通过表面烤漆工艺制成的产品，其优点是造型优美、表面光滑有质感，虽然其存在甲醛污染，但是展会一般举办 3 ~ 5 天，人均驻留时间为 1 ~ 3 小时，从而可以忽略它的危害性。但是把这样的产品放在银行网点作为办公家具使用，是不合适的。甲醛挥发时间很长，人造板等装修材料中含有的甲醛的释放时间为 3 ~ 15 年。希望通风散味几个月后甲醛就能挥发完是很不现实的。而且，甲醛的存在范围广，市场上几乎 90% 以上的复合地板、密度板等建材都含有甲醛。清华大学建筑环境检测中心主任张寅平指出，高浓度的甲醛会和蛋白质结合，严重刺激呼吸道，从而引发水肿、头疼等一系列症状。此外，长期接触低浓度甲醛，可能会引起慢性呼吸道疾病，导致女性月经紊乱、新生儿染色体异常，甚至引发鼻咽癌。①

那么如何解决这个问题，以降低家具空气污染对人体的伤害呢？我们把目光投向了铝合金市场。先来看一下工业和信息化部发布的铝行业运行情况。

2019 年 3 月 5 日，工业和信息化部原材料工业司发布了 2018 年我国铝行业运行情况。2018 年，我国铝工业深化供给侧结构性改革，严控电解铝新增产能，推进电解铝产能置换，行业运行总体平稳，但贸易摩擦的影响逐步显现，生产成本不断提高，行业效益下滑，整体发展形势不容乐观。

一是产量同比增长，铝材增速下降。2018 年，氧化铝、电解铝、铝材产量 7 253 万吨、3 580 万吨、4 554 万吨，同比分别增长 9.9%、7.4%、2.6%，其中，考虑到统计数据调整，电解铝产量增速同比提高 5

① 甲醛释放长达 15 年 室内甲醛污染到底该怎么防治？人民日报。

个百分点；由于贸易摩擦影响以及国内消费低迷，铝材产量增速同比回落7个百分点。

二是价格回落、成本上涨，效益明显下滑。2018年国内电解铝现货均价14 262元/吨，同比下跌1.8%，受环保整顿，铝土矿价格持续走高，煤炭价格上涨，企业节能减排成本提升等影响，电解铝综合生产成本同比大幅提升。2018年，铝行业实现利润372亿元，同比下降40%。其中，铝矿采选实现利润7亿元，同比增长19.6%；铝冶炼、铝加工行业实现利润112亿元、254亿元，同比分别下降54.6%、31.4%。

三是产能置换不断加快，产业结构进一步优化。《关于电解铝企业通过兼并重组等方式实施产能置换有关事项的通知》（工信部原〔2018〕12号）印发以来，已有400多万吨电解铝产能完成了跨省置换，其中，300多万吨产能转移至内蒙古、云南等能源丰富地区，在保持严控电解铝产能高压态势的同时，电解铝产业结构不断优化。

四是铝材出口大幅增长，国际贸易环境不容乐观。受国内外铝材价差波动、人民币汇率贬值等影响，2018年我国铝材出口量523万吨，同比增长23.4%。巴西海德鲁氧化铝厂停产等造成海外氧化铝供应短缺，我国全年净出口氧化铝95万吨。中铝集团、魏桥创业集团等境外铝土矿资源开发项目持续推进。外部发展环境日趋严峻，铝材未来出口将面临严峻形势。

2019年，国内外环境日趋复杂，贸易摩擦深层次影响显现，下游消费形势不容乐观，铝行业下行压力依然较大。工业和信息化部仍将继续深化供给侧结构性改革，继续联合有关方面保持对严控电解铝新增产能的高压态势，严格执行电解铝产能置换政策，研究建立通过市场化、法治化手段化解产能过剩的长效机制，积极扩大铝应用，引导铝工业高质量发展。

通过以上数据可以发现，我国铝产能过剩，急需创新应用，那么如何加快推动铝合金材料在全铝建材领域的应用呢？《中国制造2025》的发布给了我们答案：以铝代木。

全铝家具的特性

全铝家具板材健康环保，铝材的甲醛含量为零，符合国际最高标准，且一年四季都可装修，不受季节或天气的局限，真正实现即装即住。全铝家具不仅美观，而且经久耐用。与木质家具相比，全铝家具具有绿色环保、无气味、零甲醛、防水防火、防虫防蛀、不变形、易清理、坚固耐用、可回收等特点，让大众看到了铝在家具行业的巨大前景。全铝家具与传统木质家具的对比如表 4－1 所示。

表 4－1　全铝家具与传统木质家具的对比

全铝家具	传统木质家具
零甲醛、零排放、无尘无味，真正做到安“醛”无忧	密度板是甲醛含量最高的板材，因为用的胶最多。有毒气体的散发期长达 15 年
全铝家具是根据造型由一片一片的标准模块拼装而成的，标准模块长期有备货，无须等待生产周期	传统木质家具的生产周期是 20 天左右，且油漆施工气味的挥发至少要 30 天，根据工艺和原材料的不同，甲醛释放需要 3～15 年
独有的高温热转印工艺，使家具表面防水防潮，耐脏不留污渍	易受潮，不防水，不耐脏
使用寿命为 50 年，10 年内的产品可提供回收服务	更新换代后无法回收利用

智慧银行场景建设

智慧银行场景建设的驱动力

中国金融市场对外资银行全面放开，非银行金融机构正逐渐进入传统银行服务领域，金融脱媒加速。客户需求越来越多样化和复杂化，银行服务水平与日益提升的客户需求存在差距。

随着移动互联网的普及、互联网金融的崛起，以及客户需求的个性化，越来越多的银行客户倾向于通过电子渠道办理各类业务，且更看重办理业务的体验和感受。银行网点由于时空限制、流程冗长、服务模式落后等，对客户的吸引力大不如前。网点租赁成本、人工成本不断攀升，导致网点的成本效益比下滑，网点生存面临挑战。在内外“夹击”下，银行网点经营模式、业务流程、软硬件资源等亟须转型升级，智慧网点应运而生。与传统网点不同，智慧网点引入了“智能自助 + 人工协助 + 无缝营销”模式，改变了以往柜台一字排开、等客上门的分区设置，以智能设备为中心，识别引导客户并主动服务。网点柜员也走出柜台，以往的“隔离式”服务变为与客户的“零距离”交流，实现了网点的智慧管理和价值创造。在移动互联网时代，最佳客户体验来源于为客户提供随时、随地、随心的金融服务。产品和服务的创新是未来银行发展的内在动力，新技术支持下高效可靠的服务平台和不断创新的产品是银行竞争力的体现。智慧银行的建设符合市场发展需求，顺应了技术发展潮流和客户需求。

转型和升级以更好地为客户提供服务为核心，构建更具智慧的银行。这里的智慧代表着更透彻的感知度量，更丰富的场景获客，更有趣的内容营销，更深入的智能管理以及更精确的数字搭建。

智慧银行建设的总体思路

智慧银行建设的总体思路为，紧密围绕网点“智能化、轻型化、一体化”转型主线，打造一批具有引领示范作用的数字化、场景化和平台化创新网点。实施智能化升级，优化网点动线分区、升级网点设备和功能，提升网点智能化的客户体验。坚持创新驱动，在功能业态、营销服务和机制流程等方面积极探索新业态与新模式。围绕智能化、轻型化、一体化等中心工作，与网点标准化装修、岗位优化组合等重点工作紧密融合。引入或升级智能化、数字化设备设施，实现网点的智能化服务与交易，一方面替代人工操作，另一方面改善客户体验，吸引客户关注。银行应加快网点功能转型和经营方式转变。

展望未来，科技元素继续增强，网点形态持续创新，客户体验不断提升将成为智慧网点的三大发展趋势，银行网点的转型升级之路不会停下脚步，未来5G技术的运用更是让智慧银行插上“翅膀”。从核心竞争力来看，客户体验无疑是网点转型成功与否的关键决定因素。

智慧银行的场景形态

实现元素

运用智能感知、场景获客、内容营销、智能管理、数字搭建、生态合作六个方面的整合服务，实现银行网点智能化转型。

技术架构

智慧银行整体解决方案包括智慧营销、智慧服务、智慧建设三个方面。通过场景获客、智慧感知和模块装配的方式来实现。运用人脸识别、智能控制等技术，实现对客户的精准识别、行为记录和协同服务，实现系统间、设备间的连通互动及控制。设计网点线上线下获客、营销、支付、融资等场景，让客户体验“互联网+网点”的顺畅服务。

场景化创新

定位于特色场景网点。选择个人信贷、贵金属、小微金融等业务优势突出的网点，打造消费金融、汽车金融、小微金融以及融e购、贵金属等体验场景。

打造微空间，促进营销服务转型。结合网点装修设计标准手册，灵活通过场景化设计、专区化改造、模块化建设等方式，积极探索网点场景化营销服务转型，以金融为本、场景为用，依托各类微空间开展微场景、一体化营销活动。

科技为智慧场景赋能。通过金融科技的赋能，为网点提供多渠道智能营销工具，帮助网点激活存量客户，拓展新客户，并为客户提供全新的智能化、个性化服务体验。

智慧银行场景建设的重要环节

智慧营销

智慧营销场景建设通过终端互联互通、内容交互展示和智能管控，面向到店客户开展多媒体引客、多入口获客、跨渠道营客与数字化服务。整合客户的需求，将银行与用户连接起来。提供场景吸引客户使用。线下网点深度挖掘客户的衣、食、住、行、游、购、娱，带动网银流量，实现客户价值最大化。建设的场景包括健康体检、汽车金融、在线教育、智慧阅读、旅游、文化创意及沉浸消费等。

智慧感知

在智慧感知场景建设流程中，首先是建立数据库，通过将排队叫号系统、WiFi 热点识别以及人脸识别结合，逐步做到身份识别信息与客户信息的一一对应，建立身份识别信息数据库。其次是实现全渠道识别接入，在交易设备、互动设备以及贵宾服务区和自助服务区出入口等关键位置引入人脸识别系统，为客户营造归属感和满足感。最后是精准营销，在数据库中记录客户交易、查询记录，通过系统自动分析判断客户兴趣点，实现在客户到访网点的流程中精准嵌入个性化推送。以 AI 为核心，将大数据、生物识别等技术与银行零售业务流程有机融合，通过全流程智能化改造，推动银行在存量客户激活，线上线下获客，产品交叉营销，全营销流程打通等方面能力的提升。

用户旅程构建

银行网点内设备终端的使用步骤和不同设备的摆放位置都要有迹可循，要根据客户的体验流程进行设计。根据网点内的构造，针对业务、客户动线、软件模块做出定制化营销策略。

模块化装配

银行网点进行模块化拼装、动线规划和数字化搭建，通过 AI 数据分析柜员和客户的使用习惯，使业务办理等更人性化。

第三篇

软转型篇

第五章　银行网点转型新形态

随着5G、云计算、AI等技术的迅猛发展，集合AI、大数据、云计算、生物识别等新潮科技元素的智慧金融已经成为银行发展转型的必然趋势。《中国工商银行股份有限公司2019年度报告》披露，截至2019年年末，已完成智能化改造的网点有15 684个（截至2019年年末，中国工商银行营业网点共有15 784个），而《中国农业银行股份有限公司2019年年度报告》显示，截至2019年年末，完成2.2万个网点的智能化改造（截至2019年年末，中国农业银行境内网点有23 149个），累计精减高柜1.76万个。线上交易占比持续增长，智能设备接受度稳步提升，银行客户到店率不断下降，柜台数量逐步精减，银行交易智能化、线上化、离柜化趋势较为明显。

当前形势下，银行面临三大挑战：一是线上服务的普及导致去网点的客户减少，而且很多网点还存在客户到店体验不佳、互动性差的情况，严重影响了客户的到店意愿，甚至有可能直接导致客户流失；二是银行传统营销模式成本较高，不够精准，营销范围仅限于网点周边，目标客群有限；三是银行网点引入智能化系统、设备，缩减柜台数量，网点的业务流程、岗位定位、服务营销等都在发生变化，网点管理模式需要适应智慧银行。

银行网点正处于从传统银行转向智慧银行的过渡期，为迎接挑战，银行网点可以从以下三个方面进行转型，以顺利度过磨合期。

一是基于线下良好体验的客户管理转型。

民营银行、网络银行、第三方支付机构的兴起给传统银行带来了很大冲击，与它们相比，传统银行的优势在于可以通过网点与客户面对面交流，为客户打造良好的体验并提供优质的服务，以提升客户忠诚度。以吃火锅为例，我们既可以选择花几十元买食材在家吃，也可以选择花一二百元到海底捞门店吃，而我们到海底捞门店吃还可以享受美甲服务，欣赏“变脸”表演。同样是吃火锅，而海底捞提供的是创新性用餐体验，良好的体验会吸引客户再次光临。因此，良好体验是客户管理的基础。银行必须夯实基础，遵从“以客户为中心”的原则，融入客户生活场景，紧抓客户关系管理，突出网点的优势。

二是引入互联网低成本、高渗透营销模式。

传统的营销方式如理财沙龙、客户走访等成本较高，成功率不一定高，每个银行网点的服务范围是有限的，对公业务的服务半径为3～5千米，而零售业务的服务半径更小，超出1千米就很少有人愿意来网点办理业务了。线上营销就很好地解决了服务范围较小的问题，几乎每个人都能用手机随时随地进行线上社交、消费、娱乐和阅读等，银行可以借鉴互联网营销方式，做到“网点有界，营销无限”，微信、短视频这类营销方式成本低，渗透率高，很容易被大众接受。

三是优化网点管理以适应智慧银行发展。

网点缩减柜台、增加智能化元素后，原有业务、服务、营销流程都发生了变化，柜员岗位角色转换，网点绩效方案也应随着智慧银行的发展而改进，会有更多人员加入营销队伍，银行应适时地优化网点管理，促进传统网点向智慧网点转型。

本章围绕三个转型方向展开分析，以探索转型之路。

体验经济下的客户管理转型

客户体验管理

体验经济是现代市场经济的一个重要特征。我们观察到，消费者的需求一直在变化，从产品、服务的实用性逐渐升级到体验的个性化。不仅是银行，所有企业想要在市场上经久不衰，就必须重新审视客户的需求，而客户体验管理将为企业打开一扇窗，成为企业取得差异化竞争优势的有力支撑。

客户体验管理意义重大

根据伯尔尼 H. 施密特（Bernd H. Schmitt）在《客户体验管理》（*Customer Experience Management*）一书中的定义，客户体验管理是指“战略性地管理客户对产品或服务的全面体验的过程”。斯科特·罗比内特（Scott Robinette）在《情感营销》（*Emotion Marketing*）中指出客户体验管理包括：分析客户的体验世界，例如消费者的体验需求、社会文化因素、生活方式等；建立客户体验平台，例如体验定位、价值承诺等；设计品牌体验，包括体验产品特点、标签设计、包装以及货架摆放，广告、形象和其他营销活动。银行需要通过与客户的良性互动，来不断探索创新体验管理。

我们在 2020 年 4 月通过发起问卷进行了客户体验管理的相关调研，共收集了 268 份有效问卷，参与调研人员的年龄分布如图 5－1 所示，其中，18～30 岁的人有 89 位，31～45 岁的人有 143 位，46 岁以上的人有 36 位。①

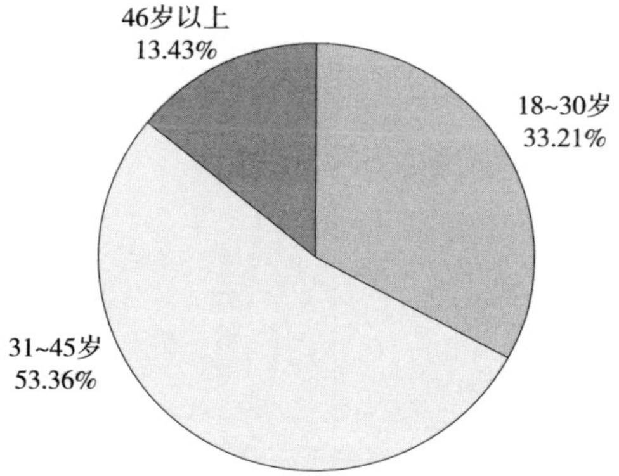

图 5－1　参与调研人员的年龄分布

① 本章图表除具体标注的，均来源于上海银翱管理咨询有限公司。

如图 5 -2 所示，面对问题“一次不良体验会让你从此离开一家银行吗”，大部分人选择了“会”。如图 5 -3 所示，31 ~45 岁的客户群体的包容性最低，其中 66. 43% 的人选择了“会”，而其恰好是银行未来十年里非常重要的客户群体。糟糕的客户体验会让客户“记忆深刻”。将近 2/3 的受访者在一次令人失望的互动之后就会选择舍弃一个品牌，客户不仅会离开，还会把负面体验传播给其他亲戚朋友。客户体验管理的“1 ：8 ：25 法则”，就是说一名客户有了比较好的体验后，会传播给 8 个人，如果客户有了糟糕的体验，他会传播给 25 个人。一次糟糕的客户体验就足以影响银行的品牌形象，想象一下，随着时间的推移，持续糟糕的客户体验会带来什么样的后果。

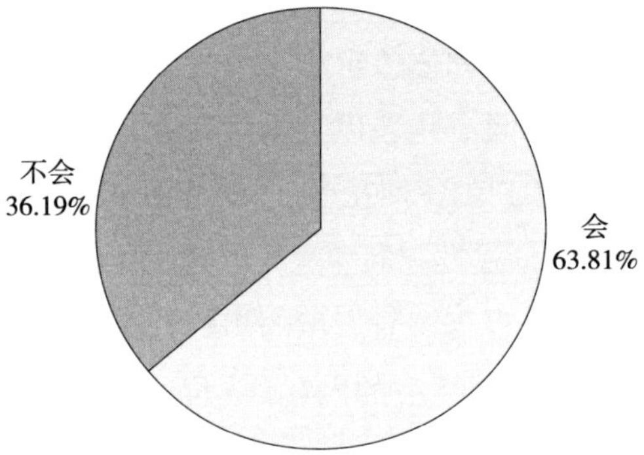

图 5-2　客户体验调研结果（1）

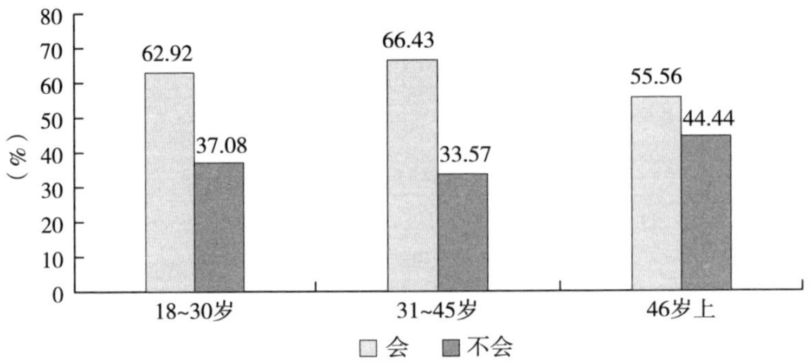

图 5-3　客户体验调研结果（2）

更令人想不到的是，面对问题“如果体验非常棒，你愿意为此多付20%的钱吗”时，有63.06%的受访者表示愿意，如图5－4所示。其中31～45岁的客户更愿意为好的体验支付更多的钱，如图5－5所示。现在的竞争不再是价格的竞争，而是价值的竞争。如果银行期望从客户那里获得更多，那么就需要先付出，提升客户体验。

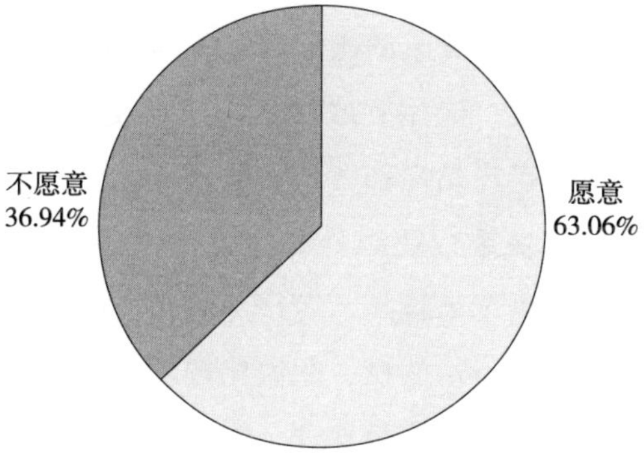

图5－4　客户体验调研结果（3）

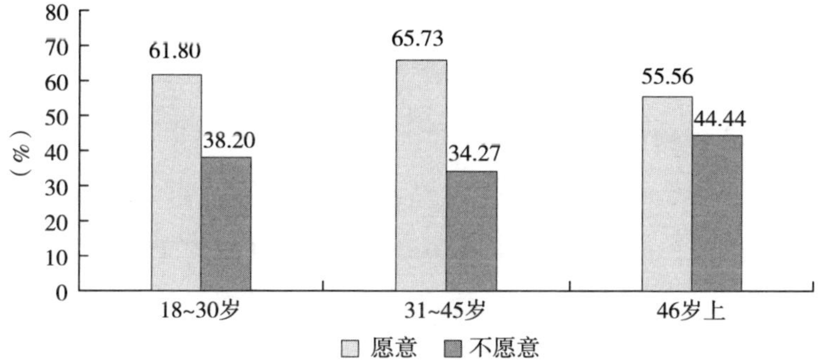

图5－5　客户体验调研结果（4）

2017年诺贝尔经济学奖得主理查德·塞勒（Richard Thaler）曾说过：“人们在日常生活中的一些经济行为，比如储蓄、消费、投资等，从行为经济学的角度分析，往往自以为理性，然而实际结果表明大部分人都是在凭直觉做决定。”直觉是一种直观感觉，没有经过分析推理，往往来自感性和体验。客户的忠诚度和重复购买行为，都来自良好的客户体验。

客户体验不是指一次互动，而是指客户在整个生命周期里和一家银行的所有互动，以及在此过程中获得的体验。这里所说的客户，是指所有和银行打交道的对象，包括个人客户和企业客户。在客户生命周期中有很多重要时刻，银行必须在整个过程中为客户提供良好的体验。

宜家家居、苹果公司，以及各大城市随处可见的星巴克，都是凭借客户体验管理战略和线下成功的体验式营销实践而在竞争中脱颖而出。在中国，像阿里巴巴的支付宝、腾讯的微信等互联网产品带来了更具颠覆性的变革。它们借助技术手段，应用互联网数据，促使体验经济更上一层楼，它们不断追求便利性、客户黏性和客户价值，从客户视角出发，将客户体验做到极致。由于客户在银行业以外的世界中已经获得了很多不错的体验，客户对银行的要求也越来越高，客户不只是在银行之间做比较，还把银行和零售公司、互联网公司放在一起做比较。

如果能够很好地进行客户体验管理，银行将会得到忠诚的客户，他们会变成回头客，还会帮助银行宣传产品和服务，甚至把银行推荐给其他人，使更多的人转化为该银行的客户。客户是银行最有价值的“财产”，银行应该将提升客户体验作为首要目标。

如何进行客户体验管理

提升客户体验可以从三个方面入手。一是以客户愿景为起点。例如，一位想购车的客户仅在车贷方面会联想到银行，而客户的真实愿景不是贷款，而是拥有一辆梦想中的座驾，银行基于这个购车意愿，在购买、驾驶、装饰、分享、置换等多个客户旅程进行布局，提供创新服务方式，将关于车的全套金融方案嵌入与车相关的生活场景中，帮助客户达成意愿。银行需要通过大量相关客户调研，重新理解客户的目标，重新定义客户的愿景，从客户的角度出发去思考提供服务的方式，将与这个愿景相关的旅程全部整合进来。二是创新性地提供对客户有价值的体验。换句话说，体验管理既要有创新，又要对客户有价值，没有创新的体验管理无趣、乏味，没有价值的体验管理冗余、浪费，能够吸引客户的体验一定是对客户有意义的，不断创新才能给客户带来“意外惊喜”。例如，韩国眼镜店 Gentle Monster 将眼镜与艺术展相结合，每隔 21 天会更换一次艺术主题，顾客消费满一定金额后还能进入神秘房间参观体验，这给顾客带来了新奇、震撼的购物体验，这家眼镜店像景点一样，自带“流量”，很多人慕名而来。三是连接客户非金融生态圈，使金融场景融入非金融场景中。在品牌众多、竞争激烈的今天，客户很少主动去发现企业所能提供的产品和服务，银行必须将自己的金融业务旅程与客户的生活紧密相连，人为创造更多的触点，用来创造更多连接方式。

英国的劳埃德银行在 2014 年启动数字化转型项目，以打造“最佳客户体验”为核心，梳理并优化了关键客户旅程。劳埃德银行构建了基于客户价值的运营体系，通过组织跨职能团队，建立客户旅程实验室，通过专设转型预算和重建 KPI（关键绩校指标）等一系列举措，推动客户体验管理和数字化转型的实践。

借鉴过去的转型经验，围绕“以客户为中心”的理念，银行可以通过四个重要举措来提升客户体验管理：

- 梳理完整的客户旅程地图。
- 建立完善的指标监控评估体系。
- 制定客户体验问题快速闭环机制。
- 组建深挖创意并落地执行的团队。

客户旅程（customer journey），是指在客户首次接触直至下单并享受产品或服务期间，与企业互动的全过程。梳理完整的客户旅程地图是第一步，也是最基础的一步，在完整的客户旅程地图上，银行需要分析主要接触点上客户的行为和潜在需求，了解需求被满足和未被满足时客户的反应，以及最终会给银行带来什么样的影响。在日常运转中，银行需要思考的几个核心问题包括：如何发现问题？问题产生后向谁反馈？如何评估是否需要改善？什么时候改善？如何检核改善的效果？如此可以形成问题从产生到解决的闭环，不断提升客户体验管理。

银行可以通过表5-1所示的客户触点体验需求分析表定期调研客户需求与痛点，对客户体验存在的问题进行分析整理，并确定责任人，要求体验管理小组在指定的时间内提交客户体验改善计划表（见表5-2）并执行，定期跟踪改善计划的执行情况，并将整个进程予以公示；形成月度、季度、年度的责任指标，制定达成和未达成的奖惩制度，未达成的执行改善计划，最终形成完整的流程，以驱动客户体验管理工作的高效开展。

表5-1 客户触点体验需求分析表

序号	流程	触点名称	客户行为分析	客户需求	体验需求分析	需求评分（1~5分）
1						
2						
3						
4						
…						

表5-2 客户体验改善计划表

部门	问题指标	奖惩措施	改善点	责任人	跟进人	改进计划	完成时间	完成进度

客户旅程由许多行为步骤或时刻组成，在整个客户旅程中，银行都要尽可能提供优质的客户体验，但其中有些行为步骤或时刻具有特别重要的意义。银行一方面需要解决影响客户体验的负面问题，另一方面可以通过新的客户体验旅程设计，让客户体验达到新的高度。

2002年诺贝尔经济学奖得主、心理学家丹尼尔·卡尼曼（Daniel

Kahneman）经过深入研究发现，我们对体验的记忆主要由两个因素决定：高峰（无论是正向的还是负向的）时的感受与结束时的感受。这就是峰终定律。峰终定律基于我们的潜意识总结出体验的特点：我们对一项事物体验过后，所能记住的就只是在高峰与结束时的体验，而过程中体验的好与不好，对记忆影响甚微。银行网点转型通常涉及几十个甚至上百个客户旅程，根据峰终定律，我们可以从中选出 2～3 个核心旅程进行试点优化。

制作客户旅程地图是一个数据收集、整合的过程，数据来源复杂，整合过程烦琐，极具挑战性，且非常有价值。我们需要通过情绪分析等技术在旅程地图的制作过程中将原本孤立甚至主观的数据转化为可视化、易于测量和操作的定量可用指标。我们需要在实践中不断总结经验，并培养更多团队参与到客户旅程的创新中。

客户关系维护

金融市场竞争呈白热化态势，银行金融产品同质化越来越明显，差异化服务是银行增强核心竞争力的一个重要筹码，基于线下良好的客户体验，我们可以通过进一步的关系维护来拉开服务差距，以增强客户黏性，提升客户忠诚度，在激烈的竞争中赢得一席之地。

在客户关系维护中需要解决四大核心问题，分别是：

- 谁是银行的目标客户？
- 银行理想的客户分层结构是什么样的？
- 不同层次客户的服务需求是什么？
- 针对不同层次客户的服务营销策略是什么？

客户分层定位

银行面临风云诡谲的经营形势，P2P、第三方支付、网络银行、互联网保险颠覆了原有金融体系，跨界竞争日趋激烈。互联网逐渐改变了客户的传统生活方式，促进了许多线上业务的发展，培养了客户的线上消费模式，交易支付电子化、线上化、移动化，传统的银行网点到店客流量下降，银行通过面谈维护客户的机会减少，银行个人客户的维护工作难度也加大了。为此，我们必须将个人客户分层，精准定位，找到最值得关注的重点客户层级，把有限的精力投入重点客户维护中去。

我们首先要解决的问题就是谁是银行的目标客户。就贡献度而言，小部分的客户掌握了大部分的资产，以某银行为例，总资产管理规模为5万（含）~100万元的客户数量占9%，金融资产综合贡献度达72%，这类客户就是银行应关注的重点客户，客户贡献度高、潜力大，针对不同层级客户的特点和需求采取相应的营销措施，提供差别化、精细化服务，不断提升服务水平和营销质量，将有效促进银行个人中高端客户的快速增长，并实现客户资产的保值增值。

然后，我们需要思考最理想的分层结构是什么样的，银行应该根据客户层级，对客户进行有效细分，分析不同层级的客户需求，充分发挥银行各种资源的应有作用，将其精准投入关键客户中，创造出更多客户价值。表5－3是我们为某银行制作的客户分层服务模型示例。

表5－3　客户分层服务模型

	客户特征	产品服务模式	渠道服务模式
高净值客户	以高层管理人员和企业主为主； 学历较高，大部分为本科及以上学历	重点提供高端增值型的资产管理和理财服务； 提供个性化产品和服务； 加强奢侈品消费信贷产品	为客户提供专属的客户经理和服务渠道，主动提供专业化、个性化和便捷化的服务； 为客户提供丰富的渠道选择，提供安全便利的就近服务
大众富裕型客户	主要为自由职业者和中高层管理人员； 以本科及高中学历为主	提供更丰富的短期理财产品和个性化理财服务； 强化个人综合授信和经营性贷款产品	为客户提供专属的服务渠道，提供主动和高效的服务； 扩展客户服务渠道，提供丰富的渠道选择，实现就近服务

续表

	客户特征	产品服务模式	渠道服务模式
潜力客户	以中层管理人员和普通员工为主，其次是自由职业者； 大部分为本科学历	丰富理财产品类型，针对客户需要加强理财服务； 根据客户需求加强信用卡和外汇业务的营销； 识别并增强信贷产品和服务	为客户提供准确、高效、人性化的服务和专属的服务区域； 提供丰富的渠道组合，实现安全便捷的渠道覆盖
基础客户	主要是普通员工、自由职业者和中层管理人员； 学历相对较低，高中学历为主	维持和保障基础银行服务； 根据客户需求识别机会，增强标准化理财产品的销售； 挖掘潜力客户的个性化信贷需求，如房贷、车贷	提供清晰的服务渠道和准确服务； 利用自助服务设备提供自主、便捷的服务渠道； 加强网银/电话/手机银行的安全性和易用性，丰富渠道选择

分层以后，深入分析不同层次的个人客户的服务需求是什么，为客户维护打下基础。

客户分类维护

不同特征的个人客户，有着不同的产品需求和服务需求。从客户的角度看，可以依据客户的资产规模、产品偏好、购买习惯等对客户进行分类。从维护者的角度看，可以根据营销人员对客户的熟悉程度、营销的重要程度等对客户进行分类，分类维度并不固定，其意义在于便于分析相同维度下的客户有什么样的共性，维护人员有什么样的对策，形成固定模式，便于对客户的维护。

以下是我们常见的五种分类维度和相应的维护策略：

一是根据资产规模进行维护。对于银行来说，个人客户的价值有高低之分，可以根据客户的资产规模进行跟进，如表 5－4 所示。

表5－4　根据资产规模进行维护

客户类型＼维护方式	日常维护	特殊维护	客户关怀
资产规模在100万元以上的客户	提供专业全面的资产规划方案，每月致电，两个月见面一次	记住客户姓名，记录客户兴趣爱好、职业、收入情况、家庭情况等，提供个性化服务	节日庆典，生日祝福，病情看望，其他关怀
资产规模为30万～100万元的客户	推荐高端专属产品，每月致电，两个月见面一次	能快速识别客户，记录客户兴趣爱好、职业等，关注客户动态	
资产规模为5万～30万元的客户	保持客户稳定性，尝试提升客户等级，每月致电，三个月见面一次	尽可能邀请客户多尝试行内产品，培养客户习惯，提高客户黏度	
资产规模在5万元以下的客户	大众服务	关注大额资金动态，识别有价值的客户，进行重点维护	

二是根据客户金融产品偏好进行维护，如表5－5所示。

表5－5　根据客户金融产品偏好进行维护

客户类型＼维护方式	日常维护	特殊维护	客户关怀
存款偏好型	关注大额资金动向，存款利率趋势分析，存款产品及关联产品推介等	及时沟通，了解客户购房、购车等大额资金需求情况，低风险产品、实物黄金产品推荐	节日庆典，生日祝福，病情看望，其他关怀
贷款需求型	客户贷前、贷中、贷后管理及服务，贷款产品及关联产品推介等	关注风险管理，贷款套餐推荐，专项答疑	
中间业务倚重型	柜面结算及咨询服务，中间业务产品及关联产品推介等	关注交叉销售机会	
综合均衡型	柜面综合服务，常规沟通，各种产品及关联产品推介等	协助客户做好资产规划，关注交叉营销机会	

三是根据客户购买习惯进行维护，如表 5 -6 所示。

表 5 -6　根据客户购买习惯进行维护

客户类型＼维护方式	日常维护	特殊维护	客户关怀
关系中心型	经常沟通交流，建立良好的个人关系和单位联系	深入挖掘客户的亲戚朋友，及时响应客户诉求	节日庆典，生日祝福，病情看望，其他关怀
质量中心型	针对客户需要提供优质服务和创新产品	重点对质量问题进行沟通及处理	
价格中心型	常规沟通，日常及关联产品推介等	重点对性价比问题进行沟通及处理，优惠活动优先告知	

四是根据营销人员对客户的熟悉程度进行维护，如表 5 -7 所示。

表 5 -7　根据营销人员对客户的熟悉程度进行维护

客户类型＼维护方式	日常维护	特殊维护	客户关怀
新客户	成为本行客户不到一个月，与客户经理的关系还不太稳定，开卡一个月内至少接触一次	务必在三个月内激活客户	节日庆典，生日祝福，病情看望，其他关怀
一类老客户	交易频率高，喜欢与人接触沟通的老客户，客户经理采取积极的维护方式，每月致电，两个月见面一次	关注客户的交易动态，伺机营销合适产品	
二类老客户	交易频率适中，客户经理采用主动的维护方式，每月致电，三个月见面一次	尽可能邀请客户多尝试本行产品，培养客户习惯，提高客户黏度	
三类老客户	交易频率低，不喜欢被人打扰，客户经理采取略微被动的维护方式，三个月致电一次	问候客户，了解客户动态，寻找服务切入点	

五是根据营销重要程度分类进行维护，如表5-8所示。

表5-8 根据营销重要程度分类进行维护

维护方式 客户类型	日常维护	特殊维护	客户关怀
重点营销客户	单独柜面服务，随时沟通，全方位服务及营销等	密切关注资产动态，推荐客户使用更多行内产品，提升客户黏度，做好交叉销售，问题沟通及处理	节日庆典， 生日祝福， 病情看望， 其他关怀
一般营销客户	大众服务	普通产品推介，优惠活动邀约，大堂答疑，问题沟通及处理	根据情况有选择地进行客户关怀
退出类客户	大众服务	问题沟通及处理，了解情况，尽力挽留	根据情况有选择地进行客户关怀

客户分类能很好地实现网点内部对于客户的统一有效识别，还能指导网点客户管理的战略性资源配置与战术性服务营销对策应用，支撑以客户为中心的个性化服务与专业化营销；加上进一步对客户的消费行为、消费心理进行分析，从而使促销手段与产品营销更加精准。

互联网时代的营销转型

裂变营销

我们常常在微信等平台上遇到好友给你分享红包或优惠券的情况，例如外卖红包、打车红包、新人免费咖啡券等，这些都是裂变式的社交互动营销手段。这种裂变方式很好地运用了人们的社交属性和赚钱、省钱等特定心理。随着微信用户爆发式的增长，裂变营销模式也迎来了巅峰时期。当前，获取用户成本水涨船高，裂变式营销就是用最低的成本、最巧妙的手法获得更多流量的最佳手段。

裂变营销扩散范围广、速度快

例如，现在的“双十一”活动中，淘宝不再单纯地强调打折促销，而是更加在意拓展用户的参与数量，提升用户的交互频率，为此还推出战队“PK”，邀请好友组队、助力。即便是你不参加活动，只要有朋友参加，你很大概率也会收到助力的邀请，这些营销活动正是利用了社交裂变的特点，出让一部分利益给参与裂变的用户，借助社交网络，实现最大范围的扩散。

裂变营销使目标客户群更匹配

亲朋好友之间天然就有一种信任感，当熟人向你分享产品或内容时，你就很容易接受，裂变营销主要影响的是熟人，我们常说“人以群分”，分享的人群与被分享的人群很有可能存在相似的特性，裂变营销使企业获得与自己品牌定位相对匹配的客户群。

裂变营销不受时间、空间影响，实现客户与银行的双赢

裂变营销在手机上就能操作，不受空间和时间的制约，老客户通过分享拉新获得了让利，银行获得了新目标客户，裂变营销不仅能让客户得利，还能不断为企业贡献流量，促进客户转化，是客户与银行的双赢。

裂变营销有五种常见模式，分别是拼团、转发、集赞、邀请、砍价。例如，某股份制银行举办了一场“以老带新”的客户活动，一位老客户推荐三位新客户购买理财产品，新老客户都可以获得一个20寸拉杆箱，活动很好地引起了老客户的推荐兴趣，获得了不少新客户。这就是典型的邀请式裂变营销模式。

还有银行推出拼团模式的理财、贷款产品，如表5-9所示，这实质上也是一种利用社交网络拓客的裂变式营销，旨在降低获客成本，提高获客效率，同时也可以为客户节省资金的使用成本。

表5－9　银行拼团产品案例

银行	产品名称	面向对象	组团方式	利率	风控
南京银行	你好e贷	正常缴纳公积金（限江苏省、上海市、杭州市、北京市），且信用记录良好的用户	在线填写信息申请，团长创团，团员加入	3人（含）～8人（不含）团的年利率为6.08%，8人（含）～15人（不含）团的年利率为5.88%，15人（含）及以上团的年利率为5.58%	要求加入用户信用记录良好
邮储银行徐州分行	白领贷	公务员、银行、央企等正式在编员工或上市公司等合作单位员工	在线填写信息申请，团长创团，团员加入	3人及以上团的年利率为5.66%；5人及以上团的年利率为5.44%	在编类用户在线测试信用额度，填写个人、工作信息等
	生意贷	个体工商户、企业主，信用记录良好，有可抵押资产	在线填写信息申请，团长创团，团员加入	2人及以上团的年利率为5.22%；5人及以上团的年利率为4.88%	在线测试信用额度，用户填写个人信息、资产及房产情况、销售额
邮储银行南京分行	医路邮爱	公立医院或当地知名私立医院正式编制医护工作者	用户在页面填好姓名、工作单位等个人信息，会有邮储工作人员帮忙拼团	3人团的年利率为4.85%；5人团的年利率为4.75%起	医院类用户在线填写个人、工作信息等
浙商银行（e家银资金池）	家庭池	家人	必须是家人主动加入家庭池	根据团体用户在浙商银行质押资产的情况，按比例计算利率	—
	亲友池	朋友	用户分享链接邀请亲友加入，将自己的额度借给对方使用	—	授额用户为逾期亲友承担担保责任。银行会先帮授额用户催款，若较长时间仍未还款，银行可能会将被授贷款额度用户在浙商银行的资产扣押抵还授额用户
	拼团理财	未在银行做过风险测评的新用户	团长创团，团员加入	—	—

值得注意的是，参与裂变营销的产品必须是非常受欢迎的，流行事物本身需要有很强的吸引力，才能更容易地进行传播。

短视频营销

短视频营销是以短视频作为载体的所有营销活动的总称。2019 年，短视频月活用户高达 8 亿，每日观看次数为 27 亿次，超级用户每日短视频使用时长达 94 分钟。目前短视频平台已经成为商家推广产品、建立积极客户关系的“膏腴之壤”。

做好短视频分三步：占据时间，深入人心（关键），达成交易。

占据时间

优质的短视频具备五大元素，如图 5－6 所示，能够很好地吸引用户，短视频的拍摄主题可以是 Vlog、脱口秀、唱歌跳舞、时尚穿搭、专业测评、特色种草等；人物设定可以是小哥哥、小姐姐、大叔、萌宝、潮人等；有自己的独特风格，例如传播正能量、酷、搞笑等；最重要的是有记忆点，例如语言、动作、反差、专业性等，能让人记忆深刻。

有用	有情	有点	反差	热点
· 有帮助 · 帮助赚钱 · 模仿学习 · 传递信息 · 安利好物 · 使用有教程	· 带动情绪 · 喜悦 · 悲伤 · 生气 · 恐惧 · 羡慕	· 刺激行动 · 引导点赞 · 引发留言 · 引导看直播	· 出乎意料 · 强烈对比 · 反转剧情	· 全民关注 · 社会热点 · 平台热点

图 5－6　优质短视频的五大元素

银行业也不乏能人，例如，合肥某工商银行员工，10 分钟手工点钞 2 630 张，5 分钟机器点钞 6 200 张，以“双冠王”的优异成绩，赢得合肥市第二届劳动和技能竞赛（金融行业）个人金融业务第一名。

在银行有一技之长的员工，非常有“网红”潜质，可以迅速吸纳“粉丝”进行引流。

深入人心

最火的短视频平台之一抖音上通常有三种账号类型：企业蓝 V 账号、橱窗账号和个人 IP 账号。企业蓝 V 账号可以留下自己的联系方式和官方网站。橱窗账号专注“带货”，也是变现的一种常见类型，一般有好物推荐、好物分享等。而个人 IP 账号并不等于“网红”，IP 是一种品牌，个人品牌则是个人商业价值的综合体现。

IP 人设通常有创始人、产品经理、行业专家、测评达人、时尚买手等。一个 IP 人设可能由多种类型叠加。成功的 IP 人设可以让粉丝“深种草”，引发购买欲望。

达成交易

当粉丝已经累积到一定数量，该如何激发用户的购买欲来达成交易呢？一是可以让用户对短视频内容产生情感共鸣，引发购买欲望；二是用生活化、“素人”化、接地气的表达方式详细阐述产品带来的好处；三是使短视频具有故事性，在情景中让广告“软”着陆；四是有权威认证或者大众测试，说明产品的优势；五是观点新颖独特或者搞笑幽默，用特别的方式介绍产品；六是有明星和关键意见领袖（Key Opinion Leader，简写为 KOL）引发大众传播效果。

在短视频平台上，已经有很多关于银行的小故事，植入 ETC（电子不停车收费系统）、信用卡的广告，内容也比较新颖有趣，关键是要找准自己的定位，找到自身优势与突破口，实现粉丝增长，提升转化率。

新手还需要了解短视频平台的算法，决定短视频是否被免费推广的关键因素可能有完播率、点赞率、关注率、转发率、评论率等，这些数据决定了短视频的最终免费流量有多少。

智慧银行网点管理转型

智慧银行是指运用先进科技和银行经营管理经验，高效配置资源，敏锐洞察引领客户需求，并做出灵活快速反应的一种高度智能化的金融商业形态。我们认为，无论是传统网点还是智慧网点，每一个网点都有不同的特点，需要经过实地调研才能真正了解每个网点的实际情况，做到“因地制宜，一点一策”。调研有暗访、访谈、问卷等多种形式，不仅能了解网点运营的真实情况，还能了解员工和客户的真实想法，转型项目的实施就可以有的放矢。具体而言，我们可以从五个方面实现网点管理转型。

网点流程优化

柜面业务流程优化

随着科技的发展，智慧银行开始兴起，柜台工作逐渐被智能机器替代，柜台数量和柜面业务流程也随之发生变化。《2019 年中国银行业服务报告》指出，据不完全统计，2019 年银行业金融机构网上银行交易笔数达 1 637. 84 亿笔，同比增长 7. 42%，交易金额达 1 657. 75 万亿元；手机银行交易笔数达 1 214. 51 亿笔，交易金额达 335. 63 万亿元，同比增长 38. 88%；电商平台交易笔数达 0. 83 亿笔，交易金额达 1. 64 万亿元；全行业离柜率为 89. 77%。换句话说，实际上只有 10% 左右的业务在柜台办理，虽然柜台的数量需求变小，但服务要求只会越来越高。

在调研中，我们需要了解网点的临柜及后台工作模式、业务种类、操作流程、制度规定等，了解不同客户对网点临柜业务处理的体验与期望，发现存在的问题及改进方向。可能存在的一些常见问题有业务分流不到位，预处理不到位，单笔业务处理时间长，后台集中处理不到位等。

仔细梳理现有临柜业务处理流程和后台处理流程，在风险可控的前提下，从客户体验和处理效率维度对现有流程、单证、印章等进行区分、精简和集中，实现柜台、智能化设备等多渠道联动，协同发展。

根据方案所涉及业务和流程的范围，在具体实施时可能要区别对待。一类不涉及系统开发和网点改造，可立即按照发文、培训和执行的方式予以实施。另一类涉及系统开发或网点改造，则依据难易程度逐次开展系统开发或网点改造，按成熟一个落实一个的方式实施。

服务营销流程优化

通过调研了解网点前台营销流程和服务现状，不同类型客户的体验与期望是否与银行的承诺存在差距等，并对照目标网点的特征诊断存在的问题和确定改进方向。可能的问题包括前中后台人员岗位衔接不畅，网点人员营销意识与能力偏弱，对客户体验的关键时刻把握不足，客户识别不到位，客户引导不充分，客户分流不高效等。在调研诊断的基础上，设计以客户行为和需求为出发点，体现差异化，连接大堂经理、客户经理或理财经理以及柜员的标准服务和营销流程。

网点前台服务和营销流程总体上可以分为现场和非现场两种情况。

现场服务和营销流程主要是指网点各岗位在厅堂向到店客户开展营销服务的相关流程，如大堂经理客户识别、引导分流、客户转介等流程，柜员客户识别转介、柜台简单销售等流程，客户经理现场接触营销流程，网点投诉处理流程等。

非现场服务和营销流程主要是指网点客户经理主动维护已有客户关系，积极拓展行外新客户以及营销管理的相关流程，如优质客户关系维护流程、潜在客户跟进流程、新客户拓展流程、营销活动流程、网点例会流程等。

银行可以将已定的流程分两个阶段实施，先采取试点的方式实施新流程，完善优化后再全面推广。

第一个阶段，试点定型。

选择部分网点进行前台服务和营销流程的试点，采用集中培训 + 现场辅导的方式，将流程导入试点网点，并评估流程的可行性和试点效果，视情况对试点流程进行优化改进，最终定型。

第二个阶段，全行推广。

全行网点分批导入前台服务和营销流程并通过验收，建立长效固化机制，如培训内训师队伍，开展明察暗访评分工作，开展营销文化宣传活动等。

营销队伍建设

网点转型的目标是积极满足客户的需求，为此，打造一支具备良好的专业素质和优秀的人际沟通与咨询技能以及富有团队精神的员工队伍至关重要。

解放网点人员，使网点柜台人员向销售、咨询和财富管理方向转变。柜员由原来处理柜台业务的操作人员转型为具有营销思想的营销人员。智慧银行的出现，使网点柜台越来越少，柜台业务人员也随之减少，更多的是提供咨询、指引服务的大堂人员，引导客户优先选择那些低成本的服务渠道；还有一部分柜员转变为理财经理，为客户提供投资理财服务，整个网点逐渐成为优质客户的财富管理中心。

建立持续的培训机制。网点转型过程对人员的要求较高，特别是要培养出具有综合业务（资产业务、会计业务、结算业务、理财业务、个人金融业务）操作技能，能够适应现代银行业务发展的综合性专业人才。另外，要加强一线柜员的业务培训及思想教育，促使网点员工由操作柜员向综合柜员转变，打造一支符合转型素质要求的复合型人才，形成一支由柜员、大堂经理、理财经理、客户经理组成的多层次的一线员工队伍。

深化优质客户服务。一是要提高转型网点员工的行为、动作以及语言等服务行为标准，充分体现银行优质客户服务，增强网点服务的亲和力和主动性。二是要分层次、按角色对网点各岗位员工组织开展有针对性的强化培训。三是要加强转型网点服务评价监督，建立晨会制度、巡检制度和“神秘客户”检查制度等监督评价机制，不断提高网点的服务质量、营销效果和客户满意度。

员工激励机制

先了解现有网点及网点内各岗位人员的绩效管理模式，包括计划制订、考核指标、考核流程、考核结果应用等，然后了解总行对网点及岗位人员的绩效管理思路及相关政策，了解现有绩效管理模式对业务的支撑情况。

可能存在的问题是网点考核机制与考核目标不到位，网点绩效管理与网点功能定位脱节，员工绩效考核对于岗位履职的引导作用不足，网点间考核结果不平衡，考核结果应用范围较小，员工对于考核兑现难以预期等。

从网点层和岗位层两个层面对绩效管理模式进行重构，可能的方向包括：

- 优化考核结构，在现有网点考核框架基础上，突出网点作为核心服务渠道，业绩与服务质量并重的特点，引导网点以服务带动业绩提升。
- 考核重心差异化，基于不同网点的功能定位与客户定位，在同一考核框架下，将网点考核重心差异化，推动网点优势业务发展，实现考核目标与人员配置的合理匹配。
- 实现考核对接，以岗位职责为基础，基于岗位职责分级以及不同领域的考核要求，实现支行—网点—员工三级考核的顺滑对接，保障个人业绩达成与网点业绩实现的一致性。
- 引入协同营销考核机制，明确协同营销分成计价机制。平衡识别转介人、营销人、经办人利益，引导员工根据自身岗位特点选择合适的营销角色。转型网点要建立科学合理的绩效考核办法，在网点员工中真正树立“收入凭贡献、增资凭效益”的思想，最大限度地发挥工资分配对员工的激励作用。考核应强调以人为中心，弱化用工模式的消极影响，按照业务传递流程设计分享营销收益的机制，解决短期同工不同酬的问题，连通前台柜员与大堂经理、理财经理的协作流程，实现利益的合理分享和业务的合力推进。

- 突出价值导向原则，激发员工营销行为。考核应以价值最大化为核心，明确效益指标（包括网点综合效益、产品计价收益、业务计件收益等）与员工岗位和工资系数的挂钩关系，实现直接到人，同时采用晨会、晚会、例会等形式实施过程管理，切实有效地将员工积极性引导到促进网点发展、提升网点服务、强化网点管理上来。

由于绩效管理相对比较敏感，在全行实施之前先在小范围内试点是一个谨慎的做法。选择若干不同类型的网点进行新绩效管理模式的试点，验证其可行性和效果，发现和改进细节问题，为全行实施积累经验。待条件成熟后，制定下发新的绩效管理办法并在全行所有网点实施。在此之前，建议银行开展必要的宣导和培训。

团队文化建设

团队文化关系到整个网点的工作氛围，银行可以通过调研了解全行网点服务精神建设的整体情况，了解各分行网点服务精神建设现状。评估以网点为单位，全行网点按区域抽样评估，抽样占网点总数的 50% 以上，评估采用问卷调查的方式。

从总行、支行和网点层面，了解网点文化管理现状。服务精神是理念与行动的统一，除了要融入企业的管理体系和制度，更重要的是还要明确其对领导与员工行为的要求。网点服务精神落地的关键是形成对整个管理体系以及对领导行为和员工行为的真正指导，并融入绩效考核和激励机制。网点的所有员工都要统一执行网点精神的改进要求，网点团队文化建设方向如图 5－7 所示。

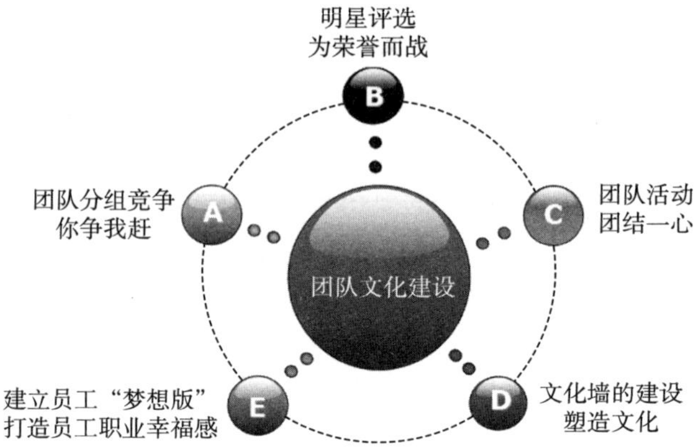

图 5-7　网点团队文化建设方向

领导者在网点服务精神管理中起着重要作用，领导者的行为时刻在影响员工，在团队文化建设中首先要确定网点领导者在网点服务精神管理中该做什么，如何进行“团队建设”等工作。建立网点服务精神闭环管理体系，建立网点服务精神管理可以利用的心理机制和网点服务精神管理流程。

转型成果固化

转型效果取决于三个方面：一是基础调研是否到位，调研采用多元化的手法，多人交叉调研，站在第三方的角度客观地呈现调研结果，这样才能保障“一点一策”，具有针对性和准确性；二是实施过程是否到位，转型会给全行带来很大的变化，势必会触动某些岗位的利益，转型是大势所趋，不会因为个别情况而停下脚步，计划实施必须精准到位；三是转型固化是否到位，大部分转型都能做到前两个方面，但是过段时间网点就又回到原点，无法持续发力，导致功亏一篑。

那么，银行网点转型成果如何才能持续发挥效力呢？我们建议形成固化制度，用制度管人，并组建内训团队，督导网点将转型成果固化。

形成固化制度

将转型内容融入网点的日常管理，形成固定的运营模式和固化制度，使转型成果持续发力。网点日常管理，是从实现对网点人员日常经营管理的高效运作出发，通过目标管理、会议管理、过程管理等方式，充分运用开晨会、一对一指导、追踪销售进度、开经营分析会、制定网点行动计划等方法，使网点成员人人关注整体经营和管理，参与销售，团结协作，确保各项销售流程正常运行，实现网点业绩的有效管理。把转型新内容融入日常管理，形成制度，能够很好地帮助网点员工养成习惯。

加强测量与评价，巩固转型成果。建立科学的网点业绩评价体系，完善对网点的业绩评价。其中，对网点业绩的评价主要是对投入产出比的分析，以基础设施、自助设备、人力成本为主要投入因素，以产品销售、咨询收费为主要产出因素，客观地对网点业绩进行评价，并以此作为对网点转型和管理者能力进行评估的依据。定期对测量数据进行分析，并通过图表等形式展示测量结果。有条件的分行要将测量结果与员工考核适当结合。

组建内训团队

通过对银行管理层、网点员工和客户的调研，结合银行已完成的培训内容以及银行转型所需要的理念、技能和方法等，同时结合人员的发展与晋升体系，建立完整的培训内容和课程体系。我们会协助银行打造一支强有力的内训师队伍，内训师主要负责监督网点内部转型内容的实施与固化，培训新员工，转化培训等工作。建立一支内训师队伍，对网点进行转化培训和监督，从而达到改变形象、提升效率、增进效益、保持可持续发展的目标。

培训内容必须与管理及考核要求相一致，培训是学习过程的一部分，建议采取课程自学、岗位练习、现场培训、互动交流、考试与检查辅导相结合的方式。总体培训分两个阶段。第一个阶段为打基础阶段，重点为基本理念、基本技能的提升；第二个阶段为拓展阶段，在总结经验的基础上，进行综合能力提升。

TTT（Training the Trainer to Train，培训培训师）课程体系设计参考如表5-10所示。通过授课技巧的学习、演练，使内训师完成角色转换，由听讲者转变为课程的设计者、活动的组织者和内容的表达者。

表5-10 TTT课程体系设计参考

阶段	课程模块	课程提要	时间规划
内训师	培训师职业导论	培训师的职业角色 讲台“六菱镜”	1~2天
	TTT表达艺术	做最好的自己 语言、声音表达技巧 魅力语言修炼 眼神交流 培训师手法 培训师上场与退场 控场技巧 常用的六种授课方法	
	TTT结构设计	课程培训的三大经典结构	
	微课设计练习	课程演练	

第六章　网点人才数字化培养方式的探索与实践

数字时代银行网点人才培养方式及趋势

如今利率市场化不断推进，银行监管环境趋严，金融开放导致银行竞争加剧，互联网金融对传统银行业发起挑战，银行客户金融消费习惯改变，银行网点转型已是大势所趋。银行网点转型，是从交易服务型向营销服务型转变。由此，银行网点将趋于综合化、智能化和社区化。

网点转型对人才提升的要求主要体现在：提升支行行长的经营能力，提升客户经理的营销能力，提升服务经理的客户关系管理能力。网点转型对人才培养方式提出新的要求，目前大部分网点管理、营销和服务人员知识结构不适应网点转型的要求，而传统的培养方式显然已经不适应网点人才培养的紧迫性和精准性。因此，数字化人才培养方式应运而生。

数字化技术在网点人才培养中的作用

和其他岗位一样，网点人才发展领域有两种典型的培养模式：一种是基于职业发展的人才培养模式，另一种是基于问题解决的人才培养模式。而数字化技术的应用对两种人才培养模式正在发挥越来越大的推进作用。

基于职业发展的人才培养模式

这种人才培养模式往往立足于组织战略方向，针对组织未来人才需求，同时结合员工职业发展需要，从任职资格的角度，识别关键能力差距，对员工进行有重点、体系化、多手段培养。随着数字时代的到来，数字化技术往往被用于帮助员工识别自身优势、劣势，记录和分析关键行为，为员工和组织提供个体能力分析报告，数字化培养方式更加精准，体现了个性化的培养特点，培养效果更加显著。

基于问题解决的人才培养模式

这种人才培养模式往往是针对组织当下经营过程中的主要问题或员工工作中的主要场景，聚焦绩效改善而采取的快速、便捷、阶段性或临时性的人才培养方式。在银行网点转型过程中，由于新技术、新设备、新手段的应用，业务流程、服务方式都在不断发生变化，员工在工作过程中遇到的新问题层出不穷，新的工作内容和新的能力需求也不断出现，基于问题解决的人才培养模式可以帮助员工不断识别这些问题，通过短平快的手段，快速解决大到网点整体绩效，小到岗位绩效的热点问题，以促进网点绩效的持续提升。数字化技术的应用，大大提升了基于问题解决的人才培养模式的效能，除了各种线上主题式学习训练营外，各种经验库、案例库的建立，专家在线即时辅导，各种社群的知识分享与互动，都大大加速了员工现场问题的解决，有些银行已经把知识库、问答库等内嵌到业务系统里。

基于职业发展的人才培养模式与基于问题解决的人才培养模式相辅相成，前者更注重体系化，周期较长，是面向未来的人才培养模式，后者强调短平快，周期短，频次高，是以问题解决实效为导向的人才培养模式；前者是发展方向和牵引力，后者是知识转移的快捷键和知识技能及绩效的转化器，两者共同作用于人才的培养。助推网点人才培养的数字化技术转型，在实践中运用，对后者的助推作用更加直接，成效更加明显。

网点人才培养学习体验的新趋势

目前银行网点人员结构趋于年轻化，员工中 90 后员工占比越来越大，并逐步成为主流人群，这些员工是伴随着互联网发展而成长起来的“互联网原住民”，对学习体验尤为注重，这就要求网点人才培养在培养对象上重点关注这个群体，需要特别强调用户思维，在网点人才培养过程中，聚焦用户四个方面的体验：个性化、敏捷化、沉浸化、共享化。

个性化

每名员工都可以根据个人职业发展方向、个体岗位需要和能力缺口、兴趣爱好、个人学习风格，选择适合的学习内容和学习方式。银行可以借助数字化技术，逐步从批量填鸭式转向个性化推荐和导航引导式来满足员工个体学习需求。

敏捷化

员工可以在任何时候、任何场景找到任何需要的内容。数字化学习技术让经验和知识在时间、空间、形式和参与者中产生多元组合，可以让员工做到即用即学、即学即用。

沉浸化

通过模拟实际工作场景，降低知识迁移转化的难度，让员工更容易消化知识、应用知识，进而转化为实际工作能力。员工可以投入这种沉浸化的学习过程中，相比传统的被动式教学，这更能激发员工学习与思考的主动性与参与性。

共享化

随着微信、微博、抖音、QQ 等各种社交媒体的迅猛发展，人与人之间的关系、沟通和信息共享也发生了日新月异的变化。不少银行开始利用社交媒体打造全新的学习模式。通过内部共享平台、博客、团队协作软件等，员工可以和同岗位的伙伴、感兴趣领域的内部专家进行直接交流，及时获取所需要的经验或知识。共享化学习打破了组织内部的壁垒，通过

“社交+学习”的方式，将曾经被少数人掌握的知识通过总结、沉淀传承下来，形成银行的经验知识库。

数字化学习技术在网点人才培养中的新发展

银行网点人才培养从传统的师徒带教、课堂面授开始，互联网和多媒体技术促进了在线学习和多媒体教学的发展，智能手机的普及和社交软件的兴起使得移动学习和社交化学习被广泛采纳，各种数字化的学习方式、学习平台、新的技术及工具如雨后春笋般涌现：学习管理系统（LMS）、大规模在线开放课程（MOOC）、AI、AR（增强现实）、VR（虚拟现实）、MR（混合现实）、直播等。

智能学习时代已经到来，随着AI、大数据、云计算等技术的不断演进，通过更智能的技术应用，如自适应学习、VR、模拟系统等，强调网点员工对学习的更深度的自主参与。数字技术应用的系统化符合人才成长规律，它将融入包括人才鉴别、能力模型、知识建构、行为鉴别、进阶演练、工作辅助等在内的闭环式培训体系。

在目前银行的学习实践中，尤其是2019年以来，数字化学习技术领域更加突出AI和直播的场景化互动应用，正在逐步构建以数据为驱动的开放、共享、协作的学习生态系统。数字化学习技术的应用将加速网点人才能力的提升，并提供有效、及时的工作智力支撑，使银行网点人才培养进入一个智能培育的新时代。

数字时代网点人才培养闭环训练系统

在深化网点转型的背景下，银行网点管理手段、理念、方法有了本质的变化。网点不再仅仅是办理柜台业务的场所，而要突出产品营销、客户体验、品牌宣传、业务功能、流程创新等一系列新理念、新要求。为此，银行网点将通过营销环境的打造和营销团队的建设，提高网点价值创造能力。在过去几十年中，银行人才培养与员工学习的模式也在不断发展和演进，新的学习理念、方法、技术层出不穷。特别是随着移动互联网和 AI 技术的成熟，出现了“互联网 + 培训”、“AI + 培训”等新技术与培训融合的浪潮，在培训内容体系、学习方式等方面发生了深刻的变化。在数字时代，银行网点人才培养闭环训练系统也是在这样的背景下应运而生的。

网点人才培养现状及问题

随着市场化进程的加速，银行之间的竞争主要在于人才的竞争，这种趋势越来越明显。中国的银行在人才培养方面的投入日益加大，并取得了不错的成效。但是如何有效地发展员工胜任力，如何系统地梳理员工培训体系，如何建立一套机制来保障银行核心人才的高效培养与批量复制，仍然困扰着大多数银行。网点转型对网点人才培养提出了更高的要求。银行网点培训主要涉及三类人员，分别是网点负责人、客户经理、综合柜员（客户服务经理）。对这三类人员的培训需要一套更加完善的人才培养训练系统。

在银行培训调研中发现，虽然很多银行在所有新员工上岗之前都会进行集中培训，但多数仍采取内部面授的方式。课程偏重“应知”内容，包括银行各项规章制度、企业文化、银行业务知识、前台柜面操作技能、会计出纳知识、法律法规知识、安全保卫知识等。由于时间仓促，缺乏“应会”实操训练，学员难以消化知识，到网点柜台后无法尽快接柜。除了新员工，其他在职员工的培训同样存在很多问题，例如同一岗位所有员工都来参加培训，有的说太深、听不懂，有的说太浅、浪费时间等。分析后发现，除了培训内容需求分析不到位以外，还主要存在以下原因：员工培训只有阶段性课堂知识培训，缺乏系统化培养，更没有形成良好的人才培养闭环训练系统；培训精准性不高，没有提供个性化的学习路径和学习方法；缺乏实操型、案例式的能力培养。

基于现代培训研究理论和数字化新技术的人才训练系统可以比较好

地解决以上问题，从而帮助银行摆脱人才培养的困惑。

运用“7－2－1”法则创建网点人才培养闭环训练系统

在学习模式与效果的关系的研究中，存在“7－2－1”法则，即对一个个体进行培训，个体学习的知识技能70%来自个人工作中的实际锻炼，20%来自其他个体的指导和反馈，10%来自课堂式培训。在银行网点员工培训中，员工人才发展框架模型也存在“7－2－1”法则，即70%的员工在工作中通过主动学习获取经验，使自身能力不断提升，20%的员工通过指导与辅导获得能力的提升，10%的员工通过正规的学习获得能力的提升。简单来讲，对于员工培训，70%的培训来源于工作实践，20%来源于他人的互动和帮助，10%来自课堂培训。“7－2－1”法则可以有效地支持人才训练系统设计。

在数字时代，“7－2－1”培训支持也发生了很大的变化，可以有效融合互联网和AI技术进行银行网点人才训练的闭环设计。银行网点人才培养的“7－2－1”闭环训练设计如图6－1所示。银行网点移动学习界面如图6－2所示。①

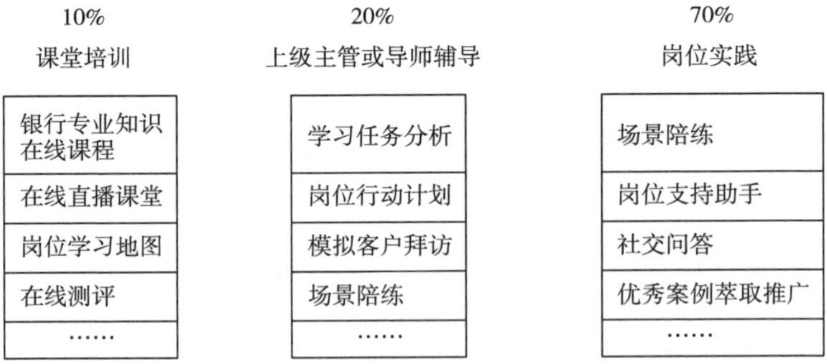

图6－1　银行网点人才培养的“7－2－1”闭环训练设计

① 本章图表除具体标注的，均来源于上海思创网络有限公司。

图 6-2　银行网点移动学习界面

课堂培训部分通过在线直播、虚拟教室、在线多媒体课程等数字化培训内容和形式，融合银行岗位学习地图、在线测评等进行，特别是银行的基本知识和理论知识部分，其他部分通过混合学习或翻转课堂的模式进行补充。

上级主管或导师的辅导部分，可以充分利用移动学习管理工具，通过管理下属学习任务、管理学员行动计划、线下模拟通关、模拟场景陪练等方式进行，确保这部分培训能得到有效的落实。

岗位实践部分是主要部分，对于员工在实践中如何进一步巩固所学，如何向其他员工学习最佳实践，在有问题的时候如何能够得到有效支持和反馈，这部分主要通过在线学习、互动交流等方式进行。员工的学习过程是一个相对长期的过程，且分散在岗位的实际工作中，传统的培训模式在这个阶段较难进行全程覆盖，而在这个过程中采用数字化学习方式可以得到很好的支持，形成培训闭环。

银行网点人才培养在线学习闭环训练系统

围绕银行网点转型发展战略，需要尽快建立人才培养体系，打造适应网点转型发展的特色人才队伍。网点转型培训的目的就是让知识、技能及观念转移到网点特色人才队伍的实际工作中去，降低网点营运成本，提高服务质量，获得效益最大化，而插上“互联网 + AI”翅膀的在线学习可以为网点转型中的人才培养助力。

美国康奈尔大学教授克里斯·科林斯（Chris Collins）提出了人才管理模型，认为企业应当整合所有人力资源管理功能（部门），从而统一管理整个企业的人才。克里斯·科林斯在其人才管理模型中总结出闭环管理的十个步骤：人才识别，HR（人力资源）专业领导，人才需求预测，战略人才配备，公司品牌，绩效/能力管理，专业能力培养，发现未来的领导者，培养领导能力，员工投入/保留。结合我国银行网点人才培育和知识管理的实践，在包含人才识别、绩效/能力管理、专业能力培养等相关人才培养环节的基础上，我们认为人才培养训练应在以下环节形成闭环：人才测评—课程学习—情景模拟—能力考核。运用适应网点转型的三类人才培养模式，结合闭环培训设计和多年为银行提供在线学习服务的经验，我们构建出完整的银行网点人才在线学习闭环训练系统，如图 6-3 所示。银行网点人才在线学习闭环训练移动学习界面如图 6-4 所示。

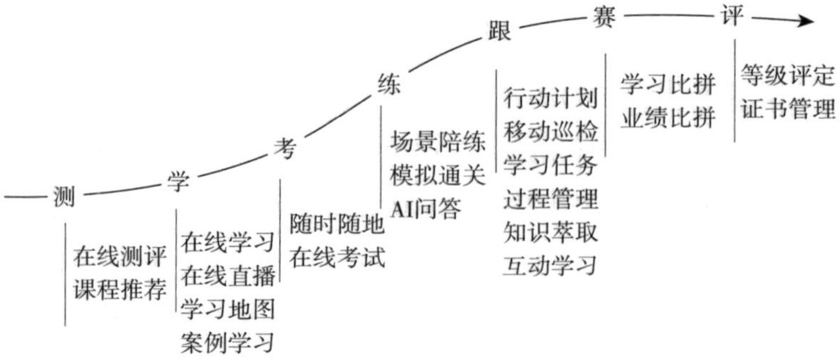

图 6-3　银行网点人才在线学习闭环训练系统

图6-4　银行网点人才在线学习闭环训练移动学习界面

该闭环训练系统由七个部分组成，分别对应测、学、考、练、跟、赛、评七个环节，贯穿了培训的训前、训中、训后三个阶段，并形成一个比较完整的学习闭环，其中测是训前阶段的重要环节，为后续阶段提供学习指引；学、考、练组成训中阶段，包括个性化学习、演练与巩固；跟、赛、评为训后落地和评估阶段。

测

该环节包括在线测评和课程推荐等。通过在线测评了解当前人员的岗位技能掌握情况，实时反馈在线测评结果，并进行相应课程推荐，员工可以针对自己的薄弱点进行专门性学习。

学

该环节包括在线学习、在线直播、岗位学习地图学习和案例学习等。

通过基于岗位知识的分类引导，员工可以快速找到个人需要学习的内容。通过网点专家或优秀员工的在线直播，即时向有需要的人员传递最新知识和经验。

岗位学习地图提供岗位学习的路径，员工通过闯关模式进行学习，增强了学习的趣味性，灵活配置通关条件可以实现基于岗位的进阶式学习，助力员工能力晋级，从而使网点转型能有效落地。银行可以将萃取的有价值的案例通过案例学习的方式推广给网点人员。

考

在该环节随时随地组织多维度的线上练习和考试，包括课程练习、专项考试、能力提升考试、岗位认证考试等，随时了解网点人员的学习掌握情况。

练

该环节包括场景陪练、模拟通关和AI机器人智能问答等。

场景陪练是指利用AI技术模拟实际的工作场景，员工与AI机器人进行多轮对话，由AI机器人对模拟对话结果进行表述准确度、关键词匹配度、语言通顺度、态度是否积极、用语合规度等维度的判断，并直接反馈评判结果。场景陪练可以大大降低网点负责人对下属和新员工进行培训指导的工作量。

模拟通关是上级主管或师傅对网点人员进行线下辅导的管理、跟踪工具，可以对人员训练数据和结果进行详细的记录，辅助网点进行人员现状分析。

AI智能问答。通过构建银行网点岗位知识库提供岗位AI助手。网点人员在工作和学习过程中遇到问题时，可以利用文字、语音进行询问，AI助手会即时做出回答，员工对AI的回答进行反馈，AI通过自学不断提升回答的精准度，AI智能问答解决了网点问题解决的即时性。

跟

该环节包括行动计划、移动巡检、学习任务、过程管理、经验萃取、互动学习等。

行动计划、移动巡检主要是对网点人员学习后行为的改变进行跟踪。通过让员工制订学习后的行动计划促使员工有计划地进行应用，上级主管或师傅对行动计划的结果进行点评和反馈，同时利用移动巡检模块对网点实际营运现场进行检查和反馈，对于员工的应用短板，上级主管可安排专门的学习任务。

过程管理。关于员工做什么，做多少，谁检查，谁抽查，网点需要对员工学习行为（业绩）改变的相关过程数据进行统一的管理和跟踪，通过过程管理可以很好地培养网点人员的计划性，让学习效果能够真正落地。

组织经验萃取的对象一般分为两类，一类是专家、主管、优秀员工，一类是普通员工，人人身上都有经验可萃取，前者人数相对较少、经验丰富，可以采用个别或小组萃取方式，后者人数众多，可以基于“AI + 轻萃取”模式进行萃取，轻萃取会通过提供一些萃取模板和相关萃取问题引导员工进行经验萃取，经验萃取后进行归类、整理和发布，从而实现网点快速、轻便的经验萃取。

互动学习。人与人之间的互动学习是在线学习闭环系统的重要组成部分，是“7 – 2 – 1”培训中的“7 – 2”，在线学习闭环系统为互动学习提供了较好的支撑，包括主题讨论、主题分享、你问我答等，玩法灵活，可问答，可征集，可自由交流，通过互动学习，员工把问题和经验显性化到平台，成为网点宝贵的知识。

赛

在该环节利用游戏化机制，触发员工竞争心理，激发员工斗志，从而形成学习和激励的良性循环。网点利用比赛进行各类排行，包括学习排行、业绩排行、学习积分排行等，从而形成推拉并举、共同进步的学习氛围。

评

评是闭环训练系统中的最后一环，是对学习成果进行评估。根据柯氏四级培训评估模式，培训评估分为四个层级，分别是学习满意度评估、学习评估、学习行为改变评估和学习结果评估。学习满意度评估、学习评估在培训学习阶段通过在线学习系统完成，行为改变评估和学习结果评估通过行动计划、过程管理、模拟通关等环节进行数据采集和综合评估，通过闭环系统的评估环节形成集员工学习力、行动力、业绩力三力为一体的综合人才等级评定体系，并颁发相应的学习证书，从而为员工的岗位进阶提供基础保障和依据。

AI 在网点人才培养中的应用

2017 年国务院印发并实施《新一代人工智能发展规划》，人工智能从行业层面被提升至国家层面，其中，在智能金融方面，该规划提出，要建立金融大数据系统，提升金融多媒体数据处理与理解能力。创新智能金融产品和服务，发展金融新业态，将智能金融发展上升到国家战略高度。在银行智能化转型过程中，人脸识别设备、智能机器人等硬件设施已开始被应用，为适应银行网点转型发展的数字化变革的需要，人才培养和训练智能化也必须加快进程。

AI 岗位知识库在网点人员即时支持中的应用

建立银行内部知识库，就是把银行内部各员工所掌握的知识进行统一的汇总与管理，有利于内部知识的传播与分享，从而提高员工的工作水平。传统的知识库系统包括对知识文档的有序管理，通常支持检索以及设置标签功能，有利于进行知识分类、标签管理和及时定位。

基于 AI 的岗位知识库是在传统知识库的基础上融入了 AI 技术，通过自然语言处理（NLP）技术和语音识别技术，帮助网点员工更快捷地获得相关知识。员工在手机 App（应用程序）或微信公众号上，输入语音或文字问题，嵌入的智能机器人就会提供相应的解答。而且智能机器人还能根据员工提出的问题，自动进行智能分析，迅速把员工可能关注的相关问题一并推荐给员工，降低员工提问成本，方便员工个性化地获取知识点。基于 AI 的岗位知识库问答系统如图 6 – 5 所示。

图 6–5　基于 AI 的岗位知识库问答系统

AI 助力网点人员提高问题解答效率

基于 AI 的岗位知识库，以问答形式储存银行网点常见知识点。当网点人员用语音提问时，手机 App 或微信公众号中嵌入的智能机器人将根据问题语义，自动匹配知识库中的知识点，快速提供答案；如无完全一致的答案，智能机器人会自动分析，推荐相似的问题和答案；如该网点人员对答案有异议，机器人会自动记录该条问题，提醒后台知识库维护人员修正答案。当问题量增大时，知识库中就会沉淀大量基于网点真实场景的经过提问者认可的知识点，岗位知识库中知识点的累积，将为银行网点转型带来极大的帮助：

- 被重复问到的知识点由智能机器人回答，大大降低了人工答疑的成本。
- 网点人员随时提问，手机中的智能机器人随时回答，不受时间、空间限制。
- 智能机器人自带算法，自动推荐相关常见问题，大大提高用户单次学习知识点的效率。

AI 助力网点管理人员掌握一线问题数据

基于 AI 的岗位知识库，不仅是一个高效的问题解答工具，还是为管理人员提供一线真实情况的窗口。网点人员通过向手机中的智能机器人提问并获取知识点，无意中将工作中最想知道的问题和答案反映在知识库系统中，基于 AI 的岗位知识库可以自动抓取同类问题，自动聚类，生成数据报告。网点管理人员通过数据报告，可以得知什么时候、哪个区域、哪种类型的问题最多，由此可以分析出银行网点在一定时期内的热点、难点、痛点、易错点，而且该数据可以自动生成，相比问卷调查和走访观察，更具有客观性。

基于 AI 的岗位知识库所提供的数据报告，可以为当时的业务培训提供科学依据，使银行网点的人才培训更贴近业务真实需求。

AI 助力网点实现知识进化和经验沉淀

网点岗位知识存在一定的时效性，因此知识点的更新和知识库的维护是一项重要且烦琐的工作。基于 AI 的岗位知识库，通过 AI 算法，自动分析知识点调用的频率，主动推荐调用次数多的知识点，不常用的知识点和陈旧的知识点自动沉底，帮助银行网点实现具有时效性的知识进化。

同时，通过网点人员提问的方式，广泛收集新问题，并通过自动聚类、智能学习、未知问题处理等 AI 技术和功能，督促网点及时更新答案，不断扩充知识库容量，实现知识的“零存整取”，实现银行网点知识管理的智能化转型。

AI 场景陪练在网点营销人员训练中的应用

AI 场景陪练是将传统的销售模拟训练智能化的过程。所谓 AI 场景陪练是指基于语音识别、语义识别等技术，帮助被训练者针对标准话术进行反复练习，直至熟练掌握的智能化移动学习平台模块。它将实际的销售场景切片，在每一个子场景中，机器扮演客户的角色，使用者扮演网点营销人员的角色，通过人机对话的方式，构建虚拟的客户接待和营销场景，实现集学习、练习、考评为一体的培训效果。

AI 场景陪练将 AI 语音、语义识别技术充分应用于对话训练，同时通过算法建模，实现陪练的评估打分，其评估维度包含表达的准确性、关键词命中率、回答流畅度、情感因素、用语合规性等，且以雷达图的形式展示，帮助网点营销人员了解自己的优势和不足，起到视觉化的反馈效果。AI 场景陪练将知识融于情景，带入感强，基于真实业务场景，对营销人员训练具有很好的实效性。其执行流程也非常简单：首先整理标准话术，包括训练场景介绍、训练切入语、标准话术等；其次把标准话术导入模板，上传到 AI 场景陪练平台，并完成相应设置；发布以后，训练人员就可以借助手机操练起来，具体如图 6－6 所示。

AI 场景陪练在银行网点营销人员训练中的应用场景

AI 场景陪练的应用范围非常广，所有涉及标准话术演练的场景都可以应用。陪练对象包括所有网点营销、服务人员，例如银行客户经理、理财师、银行客服、信用卡营销人员等。营销人员客户拜访与谈判、营销方案汇报预演、营销沙龙主持人彩排，甚至管理人员营销辅导话术训练，都可以应用 AI 场景陪练。AI 场景陪练在银行网点营销人员训练中的主要应

图 6–6　AI 场景陪练系统

用场景包括：

- 新员工话术训练，如公司介绍话术，基础产品和基础业务介绍话术，常见异议处理话术，陌拜、厅堂销售、电话销售、商圈驻点销售等开场白话术等。
- 重大活动话术训练，如优惠产品营销服务话术、开门红活动介绍话术、活动电话邀约话术等。

AI 场景陪练在银行网点营销人员训练中的应用价值

AI 场景陪练为网点人员的话术训练提供了实用工具，通过 AI 场景陪练机器人，银行网点可颠覆传统学练方式，实现在线场景式对话训练、多维度智能评分及智能改进等；网点人员可不受时空的限制，利用碎片化时间模拟实际业务场景，随时随地与 AI 机器人进行对话训练，这有效帮助网点人员提升了沟通、表达技巧，有效解决了传统培训弊端，优化学习训练效率。其主要应用价值如下：

- 营销人员通过与机器人反复练习，提高营销话术的准确度，提升自信心和成单率。
- 营销人员模拟训练不再受时空、人员等条件限制，只需要一部手机，随时随地可以联系，且可多人同时进行，提高了培训效率。
- 营销人员在训练后可直接看到自己的成绩，网点管理人员可通过后台数据直观了解所有人的练习数据，便于了解个人工作中的不足，帮助其改进。

“AI＋萃取”技术在银行网点经验萃取中的应用

近年来，随着银行培训业务导向的强化，以及对培训内容落地性诉求的增强，源于业务、归于业务的组织经验逐渐受到重视，经验萃取技术应运而生，被引入培训课程及教学案例的开发中，成为教育培训领域的热门话题。所谓经验萃取，指的是通过一系列有效的方法，对某人或某个团队在特定情境中的表现进行分析和总结，通过解构和重构，得出一套易学、易记、易模仿和掌握、易操作的标准化模式，以达到对表现的有效复制、反省和传承。经验萃取是对实践经验的挖掘、加工、整合与提炼，是将隐性知识显性化的过程。

在银行网点人才培养中，经验萃取能帮助沉淀经验。在传统环境下，没有萃取与沉淀，经验最终仅保留在员工个人身上，不属于银行，造成银行经验资产的流失，正如任正非所说，“华为最大的浪费是经验的浪费”。

对银行人力资源和培训部门而言，经验萃取也能解决“工学矛盾”，经验萃取是基于实际工作场景的，生成的知识产品能告诉学习者在特定的场景下该怎么做以及为什么这样做，并且最终导向是业务目标。对被萃取经验的贡献者而言，这也是一次深刻的反思和复盘，帮助他们盘活已有的经验，深化认知。

深度的经验萃取对萃取师的依赖性很高，难以快速、大范围地推广，因此，常常用于对团队少数精英经验的萃取，而对于群体更为庞大的普通员工则难免无暇顾及，经验萃取难度较大，而他们“荟萃”在一起，有着更为广博的“经验海洋”，随着技术的进步，尤其是 AI 在语言识别、图像识别、自然语言处理、深度学习等领域取得重大突破，“AI + 轻萃取”技术应运而生，在一定程度上解决了广大普通员工“经验海洋”的沉淀与传承问题。

“AI + 轻萃取” 技术

所谓“AI + 轻萃取”技术，指的是基于萃取技术背后的逻辑和结构，借助 AI 技术手段对某人在特定场景下的最佳实践进行挖掘、解构，再按预设的标准化模式来呈现和表达。相较于传统的依赖于人去访谈、分析、结构化输出的萃取技术，“AI + 轻萃取”技术更轻量化，成本更低，时效更强，当然，萃取深度较前者略有逊色。

应用“AI + 轻萃取”技术，只需要预先设置好引导逻辑和呈现模板，便可以同时萃取、反复使用，没有人力限制。例如，案例萃取可以采用 STAR（情景、任务、行动、结果）模型，通过 AI 机器人询问被萃取者“你可以先简单介绍一下案例背景吗？包括发生的时间、地点……”等一系列问题，通过语音识别、自然语言处理技术等整理、转化，并提炼重点，按 STAR 模型输出一个完整、高度结构化的案例。

“AI + 轻萃取” 技术在银行网点的应用场景与价值

在经济与技术飞速发展的今天，网点的转型和变革周期大大缩短，作为重要支柱之一的人才培养必须跟上其步伐，力求敏捷化、实效化。在此形势下，“AI + 轻萃取”技术具有很大的应用价值：一是借助 AI 技术，能快速萃取、输出和传播，真正实现变革与学习的同频共进；二是能弱化对萃取师的依赖，从而充分发挥“长尾效应”，在更小颗粒度的业务场景下萃取更具体、更个性化、可复制的最佳实践。

银行网点作为直接服务于客户的终端，直面复杂多变的市场，“AI + 轻萃取”技术在其人才培养、业务助力中必然大有可为。

人人为师、共创共享，助力营销活动。针对大规模营销活动，例如，银行每年度的重头戏“开门红”活动（这些活动往往任务重、周期短、压力大），借助“AI+轻萃取”技术，可以即时萃取员工的成功实践经验，迅速大范围传播，形成一个人人为师、共创共享的互助社群。“AI+轻萃取”技术的具体应用流程如图6-7所示。

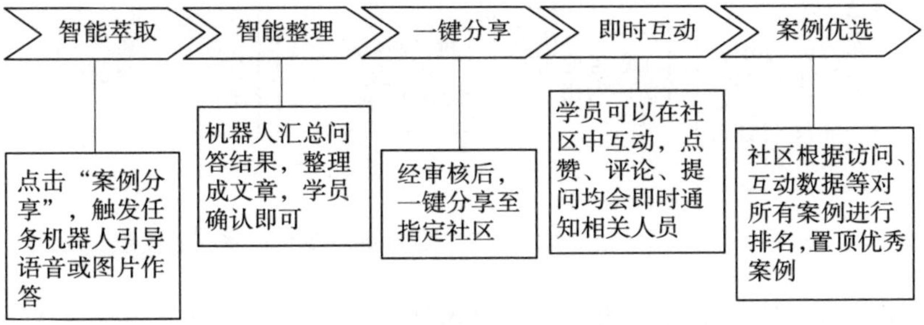

图6-7　“AI+轻萃取”技术的具体应用流程

在活动过程中，每一名有成功经验的员工，都可以即时进入移动平台，在AI机器人的问题引导之下，讲出自己成功实践过程中的做法和想法。随后，AI机器人可以按照预设的模板，将语音转化为文字，并自动去除语气词等，提炼重点，整理汇总成一篇文章，经确认无误后，员工可直接将文章发布到指定社区。所有学员都可以从中汲取经验和灵感，在下一秒付诸实践。

“AI+轻萃取”技术还可以应用到客户经理、理财经理等网点员工的日常服务业务中。例如，客户销号，面对不同性格、不同销号原因的客户，分别应使用怎样的挽留话术。针对这些千人千面、颗粒度小的问题，“AI+轻萃取”技术能有效地帮助银行沉淀更具针对性的解决之道。

引渡外部课程，内化改造，助力新领域问题的解决。针对一些新业务、“老业务新方法”等新领域问题，例如微营销、新媒体，可以借助“外力”，引入外部的成熟课程，开展一系列运营手段的推动学习和实践，继而迅速萃取员工的成功实践案例，从而实现外部课程的内化、通用方法的本地化，解决“工学”矛盾，同时缩短新领域的探索时间，助力业务迅速上轨道。“AI＋轻萃取”技术助力新领域问题解决的流程如图6－8所示。

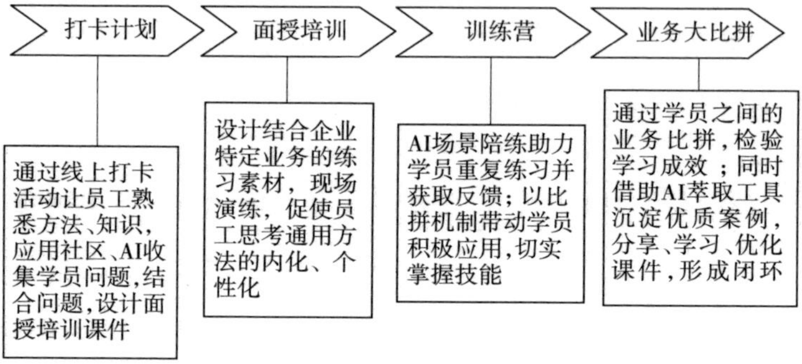

图6–8　“AI＋轻萃取”技术助力新领域问题解决的流程

引入外部成熟课程，通过线上打卡活动带动员工学习，同时收集员工的落地问题点；进而结合问题，设计面授（或直播）培训，与员工一同探索该领域中具体业务的解决方法；接下来，通过训练营的形式激励员工积极练习和应用，切实掌握；最后，通过“业务大PK”活动检验实效，萃取优质案例，最终形成适应企业自身的个性化方法体系。

直播在网点人才培养中的应用

直播作为互联网的热门应用之一，已迅速成为一种主流在线培训方式。截至2019年6月，已有4.3亿的网民观看直播。一项国外调研结果显示，79%的年轻人善于用视频进行工作分享，62%的企业CEO（首席执行官）关注直播视频在内部信息沟通中的重点应用。可见，直播不仅仅渗透到人们生活当中，同样也渗透到工作、学习当中。尤其是移动直播的出现，能够解决跨地域培训、培训统筹困难、网点人员分散以及时间紧张、内部知识传递效率不高等问题，因而其一方面确保银行内部知识快速传递，沟通高效准确，交流互动及时有趣，考核评估实时便捷；另一方面还可以为业务发展赋能，提升产品覆盖实效，降低业务传播成本，增强业务管控能力等。

直播平台的功能与应用价值

那么直播平台通过哪些功能协助提升银行内部知识传递效率，加速网点人才培养速度，降低业务传播成本，提升产品覆盖实效呢？如图 6－9 所示，可从以下几类用户的使用情况看出：

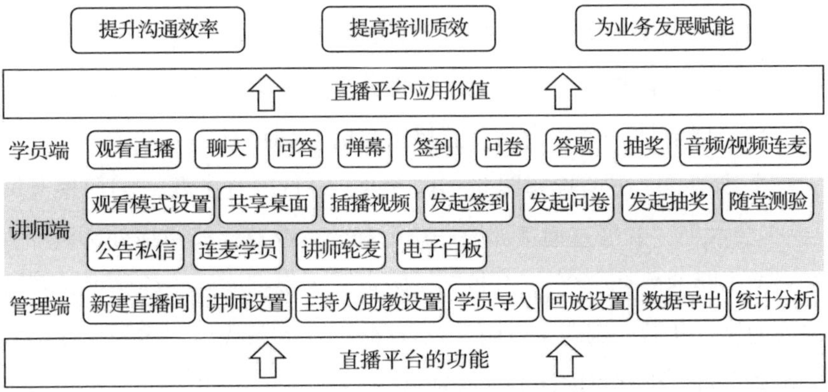

图 6－9 直播平台的功能与应用价值

对于银行员工而言，直播平台可以提高学习效率，增强培训的趣味性，借助直播平台，可以开展线上营销活动。一是直播平台基本上实现了零障碍沟通：支持多名讲师异地培训、多名学员通过视频或音频参与交流讨论；二是直播平台的弹幕、抽奖等玩法，大大增强了培训的吸引力；三是直播操作简单，借助一部手机就能发起一场直播，通过微信、邮件、短信等就能将直播链接分享给客户，开展产品营销、理财经验分享等活动。

对于讲师而言，直播平台能够有效营造良好的课堂氛围，快速检验培训效果以及获得成就感。一是讲师可以随时发起提问或进行随堂测验，并可以立即查看结果，及时获知培训效果；二是通过学员的实时提问，讲师可以及时答疑解惑，有效确保培训效果；三是直播平台的点赞、送鲜花、打赏等功能，也可以及时给予讲师有效的激励。

对于培训管理者而言，可以快速进行课前调研与签到，课后立即进行考试与教学评估，快速生成学员成绩单，追踪培训效果。

对于银行网点而言，对内，可以开展培训活动、召开视频会议；对外，可以组织市场活动，进行客户教育，开展营销活动。

直播在网点人才培养中的应用场景

直播 + 内容， 全方位提升网点整体作战能力

针对网点员工所需的运营管理、营销技巧、产品知识、风险防控等内容，开展知识点讲授、经验交流、案例分析、专家答疑等形式多样的直播培训，也可以设计一个完全基于直播平台的培训项目。

一个典型的应用场景如图 6 – 10 所示。银行围绕主题“如何提升网点晨会/夕会水平”开展直播培训——总行和分行业务条线邀请外部讲师直播讲授一个小时的晨会/夕会召开技巧，网点员工根据实际工作情况选择观看直播或回放；此后一到两个月内，总行/分行业务条线组织多场座谈会式直播：邀请本行星级网点的团队队长或客户经理分享成功的晨会/夕会召开经验；再过一段时间，让参训网点轮流直播晨会/夕会现场，跟踪培训效果。

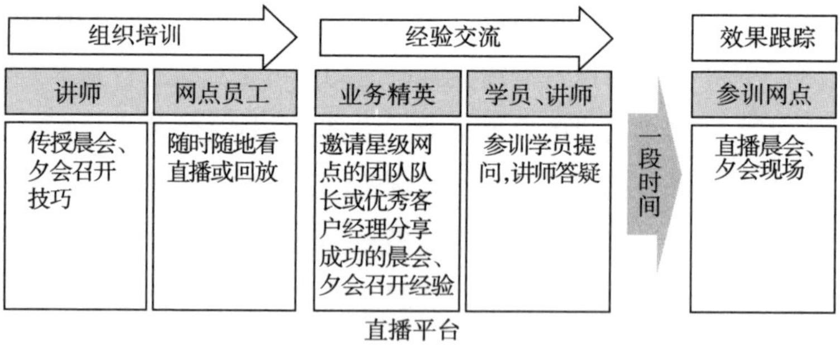

图 6–10　“直播 + 内容” 应用场景

直播 + 项目， 系统提升重点岗位员工胜任力

针对新员工、网点新任管理者等重点岗位员工，网点可借助直播平

台，开展长期（3～6个月）培训项目，帮助他们提升岗位胜任力。

"直播＋项目"的应用场景见图6－11。银行围绕主题"如何帮助网点新任管理者顺利完成角色转变"开展在线培训——总行和分行业务条线先定制或采购相关主题网络课程投放到学习平台，让目标学员自主选学；学员每周集中在微信群中进行一次作业打卡，结合所需知识点，谈在实际工作中如何应用；导师每两周一次借助直播平台进行授课、答疑与作业点评；培训项目进展到1/2或2/3时，开展一次直播答题，以赛促学，检验阶段培训效果；培训项目结束时，网点可以组织一次直播答辩，并邀请总行/分行领导参加。

训中				毕业
点播课程学习	作业打卡	导师直播授课或答疑	直播答题（抢答）	直播答辩
持续	每周一次	每2周一次	开展一次	开展一次
学习平台	微信群	直播平台	直播平台	直播平台

图6－11　"直播＋项目"应用场景

直播＋社群，专项训练，单点突破

针对网点员工需要的外拓、微营销等专项能力，网点可借助直播平台，开设短期（7～21天）训练营，帮助学员集中、快速掌握某项技能。

一个典型应用场景如图6－12所示。分行或网点围绕主题"微营销"开设网络训练营，开营、结营、导师答疑等环节建议采取直播形式，每周2～3节的课程学习，建议提前录制好，方便学员按需学习。

开营直播	点播课程学习	实战作业操练	导师直播辅导	作业设计提交	优秀学员评选	结营直播
开营时	每周2~3节	每周	每周	毕业时	结营时	结营时

图6－12　"直播＋社群"应用场景

直播+网红，打造网点流量明星，有效连接客户，为营销赋能

银行传统营销手段的效率越来越低，网点获客越来越难，但互联网直播的出现，给网点带来了新的机会、新的人才培养方式、新的营销工具。直播营销人才培养转化如图 6-13 所示。网点可以选拔出一到两个善于表达的员工，进行直播技巧培训，倾斜一些资源，将其打造成网点的“流量明星”，定期开展线上客户沙龙，实现裂变引流、粉丝沉淀，拓展获客渠道；客户经理也可以学习直播技巧，每周在固定时间当主播分享理财知识、开展直播营销，增强客户黏性，提升复购率。

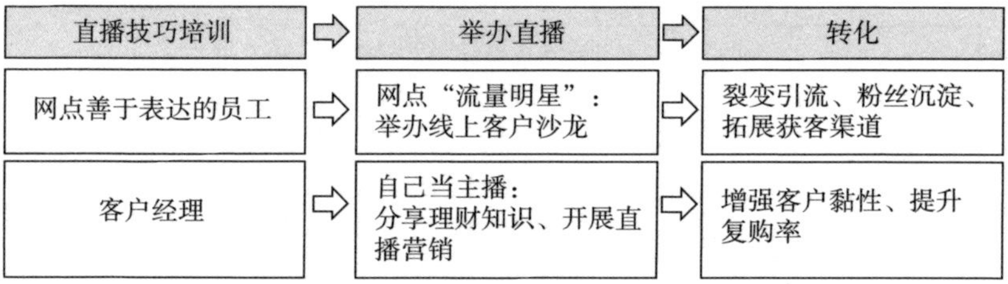

图 6-13　直播营销人才培养转化

直播在网点人才培养中的应用保障

平台选择

银行在进行直播培训平台的选择时，尤其希望其在网点人才培养中充分发挥作用，我们建议把握三点原则：

- 使用简单，网点每名员工都能快速开启一场直播。
- 管理高效，重点关注人员管理、培训管理以及统计分析等方面。
- 功能多样，不仅应包括直播、回放、互动、测试、评估、统计等培训功能，还应包括点赞、弹幕、打赏、抽奖等活跃氛围的互动功能。

工作机制

建立涵盖“网点—业务部门—培训部门—平台服务商”四位一体的工作机制，如图6－14所示，明确各自定位与职责，以便最大限度地发挥直播平台的作用，助力网点业务发展与员工成长。

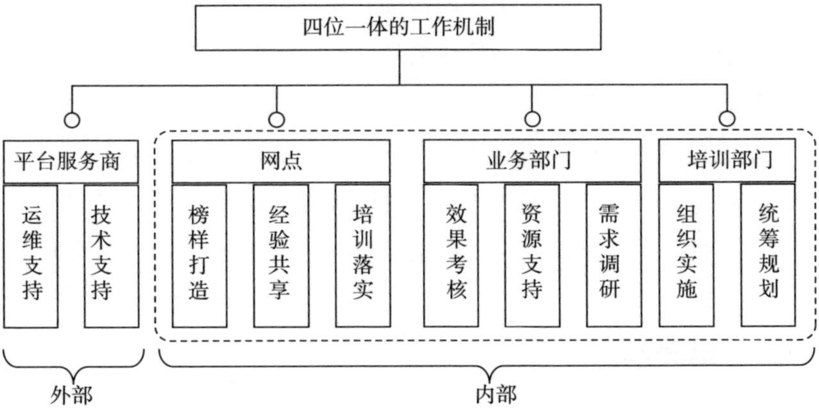

图6－14　银行网点直播培训工作机制

运营策略

结合网络培训与直播营销的双重应用，建议银行网点在直播运营中抓准三点：

- 品牌化。针对不同受众，建议打造多个培训直播间，例如针对网点负责人的、针对客户经理的、针对客户服务经理的，以及针对新员工的。
- 网红化。从营销人才培养角度出发，倾斜一定的资源，打造1～2名“流量明星”，为网点引流，增强客户黏性，提升客户复购率。
- 平台化。从直播系统定位出发，为不同的网点、员工打造一个集学习、交流、分享、营销于一体的网络平台。

风险防控

关于直播的风险防控，建议重点考虑四个方面：

- 环节设计。策划一场直播活动，也需要对各个环节进行推演，尤其是面向客户的营销活动中的抽奖、发红包等环节。
- 软硬件测试。为达到最佳直播效果，一定要提前对所有相关软硬件进行排查与测试。
- 敏感信息。目前主流直播平台一般都具备智能风控功能，例如智能监控直播画面、语音、文字，鉴别敏感信息等。
- 数据安全。注意防止行内机密信息、产品资料、客户资料泄露。

网点人才培养案例分享

数字化技术在培训中的应用极大地提升了网点人才培养的时效性、有效性和趣味性。2018—2019 年，国内各大银行在网点人才数字化培养方面都做了积极的探索。

基于 App 的网点负责人培养案例

案例背景

某大型银行在多年前就已经建立了数字化学习平台，有 PC（个人电脑）端和移动端。该行每年都安排针对网点负责人的轮训以及针对新任网点负责人和储备干部的新干部培训，一般采用三种培训模式相结合的方式：一是组织 2～5 天的集中面授培训，统一在总行进行；二是在数字化学习平台上线一批针对网点负责人的课程，并组织线上考试；三是为新干部安排在岗带教，一般为期 3 个月到 1 年，如图 6－15 所示。

近年来，随着银行业务的快速拓展，该行的网点负责人培训面临不

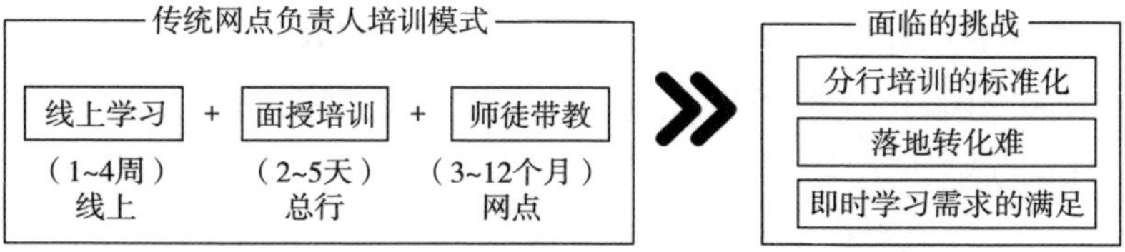

图 6-15　传统网点负责人培训模式与面临的挑战

少挑战：

- 随着全国网点的增多，在总行进行集中面授的成本较高，因此培训中心考虑调整培训模式，由分行负责进行网点负责人培训，但如何建立标准的实施流程、控制培训质量是个难题。
- 培训与转化脱节，虽然有安排师徒带教环节，但带教的过程不可控，从受训者交上来的带教总结并不能完全判断带教的执行情况，行动计划并未真正落地。
- 随着网点职能的转变，网点负责人面临许多新挑战，遇到许多全新的问题，他们迫切需要一个平台，即时学习新知识，与其他网点负责人进行实时的经验交流。

因此，该行引入了一款针对网点负责人的数字化培训产品——“行长之家”App。

“行长之家”

“行长之家”是一款移动端产品，其使用对象是网点负责人和储备干部，产品的定位是网点负责人的成长助手，期望为网点负责人提供一个快速学习成长和研讨分享的平台。

在功能上，“行长之家”可以实现移动端数字化培训平台上常见的学习、考试、调研、面授培训管理和问答社区等功能；考虑到网点负责人的学习需求，还引入直播功能和带教跟踪功能，直播功能可以拓展网点负责人的学习内容，带教跟踪功能可以记录师徒带教过程中的成长计划和辅导过程。在系统设计上，“行长之家”与银行现有的数字化学习平台（包括PC端和移动端）实现数据互通，包括员工数据和学习培训数据，如图6－16所示。

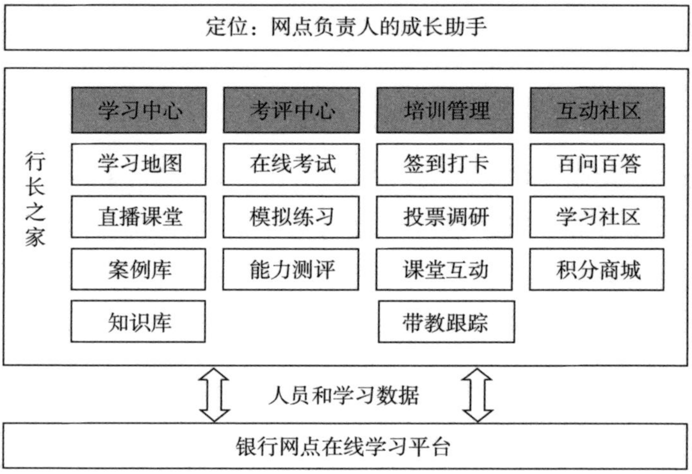

图6－16　“行长之家”的功能

基于“行长之家”的网点负责人训练系统

基于“行长之家”，网点负责人培训项目做了以下调整：

- 组织能力测评。在培训效果评估方面，培训中心开发了针对网点负责人核心能力的测评系统，包含网点转型所需的16个核心能力，要求受训者在训前完成；另外，培训中心与人力资源部合作，在培训完成一年后，对网点负责人进行二次能力测评和360度评估。
- 统一教学内容和教学标准。培训中心重新设计了培训内容，将理论知识部分做成了电子课件，供学员在课前学习；课堂面授的主要教学形式为案例分析，针对网点负责人在团队辅导、业务拓展等关键绩效任务中常见的问题，进行互动讨论；培训中心编写了统一的教学案例，设计了研讨问题、教学 PPT 和讲师手册，以确保分行教学标准的统一。

- 促进师徒带教落地。培训中心为分行提供带教执行手册，利用“行长之家”的带教跟踪功能解决了培训转化的落地问题，学员的行动计划、每阶段的执行情况及导师的考评和指导点评都记录在系统中。

经过调整后，网点负责人培训项目涵盖了测评到培训、落地转化到二次测评，形成了一个闭环式的网点负责人训练模式，如图 6－17 所示。

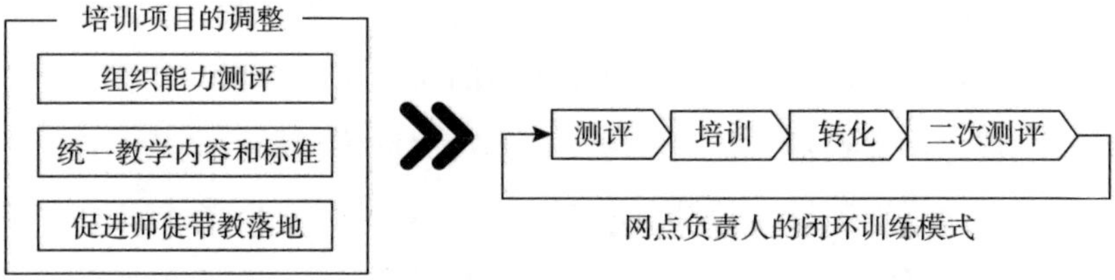

图6－17　培训项目调整与网点负责人的闭环训练

“行长之家” 的运营： 从培训项目到长期培养规划

培训中心并没有止步于优化网点负责人培训项目，它致力于将“行长之家”打造成一款针对网点负责人的数字化终身学习产品，因此，它为“行长之家”安排了专职的运营人员，设计了完整的运营规划。

一是围绕培训过程开展的在线运营工作。网点负责人通过面授培训班加入“行长之家”平台，在面授培训前，可以在线参与能力测评并预习线上课程；在面授培训期间，学员可以通过 App 参与训前调研、每日签到、课堂互动、训后评估等教学活动；培训结束后，学员制订个人的行动计划，在线提交导师审核，并根据培训计划的安排，定期提交行动计划的阶段性实践结果，导师对实践结果进行点评和打分。

二是日常运营活动，主要包括组织大咖和优秀网点负责人的直播分享，组织网点负责人对网点转型常见问题的研讨，组织网点优秀实践案例征集活动和业务挑战赛等。对问答社区的运营，除了鼓励网点负责人互助答疑，还定期组织专家指导和答疑。为了提升学员学习的积极性，还在产品中引入了积分系统和勋章体系。

“行长之家”的价值体现在两个方面：

首先是为全行网点负责人搭建了一个学习和成长的平台。产品的用户是全行的网点负责人和储备干部，学习内容和运营活动的针对性强；同时，即时的运营支持增强了学员的黏性。新学员可以在这里学习到他人的经验，他们在实践后，又会将实践经验积累到平台上。培训结束后，学员遇到问题时，仍会来这里寻找参考案例，咨询专家或请教其他分行的同事。产品中也会随时更新网点负责人感兴趣的资讯和课程，并为网点负责人的能力储备和长期发展提供学习路径图的相关指引和课程。因此，“行长之家”成为网点负责人日常学习工作的得力助手。

其次是为培训项目的持续优化提供了工具支撑。众多优质用户的参与，使平台上沉淀了大量实践案例和优质的问答记录，极大地丰富了培训内容。另外，每期培训班的培训数据和带教记录都积累在平台上，便于培训设计师通过数据分析，挖掘学员需求，不断优化培训设计。

与传统培训相比，基于数字化产品的网点负责人培训模式将短期的培训项目发展成为网点负责人终身学习和成长的平台，如图 6－18 所示。

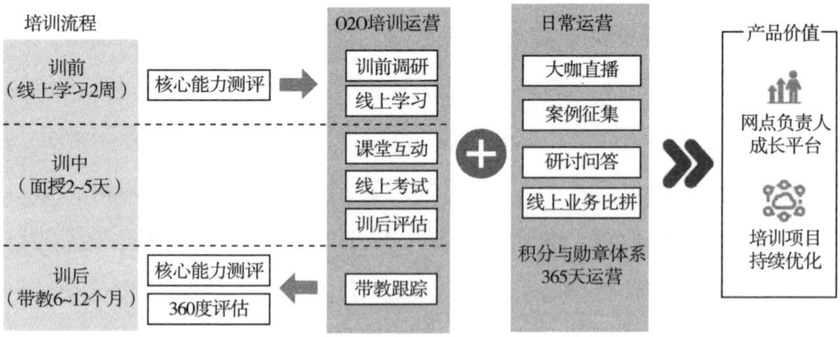

图 6－18 “行长之家”的运营与价值

基于 AI 技术的客户经理培训案例

案例背景

某行是国内较大的银行，在数字化学习方面位于行业前列，有三位一体的数字化学习平台、岗位学习地图和大量专题学习资源，对网点人才的数字化培养有深入的探索和实践。

客户经理在工作中要面对不同类型的客户和不同的业务场景，要求有较强的学习能力，能快速把握客户需求，调动自己的知识储备，为客户提供最佳的解决方案。传统的面授培训和统一的客户经理学习地图已经不能完全适应这个岗位的即时学习要求。

基于这样的需求，从 2018 年开始，该行开始着手在客户经理培训的各个环节中加入 AI 技术，解决个性化自主学习和工作场景应用中遇到的技术瓶颈。

客户经理的智能学习助手

该行基于 AI 技术的人才培养方案覆盖了人才闭环训练系统的多个环节，主要功能项包括智能推荐、智能直播、智能陪练、智能问答等，每个功能项中又有不同的应用场景。其中，对于客户经理岗位的培养有关键价值的应用场景包括学（智能推荐）、练（智能陪练、智能问答）、跟（智能萃取）等，这些应用共同构成客户经理的智能学习助手，如图 6－19 所示。

图 6－19 客户经理的智能学习助手

智能推荐有两个依据，一是依据岗位能力要求，按照岗位测评的结果，为员工提供能力提升建议；二是利用大数据技术，建立用户画像，包括用户标签和用户行为偏好，为不同员工推荐不同的学习资源。

对新入职的客户经理，智能学习助手还可以根据主管的建议，为其推送定制的学习计划。

智能陪练的核心技术是智能语义识别算法和表情智能算法。智能陪练改变了原来单一的学习方式，模拟客户对话演练，不断提升客户经理的话术技巧和对产品的熟悉程度，促进学习转化。

目前，智能陪练可以根据员工的回答，模拟不同的客户反应、表情并提出不同的后续问题。在训练结束后，智能学习助手将从表述准确程度、关键词匹配度、语句通顺度、态度积极程度及用语合规度等 5 个维度对学员的训练结果进行评价打分，并给出后续训练的建议。智能陪练功能如图 6－20 所示。

该行某新客户经理培训班的训练数据表明，智能陪练能缩短 31% 的客户经理新人培养周期。

图 6－20　智能陪练功能

智能问答的应用场景是，在工作场景中，当客户经理遇到问题时，可以随时向智能学习助手提问。智能问答的基础是银行知识库，包括行业通用知识库、银行内部通用知识库和客户经理岗位的特有知识库。通过聚类算法，智能学习助手可以提供精准问答和模糊问答，并能根据客户经理的反馈（是否有用），通过学习算法自动优化答案。因此，随着客户经理使用的次数增多，智能学习助手的个性化逐步增强，在工作场景中对客户经理的支持力度也会增强。

客户经理的销售经验是银行的隐性知识财富。如何将隐性知识转化为显性知识，是客户经理培训的关键环节之一。目前有两种做法：一是通过线上训练营或学习社区，组织案例征集活动，激发绩优客户经理进行案例分享；二是通过智能学习助手，以问答形式，随时收集优秀的营销案例。智能学习助手有预先设置的萃取问题模板，以确保客户经理按给定的思路输出案例，保证了案例的质量。

基于微信的新员工培训案例

案例背景

某行是一个中小型银行，每年在 7、8 月组织新员工培训，全行约有 300 名新员工集中到总行进行培训。培训以面授为主，为期一周，整体外包给专业培训机构，仅有企业文化、IT 系统介绍等少量课程由兼职内训师承担。该行目前尚未引入数字化学习平台。

分行对培训效果的反馈是，新员工培训以理论教学为主，虽然安排了培训考核，但是当新员工回到工作岗位后，分行还要重新安排培训；另外，目前新员工大部分是 95 后，熟练使用各种数字化工具，对新事物有好奇心，希望在培训中有更多的参与感。因此，该行计划在新员工培训的培训内容和培训形式上做一些新的探索，期望在调动新员工学习兴趣的同时，提升培训效果，体现新员工培训的价值。

新员工培训方案的整体设计

新员工培训的周期调整为 3 周，第一周为面授环节，在总行集中培训，仍采用整体外包的形式，培训内容与往年基本一致；第二、三周为营销实践环节，在新员工工作的网点进行。与往年相比，新员工培训主要有两点比较大的调整：

- 增设营销实践环节。为了提升新员工的营销意识，培训中安排了信用卡营销环节，为期两周。为配合营销活动的顺利进行，在第一周的面授培训中增加了信用卡知识培训和信用卡营销的模拟演练；在实践过程中，要求每个分行或网点为新员工安排一位带教老师，总行在新成立的信用卡部门抽调一名业务专家，配合解答信用卡开卡审核的相关问题。
- 增加线上学习和互动环节。线上学习活动主要通过微信公众号、微信群和免费的第三方工具开展。通过微信公众号推送，新员工收到与面授培训和营销实践相关的学习内容和活动通知；微信群的定位是协助团队建设和互动；模拟考试、线上调研、投票等培训活动则通过第三方工具进行。

新员工培训的整体方案如图 6－21 所示。

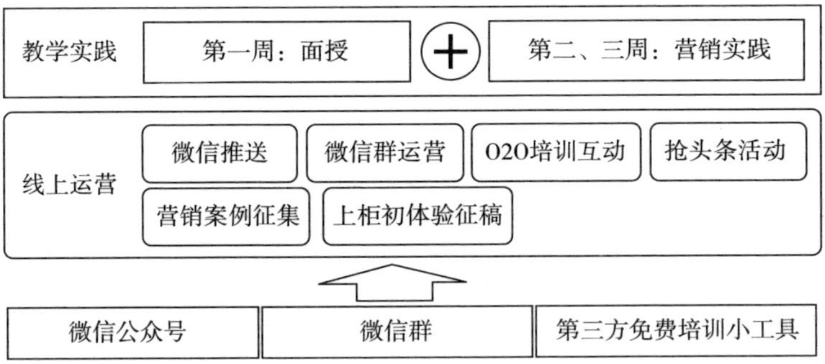

图 6-21　新员工培训的整体方案

运营设计及成果

新员工培训的方案设计中有 5 个特色与数字化技术的应用有关。

微信推送

为配合这次培训项目的开展，该行申请了培训用的微信订阅号。定时推送每天的培训内容，以此来培养新员工的学习习惯，如图 6 – 22 所示。在第一周的面授培训期间，每日推送的内容与当天的面授内容有关，包括讲师 PPT 和补充知识、模拟测试题等，帮助新员工消化和巩固每天所学的知识；推送安排在每天上午 8 点。

在后两周的营销实践过程中，配合营销过程中新员工心态的变化，推送不同的内容；考虑到新员工白天实践比较繁忙，推送安排在每天晚上 8 点。在营销起步阶段，作为大学毕业生的新员工在"地推"或"扫楼"的过程中，由于心理障碍、不熟悉开卡要求，很难做出业绩，在这个沮丧期，公众号会重点推送心态管理相关内容；随着心态的调整，新员工进入营销的适应期，公众号会推送销售技巧的相关内容，大部分新员工开始有了第一次成功销售的经验；在营销实践的最后阶段，为提升新员工的销售积极性，公众号每天推送各战队的销售排行情况，鼓励新员工为了团队荣誉，充分挖掘自身的资源和销售潜力，做出业绩。

在训后满意度调研中，新员工反馈微信公众号的推送对于他们巩固学习内容、顺利通过结业考试和营销实践有较大的帮助。结业考试的优秀率高出往届 30%，新员工反馈模拟测试题对提高成绩有帮助。

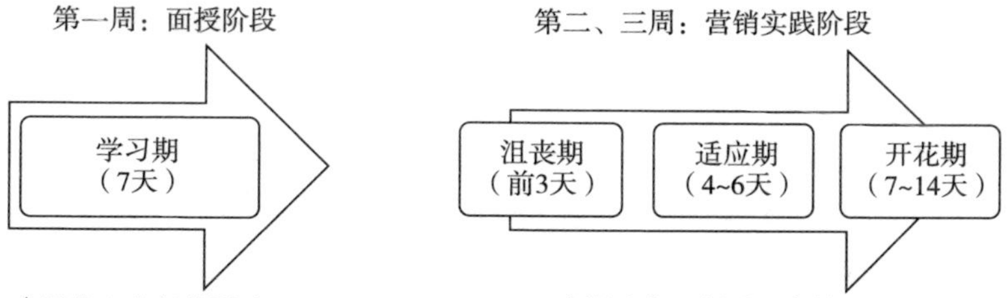

√ 职业心态相关测试
√ 职场礼仪、业务知识
√ 销售通关互动演练
√ 针对面授结业考试的模拟考试

推送时间：早上8点

√ 沮丧期：侧重心态管理
√ 适应期：侧重销售技巧
√ 开花期：侧重排行信息
√ 营销案例

推送时间：晚上8点

图 6–22　新员工培训的微信公众号推送计划

营销实践

在营销实践环节，银行安排带教老师和信用卡审核专家进入微信群，提供实时支持，回答新员工在开卡过程中遇到的各种问题，并对学员进行辅导和鼓励。

虽然新员工培训中的营销体验并不以销售业绩为主要考核点，但销售业绩是对培训结果最直接的检验。经信用卡部门核实，本期新员工直面市场挑战，取得了良好的成绩，人均办卡 53.4 张，远远超过信用卡部门正式员工一个月的办卡量。

另外，值得一提的是，新员工在访谈时反映，良好的沟通和团队协作对完成销售业绩有较大的促进作用。通过团队的努力，所有新员工都顺利完成了销售指标。

营销案例

营销案例的征集是为了积累和沉淀营销经验，形成新员工培训的案例知识库，要求新员工提供营销实践的案例。在营销实践阶段，要求每个战队每天至少提供 1 个实践案例，包括成功和失败的案例，并分享到微信群中。

为了确保案例的质量，培训老师设计了案例表单，分为两个方面，一方面是新员工对营销案例的具体描述，要求分三部分叙述：案例过程概述，第一次营销成功（或失败）的感受以及如何去面对，成功案例的营销经验总结或如何改进营销策略（针对失败案例）。另一方面是带教老师的点评，要求包含营销策略与心态上的辅导、对新员工的肯定与期望。案例以在线文档的形式提交。

本次实践活动收集到近 150 个信用卡营销案例，其中优秀案例 30 个。

抢头条活动

培训班开展了不少线上团建活动，抢头条活动就是其中最受新员工欢迎的活动。此次新员工风采展示环节，采用线上抢名额的方式。

在培训第一周，每天上午 8：20—8：25，公众号准时发送“上头条”的报名链接，新员工在公众号对话框中输入“上头条”即可参与，每天名额仅限 3 人，获得名额的新员工可以展示自己的特长或风采。这种名额稀缺的玩法，极大地激发了新员工的好奇心和展示欲望，新员工积极争取上榜机会，活动参与率居高不下。

对获得“上头条”名额的新员工，培训班安排专人采访，他们可以提供自己的照片和故事。在为期三周的培训期间，每天展现一位学员的风采。

开展上柜初体验线上征稿活动

新员工培训结束后，走上了工作岗位，大部分成为综合柜员。由于数字化学习深入人心，新员工对培训公众号的关注度比较高，并继续利用新员工培训时建立的微信群进行交流。培训部门为了巩固在线学习成果，借势组织了针对综合柜员岗位的上柜初体验线上征稿活动。

活动的出发点是，帮助更多新柜员避免工作中常见的错误，掌握各种业务的处理技巧，要求以“那些刻骨铭心的痛”为主题，讲述自己在业务办理或者工作流程中犯过的错误，或分享工作中的经验和技巧，通过案例介绍和分析的方式，描述业务处理、客户服务、技能提升、意外情况处理等的过程和心得，目的在于提炼工作经验，分享工作心得，让更多的新柜员在过来人的故事中借鉴经验。征稿活动限定的选题范围如图 6 – 23 所示。

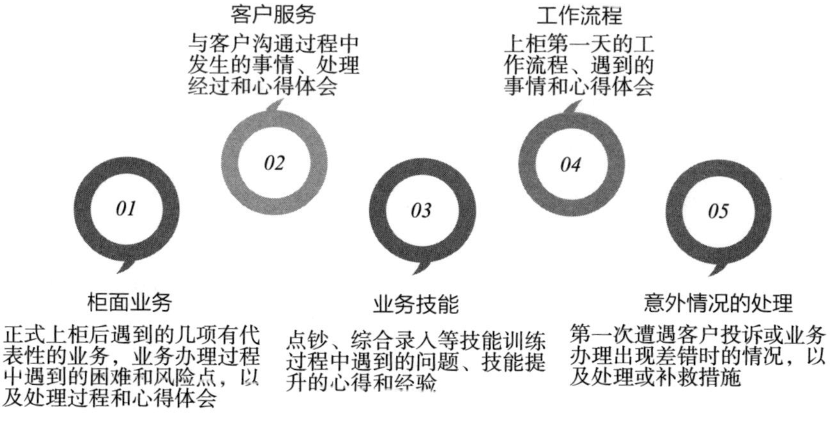

图 6–23　上柜初体验征稿活动的选题范围

上柜初体验征稿活动通过微信公众号开展；培训部门组成了评审团，每天从投稿中选出优秀稿件，重新编辑，萃取成优选案例，并配以生动的漫画，作为学习资源推送给全员，如图6－24所示。由于主题选择得当，投稿获得了员工的共鸣，推文阅读量和转发量都比较高，整个活动持续了6个月，有43%的新员工参与了该活动，其中优选案例40多篇。

图6－24　上柜初体验征稿活动宣传与优秀稿件推送

新员工培训项目的实践及后续的上柜初体验征稿活动，为该行的数字化学习奠定了良好的基础，培养了新员工的学习习惯，并积累了大量的线上学习素材，也提升了培训管理者对数字化学习的认知，该行在一年后上线了数字化学习平台。

第七章　场景化行动学习

作为银行管理者，你是否有这样的体验：你发现单位有笔不良贷款，造成上季度扣分较多，通过一个季度的努力，该笔不良贷款终于核销了，但你又发现单位的对公存款指标在下滑，形成了新的丢分项，于是你又开始猛抓对公存款，好不容易落实了一笔2亿元的对公存款，然后你又发现网点的零售存款指标在下滑，这时你意识到“无大不富，无小不固”的道理，开始抓网点的服务质量，希望稳住零售条线的存款指标。

面对如此繁多的指标，作为一名银行管理者，你的管理目标肯定是使你管理的网点、支行或分行在众多指标的最后打分上领先同行，但如果你不知道抓住重点，有所取舍，就会落入“头痛医头，脚痛医脚”、事无巨细、忙忙碌碌的境地，吃力不讨好，上级不满意，下级有抱怨。具体来说，在众多工作选项中，如大客户营销、对公客户贷款审批、网点服务质量、零售客户维护、后备干部培养、不良贷款核销、绩效方案落地、员工思想工作、上级行组织的营销冲刺活动、党建工作、员工培训工作等，哪一项才是银行管理者工作的重点？哪一项才是银行管理者的工作抓手？工作应该如何分清主次？各项工作的优先级应该如何设定？究竟应该如何解决这些难点问题？

平衡计分法：　团队的学习成长是管理的基础

平衡计分卡是哈佛大学教授罗伯特·卡普兰（Robert Kaplan）与诺兰诺顿研究院的首席执行官大卫·诺顿（David Norton）于20世纪90年代初

提出的一种绩效评价体系。平衡计分卡是将组织的战略落实为可测量的衡量指标和目标值的一种新型绩效管理体系。设计平衡计分卡的目的就是要建立“实现战略制导”的绩效管理系统，从而保证企业战略得到有效的执行。因此，经过20多年的发展，平衡计分卡已经发展为企业战略管理的工具，在企业战略规划与执行管理方面发挥着非常重要的作用。

以美国为例，有关统计数据显示，到1997年，《财富》美国500强企业已有60%左右实施了绩效管理，而在银行、保险公司等财务服务行业，这一比例更高，这与20世纪90年代美国企业整体的优秀表现有关。再看一看政府方面，平衡计分卡在20世纪90年代初被提出，到1993年，美国政府就通过了《政府绩效与结果法案》（The Government Performance and Result Act）。今天，美国联邦政府几乎所有部门、各兵种及大部分州政府都已建立和实施了绩效管理。

平衡计分卡是一种革命性的评估和管理体系，平衡计分卡包含四个层面：财务层面、客户层面、内部营运层面、学习与成长层面。

财务层面

财务性绩效指标是一般企业常用的评估绩效的传统指标。财务性绩效指标可显示出企业的战略及其实施和执行是否正在为最终经营结果（如利润）的改善做出贡献。但是，不是所有的长期策略都能很快产生财务盈利。非财务性绩效指标（如质量、生产时间、生产率和新产品等）的改善和提高是实现目的的手段，而不是目的本身。财务性绩效指标的主要内容有收入的增长、收入的结构、降低的成本、提高的生产率、资产的利用和投资战略等。

客户层面

平衡计分卡要求企业将使命和策略诠释为具体的与客户相关的目标和要点。企业应以目标客户和目标市场为导向，专注于满足核心客户需求，而不是企图满足所有客户的偏好。客户最关心的不外乎五个方面：时间、质量、性能、服务和成本。企业必须在这五个方面树立清晰的目标，然后将这些目标细化为具体的指标。客户层面的指标主要包括市场份额、老客户挽留率、新客户获得率、客户满意度、从客户处获得的利润及利润率。

内部营运层面

建立平衡计分卡，通常是先制定财务和客户层面的目标与指标，然后制定企业内部营运层面的目标与指标，这个顺序使企业能够抓住重点，专注于衡量那些与股东和客户目标息息相关的流程。内部营运绩效考核应以对客户满意度和财务目标影响最大的业务流程为核心。内部营运指标既包括短期的现有业务的改善，又涉及长远的产品和服务的革新。内部营运层面的指标涉及企业的改良/创新过程、经营过程和售后服务过程。

学习与成长层面

学习与成长层面的目标为其他三个层面的宏大目标提供了基础架构，是驱使企业在上述三个层面获得卓越成果的动力。如今面对激烈的全球竞争，企业的技术和能力已无法确保其实现未来的业务目标。削减对企业学习和成长的投资，虽然能在短期内节省成本，但由此造成的不利影响将在未来给企业带来沉重打击。学习和成长层面的指标涉及员工的能力、信息系统的能力与激励、授权与相互配合。

进一步讲，平衡计分卡的发展过程特别强调描述策略背后的因果关系，凭借客户层面、内部营运层面、学习与成长层面评估指标的完成达成最终的财务目标，如图 7 – 1 所示。①

---

① 本章图表除具体标注的，均来源于上海银翱管理咨询有限公司。

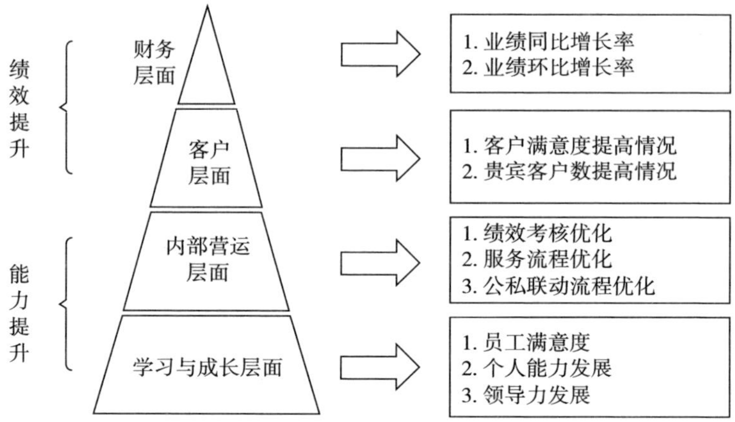

图 7–1　基于平衡计分卡的项目成果体系

由于影响 KPI 的各因素之间不存在明显的逻辑关系，它们一起构成了总目标，但平衡计分卡可以将通向总目标的绩效指标划分为不同的板块，不同板块之间有明确的因果支撑关系，形成一个绩效发展循环。所以，依据平衡计分卡可以分清工作主次，要从最基础的工作，即员工的学习和成长层面入手，由下到上层层落实，方可达成目标绩效。

随着互联网时代的到来，中国所有企业都面临着快速变化并趋于个性化的经济环境。在金融脱媒和去全球化大背景下，银行网点业绩下滑，利润持续降低已经成为一种新常态，那么在这种经济环境中如何使自己管理的银行网点业绩倍增，脱颖而出？如何结合新常态下的时代背景进行创新管理和营销？如何打破部门墙？如何立足于自身的资源优势进行稳健创新？这些都是摆在银行从业人员面前的问题。

对银行网点来讲，什么是最重要的？是技术、机具、商业模式，还是管理机制、流程制度？毫无疑问，是人，是人的能力，是员工的学习和成长能力。我们认为，任何创新和变革首先是人的改变，银行业的转型和变革还需要塑造开放、便捷和民主的文化。

在知识经济时代，如何解决人的学习和成长问题才是管理者首先需要关心的问题，也是最根本的问题。

行动学习是学习技术领域的明珠

银行管理者可以思考如下问题：

- 什么样的培训能让员工从被动学习转为主动学习？
- 什么样的会议能够激发全员的创新意识和创新行为？
- 什么样的培训能够激发全员的集体荣誉感？
- 什么样的业务分析会能够推进业务中各种复杂问题的解决？
- 什么样的培训能够有效促进团队协作？
- 什么样的培训能够提高团队的执行力？
- 什么活动能够营造批评与自我批评的氛围，从而促进大家反思？
- 什么样的培训能够和 KPI 挂钩，从而带动业绩的增长？
- 什么样的培训能够一股脑地解决以上所有的问题？

艾宾浩斯遗忘曲线告诉我们，当一个人学习完，如果不去运用所学知识，只是靠记忆，一天后将只记得 34%，一个月后将只记得 21%。学习就是要把理论、案例这些书本上的知识，放在现实中，通过应用去解决实际问题。这样的学习才真正有用。

这就是为什么美国通用电气原 CEO 和董事长杰克·韦尔奇（Jack Welch）会倡导行动学习（Action Learning）。通用电气通过把各种培训变成行动学习，使培训学员成为公司最高管理层的内部咨询师。在没有引入行动学习前，通用电气的国际性业务占 18%，实施行动学习后，这个比例是 40%，并且很快要达到 50%。通用电气用群策群力的行动学习几乎解决过组织中的任何问题，最终实现运营费用降低、废品率降低、销售额提升、员工离职率降低、领导力提升等目标；当员工在一个问题上进行不下去时，通用电气的管理者往往会说："让我们来群策群力（Work Out）一下吧！"

1992年，IBM时任总裁路易斯·郭士纳（Louis Gerstner）成功引入行动学习，为IBM复活提供了一剂良药。在摇摇欲坠的IBM，郭士纳放手让罗恩（Ron）尝试行动学习项目。正如后来罗恩所言："从一开始我们便下定决心要采用最好的学习方法，着手改变企业文化，通过行动学习的方式帮助一切工作走向正轨。我们已经对此着迷，事实上这个项目可以达到双赢。我们可以解决政策上的主动性问题，并且可以一边学一边做。因此，行动学习成了整个项目的核心。"项目结束后，几乎100%的项目参与者都说："当我重返工作岗位的时候，我的行为真的在好多方面已经或将要改变。"

行动学习模式和传统培训模式的对比如表7-1所示。韦尔奇和郭士纳都聪明地意识到，行动学习所营造的真诚对话的氛围，最适合他们与有潜力的下属沟通，通过平等地传递自己的使命和信念，实现企业绩效的持续提升。

通用电气公司的一位中年工人评价行动学习的作用时说："25年来，你们为我的双手支付工资，而实际上，你们本来还可以拥有我的大脑——而且不用支付任何工钱！"

表7-1　行动学习模式和传统培训模式的对比

行动学习模式	传统培训模式
及时性：解决当前实际工作中遇到的或即将遇到的问题	滞后性：培训通常滞后于工作问题
主动性：参与者是知识的贡献者，通过会议中的引导和挖掘，所有参与者都在贡献知识和经验	被动性：培训中学员往往只是被动的听众，极少将自己拥有的知识与现场其他学员分享
组织学习：挖掘团队智慧，确定可行性计划与团队承诺，促进组织目标达成	个人学习：培训中的知识、技能以及小组研讨交流的成果无法带到实际工作中去应用，无法促进团队学习
顿悟学习：通过各种心理干预与行为干预，帮助参与者内生智慧	渐悟学习：基于艾宾浩斯遗忘曲线，学员往往由于无法记住大量的知识而无法快速运用培训所学

续表

行动学习模式	传统培训模式
学习与绩效直接相关：根据商业运营的实际需要进行需求设计，运用行动学习帮助参与者发现问题，获得达成共识的行动计划与承诺	学习与绩效低关联性：知识与技能只能转化为参与者可内化的能力，与实际绩效关联度不高

行动学习是如何做到的

既然我们谈到了要解决人的学习和成长问题，那么请思考：是解决人的意愿问题更重要，还是解决能力问题更重要？解决人的意愿问题实际上要解决什么问题？如何去解决？如何点燃每个人的工作热情？如何让行动产生绩效？

解决人的意愿问题更重要，还是解决能力问题更重要

当然是解决人的意愿问题更重要，不解决人的意愿问题就无法解决能力问题，因为我们每个人都是独特的个体，有着自主意识。人们愿意做出有利于自己的改变，但他不一定会做出你要他做出的改变，除非他真正认识到改变对他的好处，比如，我们每个家庭的父母都疼爱孩子，都从自己的经验出发，希望孩子往自己设想好的方向改变，但又有几个孩子能完全依从父母的想法呢？就连父母都不能轻易改变孩子的意愿，更何况工作中想要下属、同事去改变呢？

解决人的意愿问题实际上要解决什么问题以及如何去解决

解决人的意愿问题实际上是要解决人的心智模式问题。人的心智模式，一般来说分为三个层次，分别是行为模式、思维模式、潜意识。心智

模式非常复杂，其表现为一定的行为模式，包括沟通模式，中间层是思维模式，深层的是潜意识。如果能一下子改变潜意识，效果当然最好，因为人就会相应改变其思维模式和行为模式。但想一下子改变人的潜意识是非常难的。

那么我们应从哪里入手呢？我们认为从中间层击破其思维模式的方法最有效。

思维模式问题就是三观问题。三观包括世界观、人生观和价值观。因为我们每个人看待世界，看待人生和自我，判断是非的价值观不尽相同，就算是同龄人，就算有共同的经历，其三观也会有很大的不同。所以，要改变人做某件事情的意愿，如在一个团队建设中做思想统一工作，是很难的，但银行管理者不能不面对。关于三观问题，银行管理者不能采取完全放任的态度，还是要指出问题，发动群众去学习并向好的方向改变，但由于三观的改变是一个长期的过程，不能操之过急，拔苗助长，否则适得其反。

那么银行管理者应如何做呢？

这种击破方法就是提问。因为每个人都希望向有利于自己的一方面去改变，我们只要给他指出存在的问题，用问题引发其思考，他内心就会觉察并去改变。要在一对一或团队中提倡批评和自我批评，督促人们进行自我反思和自我批评，互相砥砺前行。

如何点燃每个人的工作热情

有一次，管理大师杰克·韦尔奇来中国参加中国企业领袖高峰论坛，TCL 的李东生和杰克·韦尔奇有过一段对话，李东生说："您介绍了企业变革的很多观念，企业管理者都比较认同，大家在这一点上有共识，但是如何在 5 年、10 年都能够保持一个持续的激情？这是不太容易做到的，这一点我感觉通用电气做得非常成功，它的变革一直持续到现在，贯穿整个企业，您是怎样做到这一点的？让您的管理团队、员工非常积极地正面去推进它。”

杰克·韦尔奇表示，我想我们都应当考虑的一个重要的问题就是，商业是一场游戏，商业并不是严肃、致命、枯燥无味、毫无乐趣的事，商业就是一场游戏，而且是我们每天都想打赢的一场游戏，我们的听众有多少人喜欢胜出？有多少人喜欢失败？没有人喜欢失败，如果我们考虑一下这一点，就知道为什么每天都要创新，因为有人把你的“饭碗”抢走，因为有人想胜过你，因为有人想在游戏中打败你，所以你要带着你的团队，就像你打羽毛球一样，你每天都要打，你可以体会很多乐趣，你会非常高兴，在企业，在行业管理中，每个人都过于严肃了，每个人都认为商业是很严肃的事，实际上商业是很有趣的，你可以在管理企业的过程中不断创新，不要在你的员工面前那么刻板。

阻碍个体学习的最重要因素是动机和意愿，阻碍组织发展的最重要因素是组织防卫。打破前者的工具是个人价值实现，打破后者的武器是组织愿景和目标。

行动学习中有一个重要工具就是群策群力，团队共创，可以通过严格的操作流程，让大家凝聚共识，明确团队目标，进行组织分工，营造一种大家玩一场可以赢的商业游戏的氛围，在游戏中提升自己的能力，改善自己的心智模式，从而把工作激情持续保持下去。

如何让行动产生绩效

有了激情和决心，有了工作的动力，就一定能战胜困难，创造工作绩效吗？答案是不一定。

因为现实中有许多想象不到的困难需要去克服，从原理上讲，人的智慧可以使业绩增长拥有无限的可能性，但如何激发每个人的智慧，就需要在每次行动后进行复盘。复盘原来是指棋手在比赛后，检视自己的犯错棋步，下次避免同样的错误，并互相交流可能的变化棋步，以共同提高的一种方法。联想集团的柳传志曾把这种方法用于企业管理。图 7－2 展示了联想集团的复盘四步法。

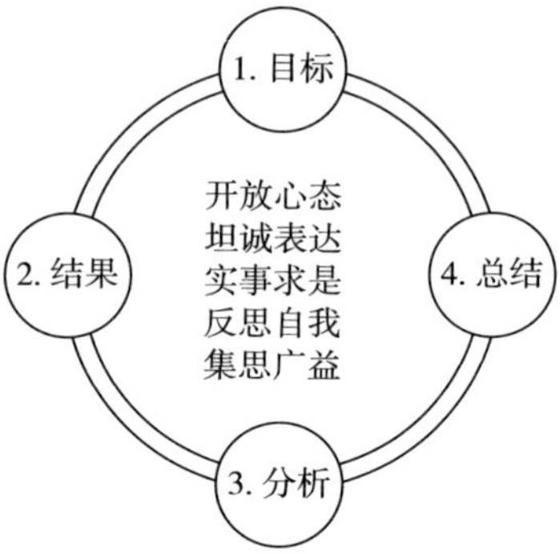

图 7-2　联想集团的复盘四步法

在复盘中，首先要回顾业绩目标，不少团队或个人在工作过程中放弃了目标，因为被困难这个拦路虎拦住了，但是越是做不到，越要反思学习，提升能力。所以，以目标为导向，让企业运作的每一个环节都指向目标。

其次，要评估结果，谁做得好，谁做得不好，要让大家看清楚，区分各项工作的具体责任人，形成自动追责机制，对于做不好的个人或团队，要考虑换人，所以，行动学习项目从来都是一把手工程，它绝不是一个普普通通的培训项目，而是一个"刮骨疗毒"的学习成长过程。

再次，要分析原因，思考各种模式，如经营模式、服务模式、营销模式、管理模式等存在的问题，思考如何从"业绩战略"的角度找到业绩提升点，思考哪里是企业自身的"业绩蓝海"?

最后，要总结规律，尤其要明确什么是有价值的关键行为。因为员工行为不一定都产生价值，明确如何让员工行为与组织绩效挂钩，如何用关键价值链等技术来提升员工个人业绩和组织业绩，这是改善绩效的"最后一公里"，接下来要制订下一步行动计划。

把复盘的这四个步骤，以及各阶段存在的问题，用行动去解决，请注意，无论是行动学习项目教练提出的管理问题，还是团队或员工提出的问题，管理者都必须解决和答复，在笔者组织的行动学习项目中，有的团队对教练提出的问题置之不理，所以笔者在此再次强调，不解决教练提出的问题就是最大的问题！当然这里提出的问题都是可以解决的问题。

这样串起来就形成了一整套行动方案，如此周而复始，不断螺旋推进和改善工作。这就是行动学习项目能提升绩效的理论逻辑。

行动学习必须知行合一，不能误入歧途

行动学习中的学习（Learn，简写为 L）是通过把已经掌握的相关专业知识（Programmed Knowledge，简写为 P）与提出深刻问题的能力（Questioning Insight，简写为 Q）相结合完成的，即 L＝P＋Q。

其实，P 在这里指的是“知识俗套”，即过往知识的一种模式化形式，若将 Programmed Knowledge 直译成“程序化的知识”，从中文角度来讲，其重点放在了“知识”上，而其设计者雷格·瑞文斯（Reg Revans）的重点是在“俗套”上的。

行动学习中的学习（L）是通过对知识俗套（P）进行深刻质疑（Q）来产生新的思想和智慧，从而去指导实践，形成一个螺旋上升的进化过程。

从传统意义上的培训来看，老师先教授知识、理念和方法，然后学生去实际工作中应用，悟性高的学生领悟得快，运用得好。而大多数资质一般的学生，一旦把老师所教用于实际，可能就会发现情境变了，方法不灵了，而自己又不会随机应变，举一反三，于是放弃，结果就是知识没有转化为行动。

在行动学习项目中，老师教得少，为什么？因为学员可以通过上网查资料或向同事请教学到那些“知识俗套”。在行动学习项目中，老师关注的是学员如何把这些知识案例付诸实践以及实践结果如何。从学习到行动，从行动再到学习，在这个循环过程中学员学到了什么？做了什么？体会到了什么？有多少转化成自己的知识？知道的有多少？不知道的又有多少？这个过程的关键就是要从具体场景中抽离出思想和智慧，形成经验。这有些像邓宁－克鲁格效应，有一个自然的从愚昧之巅到绝望之谷，再爬

向开悟之坡的心路历程。

所以，把“知”和“行”这两个动作分开后的效果会打折扣，而知行合一或者行动学习提倡的是“做中学，学中做”，老师教得少，学员行得多，行动没有标准答案，老师只是教授一个框架，更多的是通过深刻质疑来启发学员独立思考，自我突破。这样的学习过程就是知行合一式的学习，也称行动学习，它能弥补知行分家的弊端。

行动学习项目对组织建设和发展有“四力提升”作用：

- 提升团队凝聚力。行动学习首先改变了领导指示层层下达的管理方式，把对员工的“要你干”变成员工自发的“我要干”，这极大地调动了基层员工和中层干部的工作积极性。从而形成基层员工主动干，中层干部下基层干，领导班子巧中干的积极氛围。
- 提升领导力。通过实事求是、直面问题的求真态度，密切联系群众的工作方式，以及自我独立解决问题的能力的提升，总体提升组织中各级干部的领导能力。
- 提升团队执行力。行动学习改变了过去的工作中那种久议无决、久拖不动、久动无效的低效会议决策和低效执行贯彻中知行不合一的状态，让好建议、好点子迅速落实到人、落实到事、落实到时间节点。真正做到言必诺、诺必践、践必果。
- 提升组织学习力。行动学习改变了领导点评式的问题讨论方式，通过领导变教练的提问方式，让员工从被动接受变为主动反思和总结，无论是针对经营模式、管理模式、营销模式、服务模式还是学习模式，都能真正营造一个言论自由、发现问题、实事求是、批评和自我批评的良好工作氛围，全体员工能在这种氛围和各种团队共创工具的帮助下解决企业发展中遇到的各种复杂问题，并在做中学、学中做的良性循环中迅速成长，成为能打败对手的狼性团队。

深耕集成模式就是行动学习的场景化

场景化行动学习模式，是指通过银行网点几大典型工作中的物理场景，如服务场景、零售客户营销场景、高净值客户营销场景、对公客户营销场景、管理场景等来落实行动学习。

从管理上看，其实还有一个底层面，也就是精神文化层面，或者说团队士气层面。这一层面最为重要，但似乎是看不见、摸不着的。同时，这一层面也是最难打造的。深耕集成模式是基于平衡计分卡的底层变革模式，类似于土壤的深耕松土，改变土壤结构，没有这个动作，后续的动作效果会大打折扣。我们采用的“深耕”方法是利用促动和引导技术来打造共同愿景，群策群力形成团队的行动计划，如图 7－3 所示。

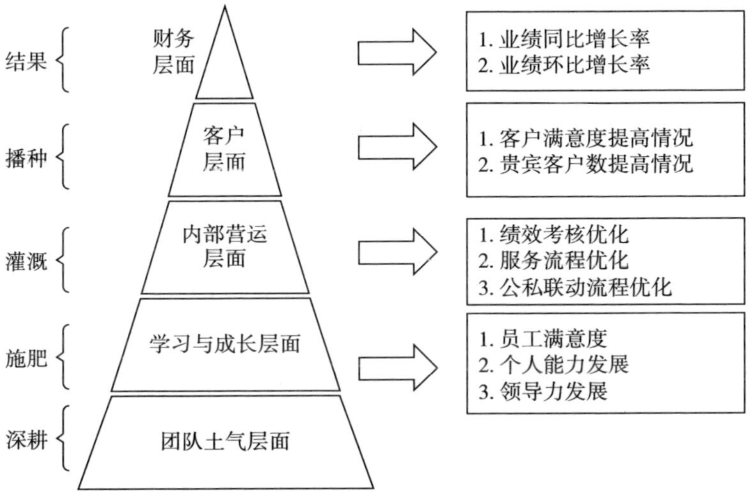

图 7–3　深耕集成模式

施肥：　行动学习模式的打造

将雷格·瑞文斯的行动学习法导入项目实践过程，并辅以复盘技术，以打造团队的学习成长能力。这一过程会一直持续，类似于对土壤施肥，没有行动学习和复盘的这些“肥料”，未来想结出“硕果”是不可能的。

灌溉：流程再造模式的打造

有了“深耕”和“施肥”还不够，还要引水灌溉，否则，一旦阳光曝晒，种子就会因缺水而死，所以内部流程的再造是必不可少的。无论是服务流程、风险管控流程，还是绩效考核流程等，都是保证项目实施的重要“水源”，能够不断从下层的行动学习（“肥料”）中吸取养分，只有不断优化各内部流程，才能提升组织效率以应对市场竞争。

播种：客户营销模式的打造

要想在财务指标上做出业绩，没有客户是万万不行的，客户就像种子，只有将其播种到经过深耕施肥的土壤，其才能发芽生长，但种子需要呵护，避免雨雪冰灾的侵害，客户营销模式同样需要不断创新，以适应市场的需要。

结果：业绩倍增和人才辈出

从项目实施的结果看，由于是从组织的深层开始变革，并采取一次成型的全套集成技术，虽然在开始时有阻力和难度，但随着项目的深入开展和全员的投入，团队开始产生积极变化，员工学习和工作的主动性增强，组织效率提升，企业财务指标也开始显著提升。

从源头解决问题

如果没有从企业文化层面去变革，而是哪个指标不好就去抓哪个，哪类客户的维护有问题就去抓哪类，结果就是头痛医头、脚痛医脚。所以，我们要循着问题产生的根源，摸准脉络，抓住关键点，逐次分阶段解决。深耕集成模式是针对银行绩效提升从源头上进行辨证施治的综合解决方案。我们已在多家银行开展场景化行动学习项目，其中深耕集成模式在“心道法术器”层面一次性成型地打造了银行的核心竞争力。在项目的实施过程中，我们会给出一系列管理工具，比如不同的业绩会议流程、营销和管理模式、学习模式和方法，乃至具体的表格和清单等，它们的开发者具有知识产权，这些工具让“徒手攀登”的银行管理者带上了“管理装备”，避免了管理风险的发生，加速了银行业绩目标的达成。大量成功案例也证明了这种解决方案的正确性和效率。

在项目中，我们自创了全新的训练模式——“3－5－5－8场景化行动学习落地操作法”，即“三发”理念——发动一闪念，发散两思维，发挥三优势，围绕五大典型场景，如服务场景、零售客户营销场景、高净值客户营销场景、对公客户营销场景、管理场景等中发生的实际案例，通过“场景再现—情景解读—心智迁善—计划点评—绩效追踪”五大环节，最后加上“阳明心学八大操作心法”，让管理学习实现“真实案例上讲堂，解读场景还真相。心智迁善拿计划，追踪绩效有方向”。这样就一举解决了银行人培训的“上课很冲动，下课很激动，回去忘了动，后来不会动”的行为不改变，动作不固化的“四动”问题。真正使学习落地到场景，让培训产生绩效。三全（全场景、全天候、全员）行动学习的加速推进展示如图7－4所示。

总之，行动学习项目分别引入促动技术、教练技术、复盘技术等创新培训理念和工具，利用专业培训机构的成熟“套路”，如幸福网点建设、赢的游戏、悦享读书会、问题解决工作坊、绩效共识工作坊、员工成长价值链辅导和非物质性奖励，如荣誉体系构建等，来推动并保持全员的激情，从而分梯次、分波段地加速推进学习进程，把过去的单一课程培训、部分员工培训变成全场景、全天候和全员培训。从精神文化建设上，促进团队学习能力提升、机制流程改进、客户营销和服务模式升级，最后实现业绩指标的大幅提升。

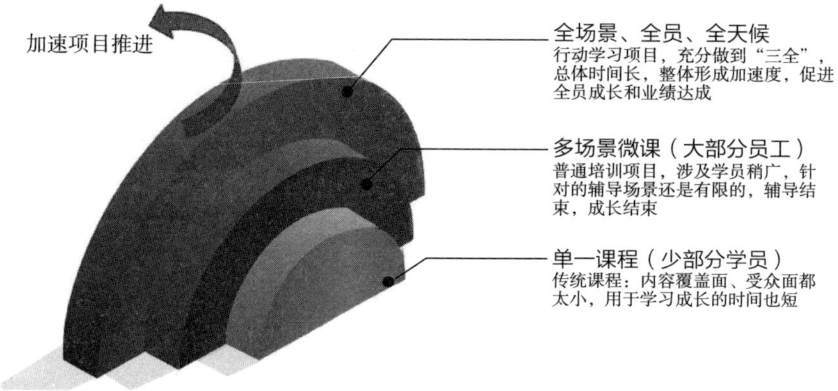

图7-4　三全（全场景、全天候、全员）行动学习的加速推进展示

第四篇

数字化转型篇

第八章 开放银行的线下实践

“开放银行”的概念由互联网中的“开放平台”衍生而来，在核心思路上，开放平台具体可以分为“开放加入”的中心化与“开放标准”的联盟化两大类，但无论是“中心化”还是“联盟化”，开放平台都在忠实地反映未来银行发展的可能路径，在新技术领域、新商业模式、新市场空间、新企业经营等方面，银行都将无法只靠一己之力立足，更不存在依靠“保护主义”出现跨越式发展的可能性。与此同时，“开放”的思维力量正悄悄在银行内部诞生出“从科技延伸到业务”、“从企业金融服务蔓延到零售金融服务”的火种。自2010年至今，银行科技发展的主流已经成为不完全靠自己提供专业场景服务，而是通过组合资源，实现包围客户需求及痛点的“全环节服务”，在落地过程中实现技术资源与行业的深度合作，成为行业场景中的一部分，以“开放”思维为起点，逐渐进化为开放银行。通俗地说，银行就应该是为了服务客户，负责“搭台子”，在背后支持其他IT能力不足的行业，以促成全产业转型的推手。

基于开放银行的开放模式，为银行网点提供了一个新的选项，但这是否是未来的发展趋势仍待时间证明。而在核心思路上是选择中心化开放还是联盟化开放，目前也正处于一场业界大辩论中，但网点走向深度开放这一点似乎已经是大势所趋，具体如图8-1所示。

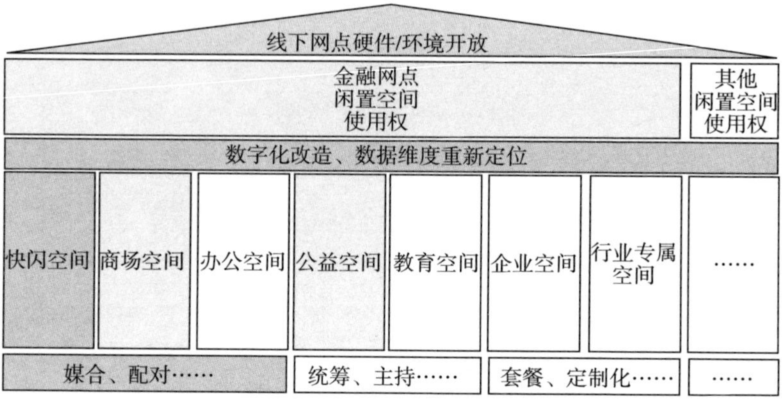

图 8－1　线下开放银行蓝图

线上流量与线下流量

互联网时代的线上流量

近 20 年来，在中国，“流量”一词的含义被引申为电信运营商描述通话次数、发短信次数的计价单位，又被用来形容线上电商交易的密集度和频率，最终演化为客户的同义词，似乎“客户就是流水”，接触客户成了找寻流量“水龙头”的过程。在行业发展的早期，因为竞争者很少，即使“水龙头”被装在沙漠里的一棵枯树上，也能一扭开就自然地流出水来且水量惊人。一直到 2014 年和 2015 年，各行各业忽然发现“水龙头”流出的水开始断断续续，中国引以为傲的人口红利“水库”似乎见底，其中控制上游最大“水管”的电信运营商，最早有所发现，一开始各家电信运营商都采取了挽回措施，例如，设立以家庭为单位的套餐，希望通过手机免费的优惠，实现人口红利直接翻倍，但在实际操作之后，成效十分不明显，致使电信运营商开始正视流量天花板这个经营难题。

另外，“流量”这个专有名词，这十年来也成为互联网行业的标准用语。流量仿佛是武侠小说里所描述的“内功”，似乎是整个互联网行业改变一切的根基与价值核心。随着流量积累和经营成本的提高，“漏斗”模式和“黏性”开始被人们广泛关注。其中，“漏斗”模式是指对筛流量的每个环节进行针对性的优化，让当次流量尽量被触达、影响进而转化为收益，互联网行业一般称之为“截流”。“黏性”是指基于服务或产品的差异化、对过程的满意度、营销手段的创新程度，来反复触达漏斗中留下的流量，等待下一次转化时机来临，期待能反复变现。成功的互联网公司在上述两个方面基本上都具备强大的能力，它们重组了互联网行业全场景的路转粉经营路径，借此承接了各电信运营商所带来的移动互联网流量。互联网流量的路转粉经营如图 8－2 所示。

图 8－2　互联网流量的路转粉经营

近年来，互联网上的流量争夺战越来越激烈。而在这场流量争夺战的初期，银行一直与其保持距离，当时银行界认为，只要金融行业仍然有牌照及特许资格的要求，无论各个流量经营方如何竞争，最终还是要汇聚到银行端。在这个阶段，银行没有认识到流量是决定自己存亡的关键因素之一。直到银行在零售领域的支付收单业务被移动支付突破，银行端不再是所有流量的终端，紧接着又出现了“零钱理财”等衍生金融服务，银行忽然发现自己在金融领域的地位并非稳如泰山。

在激烈的互联网竞争中，互联网企业早早地认识到流量将是未来所有商业模式生存的唯一依靠，互联网世界的每个参与者都投入了大量的人力、财力，不断地尝试，希望更准确地对“流量”加以判定、细化和提炼。几十年来，随着移动通信的发展，“流量”的内涵越来越丰富，其定量意义逐渐模糊，而其定性特征则慢慢凸显。人们也开始回溯本源，发现流量的本质其实就是“人”。如何准确地描述一个“人”，成为互联网走向线下世界的一把钥匙，如图 8－3 所示。

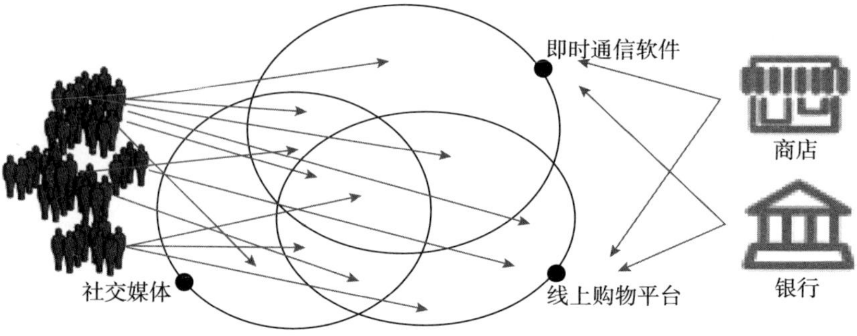

图8－3　线上流量是人的碎片化

“流量等于人”这句话在很多互联网从业者脑海里可能并不存在，但他们都会用自己熟悉的语言进行描述，例如360度视图、客户画像、标签特征、产品体验、精准营销、数据经营，通过日复一日的反复打磨，来证明“流量等于人”。产品打磨的整个过程是将特定的人“碎片化”，分解成一个一个的时机点，从其中找出影响、引导、创造、重现这些看似偶然的时机点的可能，这样的逻辑与思路，快速打造了如今的互联网荣景，与此同时，训练出了对时机点极其敏感、具有狼性的互联网产品经理。随着产品的迭代，市场上每个称职的互联网产品经理，最终都将成长为自己细分领域内的人类行为学专家。他们面对产品的目标用户时，都有着独特且深刻的观察角度，他们追求的终极目标是控制与复制其中的关键时机点，借由时机点复制重现变现模式。这也影响了所有行业，身处时代浪潮中的银行网点也难以置身其外。

“忠实陪伴客户的财富人生”一直是银行的标语之一。随着移动互联网的下沉，客户的财富增长速度加快，客户对金融的需求逐渐超过了银行的能力范围。“市场下沉”和“服务下沉”成为互联网企业崛起时的差异化竞争力。

“降维打击”出自科幻小说《三体》，本意是指将攻击目标所处的空间维度降低，从而将其毁灭。近年来，互联网企业提供给银行网点的解决方案都没有跳出这个概念，互联网企业负责提供网点线上经营亿万流量的

“武器”，快速提升线下网点经营流量的战斗力。我们先抛开此类解决方案是否严格符合科幻小说中的降维定义，互联网企业与银行网点瞄准的目标是一致的，即“人”，因此只要双方利益平衡、投产合算，结合只是早晚的事，再经过互联网的渲染，其很快就会成为网点领域的潮流。过去十年来，电商巨头们因为人口红利的快速衰减，开始逐渐从关注纯线上流量转向 O2O（线上到线下）、OMO（行业平台型商业模式）及产业数字化转型，从线上走向线下甚至扎根线下。在这个过程中，互联网人又有着渲染、引导和创造议题的强大能力，在线上引导线下方面已经取得绝对优势地位。

走到线下的流量

在线上分析复杂个体的商业活动，确定流程中的关键点——“提交”动作及其背后的决策逻辑和影响变量十分重要。通过大数据分析和机器学习，可以为做出相同决策的群体贴上“标签 ”。

大量互联网从业人员，带着经营线上流量的经验以及相应的思考逻辑走向线下，初期他们会遇到两大问题：一是线下提交的定义是什么；二是线下的提交点在哪里。刚开始，所有人都试着把提交的定义极简化，于是“成交”这个提交点很快浮出水面，买单的决策与行为在任何商业活动中都是关键提交点。此后，就出现了大量反推思维创造出的支付场景，各个场景下的体验也随着场景与功能的反复迭代和流程优化而越来越好。

当互联网思维在支付场景中取得一定成绩后，出现了大量从支付倒推出的各式场景，行业间一般喜欢称其为生活场景。时至今日，我们大致可以从支付宝、微信的支付功能菜单里看到其全貌，比如订票、订餐、线上打车、生活缴费等。

在从支付倒推场景被大量定义、重构的时期，市场关注的焦点是“支付”这个提交点前后的场景，目的是借场景触达流量，互联网人开始用线上手段承接线下流量，再进行更细化的分析经营。例如，从用完餐买单这个行为开始向前后推导，刚开始为了提升买单前一步操作的便利性，互联网人将录单出单操作视作提升体验及反推场景的首个关注焦点，其次为了加深买单后的影响力，互联网人将针对用餐的评价、体验当作重要着力点。

随着进入支付环节的企业越来越多，核心的买单服务体验出现了极度的趋同性，后期由于体验再无差异，只剩下规模效应，买单流量开始大量集中到前几大渠道，和体验正式脱钩。在流量归集过程中被淘汰或挤压的企业除了倒闭，只能想方设法地向流量源头挺进，以找到更上游的“拦水点”，借此重新控制线下流量，“开源思维”就成为新的救命稻草。于是这些企业又开始找寻整条决策链上的其他重要决策点，直到这时它们才发现线下世界的各种决策链上都没有现成的“下一页”“下一步”“查询”按键，这些在互联网技术规范中早就限定好的功能按键并不存在，而线下任何一个看似简单的决策也并非发生在一条可定位的决策轴上。因此，当企业尝试用纯粹的线上手段来分析线下单一决策时，难免会陷入左支右绌、“疲于奔命”的困境，所有被分析挑选出来的预测或决策，都变成了十分复杂的过程，难以借由几个变量加以控制。在这个时期，如何正确地定位出值得尝试的决策点与场景，以及更节省成本地规划出有效的试错模式是最核心的问题。其间大量的互联网企业或创业者，前赴后继地在线下各个环节寻找可以突破的空间，尝试通过线上思维具体描绘出线下流量的完整轮廓，其中“金融业务”就是在这个阶段被重点挖掘出来的，成为一个可以发力的主要领域。

金融业务，究其核心，其实并不具有线上线下的属性分别。金融之所以能紧接着“支付”成为“新宠儿”，除了银行业务绝大部分是以无实物的服务形式存在，支付本质上是金融业务的一部分之外，关键是因为金融行业较其他所有行业更早、更彻底地进行了 IT 化。与互联网有着相近“格式”，相同逻辑，类似的标准化、步骤化操作流程，有助于互联网人快速地找出“下一页”“下一步”“查询”“提交”等决策点。互联网的产品思维好像也能在整个过程中找到着力点，迭代打磨的优化模式经过实证也产生了经营效果。一夕之间，各种打着互联网金融旗号的 App 如雨后春笋般地涌现。于是“线下需求线上化”、“线下流量线上服务”的 O2O 模式找到了突破口，P2P、众筹等各种证券化方式也欣欣向荣，而银行网点在这个阶段也开始通过二维码和一些社群通道，把各种各样的产品说明发给客户，引导客户自行阅读，达到提高客户自助占比、降低员工投入的理想状态，这实际上加速促成了线下客户用线上手段来完成整个过程中“成交”决策之前最重要的“信息传递环节”。刚开始为了“业绩数字”归属，网点仍然坚持实际成交动作必须发生在网点的底线，以免真的为手机银行增加转化率而做嫁衣。而后，总行网点管理单位及科技单位，更积极地将线下流量经营中的各个环节往线上搬，顺带提高了网点流量的线上可触达性，也为以后线上完全接手网点客户经营打开了一个入口。银行基于金融交易提供的附加服务如图 8－4 所示。

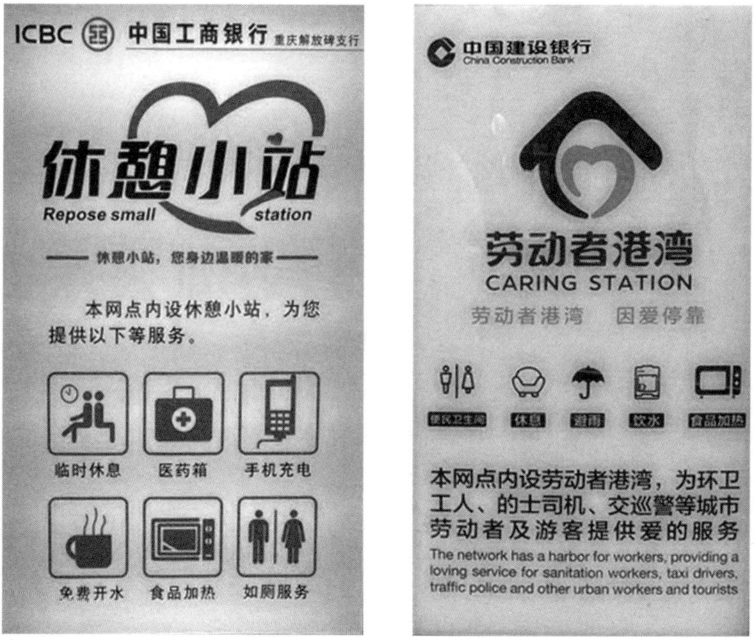

图 8－4　银行基于金融交易提供的附加服务

理性

当所有的商业模式都回到最初的“流量等于人”这个前提假设，线下网点拥有珍贵且丰富的面对客户的经营经验与能力。例如，当网点理财经理面对客户时，可以立即通过自身的肢体语言传递出“我是个服务人员”“我是个金融专家”“我是个有空可以聊天的人”等大量宝贵的信息。同时，面向需求的衔接，这几乎是自然而然发生的。但在线上，手段就变得很单一。一般的线上模式是通过个体自主地搜寻服务端的服务，主动创造触点，因此当线上流量产生需求时，基本都带有“动机明确”且“执行力度强”的特性。即便在互联网社群化如此彻底的今天，人们仍然能非常理性地知道自己是来聊天的，还是来了解商品的。因此“理性”是线上流量和线下流量的第一个差异点，“理性”在金融属性中，又恰好符合“风险与收益互斥”的经济学逻辑，因此我们认为，由于线上流量的决策环境封闭，“理性趋利”是其中最核心、最主要的竞争力。

惯性

由于线上选择成本低，人们养成了无论任何阶段都能“快速中断决策”并重新开始的习惯，甚至把反悔当成理所当然的选项之一。而线下流量具有反悔与选择成本高的自带属性，因此在“成交”这个决策上会进行更全面的考虑。我们常常由于对销售人员的殷勤服务感到不好意思而消费，也常常因为对店家或店员的亲切感而买单，由此可以看出，线下流量依照惯性做决策的比重较线上更高，甚至在众多场景下，惯性常常是最关键的决策因素。惯性其实很难用一个量化标准来描述，线上一般用“黏性”来描述，而线上黏性的维持更多靠“互动体验”、“操作体验”等来维持，这实际上仍然没有摆脱理性的框架。

氛围

氛围则是线下与线上经营的另一个重要差别。经营线上流量的核心模式是通过一关一关的“试错漏斗”摸索出最高概率的走向成交的路。由于线上流量规模相对大，有效地控制试错所造成的“全局影响”是最重要的，尤其当具体成交标的被绑定成唯一的衡量标准时。但线下并非如此，线下流量的经营其实更多是建立信任感的缓慢过程，从不信任到信任的这个过程充满了各种随机性及偶然性，成本高、投入大，但一旦进入“信任区”，成交标的本身就会变得模糊，被一种纯粹的“销售氛围”所笼罩，交叉营销、重复销售及团体营销都是可以预期的。“氛围”的影响程度呈阶梯式的上升趋势，一旦上了台阶就不容易因为“非致命”错误而倒退。迎向流量的氛围场景如图 8 –5 所示。

图 8 –5　迎向流量的氛围场景

资料来源：京东数字科技控股有限公司。

在线上流量与线下流量活跃的这个时代，我们试着通过理性、惯性、氛围这三个比较少被提到的维度来找出线上与线下之间的差别，也尝试用这三个维度来证明即便是同一个人，在线上场景与线下场景中做出相同的决策，其实也是有根本差别的，我们必须采用不一样的经营思维，如果只是简单地把线上经营思维“搬”到线下，那么是无法达到理想效果的。

当我们重新聚焦银行网点所辖的线下流量，我们也从理性、惯性、氛围这三个维度来剖析。首先，目前到银行网点办理业务的基于单一需求的“刚需流量”越来越少，绝大部分客户使用手机银行提供的便利服务。理性分析的关键点是前置到客户的“出门决策”，而不是银行网点所能提供的服务有多少吸引力。攒了一堆需求才做出出门决策的客户，其实就是贴了“一站满足”这个标签的线下流量，我们得用满足足够多的需求的服务来覆盖这样的客户，回应客户这个具体决策所付出的综合成本，而这些需求其实远远超过网点所能提供的服务。客户众多复杂的考量因素逐渐模糊了网点服务的比重，导致现行网点所提供的“利”，其实不应该限于提供“线下购买”金融产品的“利”，网点应该具备的吸引力更不应仅限于金融产品的“让利”，网点是否能提供更大比例的“综合服务”，决定了其是否能更有效地去迎合“一站满足”型流量的胃口。银行网点网红直播场景如图 8－6 所示。

图 8－6　银行网点网红直播场景

资料来源：京东数字科技控股有限公司。

客户经常进入同一个网点，一定有其背后的惯性，原因需要被深入挖掘，只是这样的挖掘常常难以量化，比如，“这个网点有与我特别谈得来的工作人员”，“到这个网点借个厕所不需要很尴尬地路过一堆在大堂排队的人”等。其中有各种因素需要分析，最容易分析的是网点内外物理配置及地理位置是否存在一定的"惯性可能"，从这两点出发去判断其对线下流量的影响力似乎更可行。

关于前两点的分析和投入，对一个网点而言等同于互联网的"获客环节"。至于客户黏性，在线下则得靠氛围才能维持，简单剖析如下："待着舒服的亲切感""可以畅所欲言的安全感""愿意交付身家的信任感"等。

要发现线下流量的心理台阶，不是一朝一夕的事件，并且这才是未来银行网点的核心竞争力。那么这些能力从何而来呢？其实每一家银行网点都在凭借十几年累积的影响力生存着，无须外求，只差优化，差的只是如何全力找出利用互联网的新做法或更有效率的新渠道，来降低氛围营造的成本及提高氛围影响的范围。面对关于互联网或新科技的选择，不应该只关注获客端的噱头、亮点，更重要的是还要锁定交互过程中的温度与感受，接受取代线下的"科技自助流程"模式。

网点氛围究竟该精英化还是大众化

从精英化到大众化

银行业最开始其实就是纯服务型产业，是一个通过严格挑选客户提供纯定制化服务以赚取大额专业服务费用的行业。一直到近代，由于金融被定义为一种人民生活的必需服务，银行开始无差别地向所有人提供存、放、汇三大业务，演进的过程还包括银行大范围的 IT 化，以及追求固定成本下降的"推波助澜"。但这同时也带来了一个副作用，即银行逐步失去了提供定制化服务的能力，原本靠专业金融服务获得收入的商业模式，被迫从根本上发生改变，从仅关注单一客户的满意度变成重视整个客群的资产管理规模，甚至更看重全流量的月活跃用户数。这个改变不仅仅是将重点从点扩展到面的过程，也是从差异化逐渐走向标准化的过程，原先创造收入的服务本身变得越来越没有吸引力，而靠服务取得的收益反而成为所有客户愿意买单的标的，从实际操作面来看，原本的高阶服务通过标准化下沉成为首要的创收方式，而过程中的IT化则成为节流的唯一选择。

银行网点在这波浪潮下，经历了很多的变化与调整。我们首先探讨的是网点环境与网点员工间的“貌合神离”，银行网点明亮的大堂、宽敞的客户等待区、封闭加固的现金柜窗口、贴满警示标语的玻璃门窗，以及穿着制服的保安，成为网点第一个迎向客户的触点。前述类似的模式基本上是如今大量银行网点的常态，从空间环境来看，基于相对封闭的门禁设计、叫号分流到自助设备区的死板规则、排排坐的集中等待区、一对多的服务窗口配置及训练有素的进门至离开的行动线规划（见图8－7），其实银行网点的装修设计已将空间环境塑造成俯视客户的“严肃机构”形式，好像只有这样的空间设计才能有效区分一般客户区与财富客户区以及私人银行区的差异，空间环境不同，服务模式也不同。

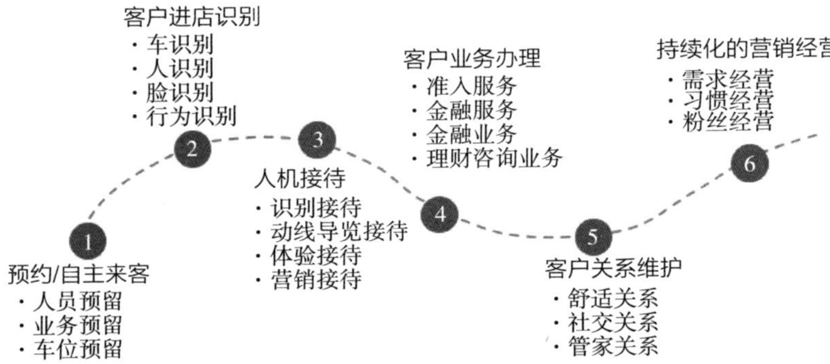

图8－7　网点客户经营动线示例

“以客户为中心”“零售转型”“进击蓝海”“客户体验优先”代表了网点零售化的核心价值观，中国的银行无一不希望自20年对公业务的荣景顺畅转向下一个零售为王的荣景中，这基本符合全球银行业的转型节奏。从“对公打底、零售加分”，到“零售称王、小行翻身”，中国银行业与外国银行业都朝零售业务转型，其中最大的差异在于零售化的实现路径截然不同。由于外国银行业零售转型较早，转型过程没有“搭上”移动互联网及移动智能设备发展的大潮流，因此外国的银行业遵循着传统银行业自上而下、由微渐著的思路，在不伤“身”的前提下，再考虑转型的效果，可以说是温火慢炖式的转型。而中国银行业则不然，由于有无现金支付、P2P、直销银行等创新热点的加持，中国银行业基本上是将零售当成特效药一剂一剂地吞下，将零售转型视为一场自IT发起，又重归IT的银行业嘉年华，在各级银行内部直接引爆对传统模式的全维度挑战，身处其中的各级银行员工感到最困惑的就是“以客户为中心的零售转型”难道是要我们为了客户服务而“不计成本”吗？

银行网点自设立至今一直以高净值客户为主要服务对象，“分人分区”的服务理念长期以来也是网点标准的客户服务模式。前台人员致力于高价值客户的留存与识别，大堂经理、理财经理遵循着精准分辨精英客户的操作守则工作，一旦准确识别后，就可以提供实质性的过程服务。但随着银行“以客户为中心”的理念及各项指标的逐步影响，网点服务各级客户时似乎已经不能差别对待，要一视同仁。于是，网点人员的精力与分摊时间成为稀缺资源，更严重的是，任何客户的一个“鸡毛蒜皮”式的投诉，都会使网点人员被扣上一顶未以客户为中心的帽子。对于这样的困局，网点经历、抵抗、平衡了数年，一直到“零售转型就是客户App化”这个更极端的论点出现之后，银行的IT或网络金融部门在“互联网路线与零售资源分配”之争中胜出，依靠这个论点及合作边界与网点经营部门达成的表面和解，网络金融部门发现其实可以把银行网点与拓客人员简化成互联网世界中人们熟悉的一个“入口页面”，而不赋予网点其他关于客户经营的想象，一切以流量待之，客户经营的世界变得单纯，划出了线上与线下分道扬镳的路径，唯一该有的是连接线下的各个单项任务，如开卡、注册激活App、一户多开、远程视频等。

当总行开始将单项任务对应的指标大量下发，银行正式将网点定义为客户生命周期中的第一个触点，甚至一次性触点，网点员工随即成为线上与线下之间最后一公里的“无脑工具”，自此网点氛围也正式走向大众化。以客户为中心的新网点配置如图8－8所示。

图8-8　以客户为中心的新网点配置

两种模式下服务的本质差异

大众化思维下，银行网点的经营逻辑必然是以不降低服务质量为前提的，用最少的投入经营最多的客户，银行网点可以参考其他行业降低人力成本的成功模式或引进特殊的技术工具来达成经营目的。随着客户 App 化，网点来客数量越来越少，网点提供的金融服务越来越前置，网点资源闲置成为常态。同时闲置的还有网点客户经理，在某些场景下，这令人意想不到地促成了“精英服务降维打击大众”的插曲的出现，而这样的插曲更助长了经营蓝海假象的出现。

网点转型前后的服务差异大致如下：

坐等服务与迎客服务

网点人员开始转变为一支以接触客户为目的的队伍，精英服务的关键是发现及预测客户需求并主动提供服务，“从被动化为主动”是第一个被提出来的关键点。在这个阶段，大量泛客户识别的新科技被引入网点。

关注服务结果与关注服务过程

在精英式服务中，除了要把事办成外，网点员工还希望在客户心目中留下专业、高效、体贴的印象，只是当使用“降维”服务，遭遇自身未预料到的庞大服务量后，各家网点改用“先求有、再求好”的思维，选择用科技手段先去实现“专业、高效”。于是各式各样的自助开户机、自助业务办理机、自助查询机等纷纷出现。

“敲一笔”与“渗透一辈子”

面对精英客户，网点营销本质上是一个包覆客户的过程，精心设计的首次接触，帮客户解决第一笔交易的细节问题，协助客户处理可能没有明文详载在自己职责范围内的事务，想客户所想、念客户所念，让客户把自己的人生、家庭财富都托付给本网点。面对这个问题，大量网点都选择实操性考量下的“周期式集中操作”，用时间表来计算自己定义的精英客户们的每笔存贷款，如一月开门红、二月红包乐、三月学费贷、五一出游贷等，用原本只有精英客户能享受的产品收益，以及限时限量的紧迫感，让其他客户买单，而忘了一次性完成销售指标的目的以及通过产品收益引导客户自助操作的投资习惯。这恰好与“覆盖渗透精英客户，建立不可取代价值”的理念背道而驰。

对于银行网点氛围究竟该精英化还是大众化，并没有标准的答案，重要的是要确保走向高端服务氛围时不要变成“四不像”，定义成大众化基调时避免变成“半吊子”。通常，导致这些极端结果的，往往并不是一开始的定调问题，而是操作过程失去了控制，尤其在所有人的思维都还没转过来的前期，必须要完全排除怀疑心理，逆着过去的习惯放弃以前能得到的价值，扛着压力有序推进，并且还得边改边学，及时发现问题并及时调整，如此才能确保氛围不偏离，不产生反效果。

实现网点加互联网的 OMO 华丽转身

互联网渠道与银行网点，从前面两部分的描述来看似乎存在相当明显的矛盾，互联网渠道对网点服务及流量的逐步侵蚀，几乎“革了传统网点的命”。尤其自 2019 年上半年开始，手机银行接管实体银行流量的拐点正式浮现，引发线下网点流量急冻，即使是原本靠独有政策维持数十年流量的国有大行网点，每个营业日现金柜叫号量也都不足原先的 1/6。流量的急冻显示出传统网点若再不加速搜寻出路，恐将无以为继。但对于导致这一局面的究竟是银行网点真的没有价值了，还是网点经营思路并未跟上时代发展，至今都没有统一的认识。

在网点面对互联网渠道的挑战的情况下，极端的“客户 App 化”其实是希望银行网点成为一个工具，成为客户经营的入口。一个因为众多银行业务法规而不得不存在的环节，最终也将逐渐随着监管法规的“松绑”而退出经营舞台。集中、高效、标准化的经营思维更符合如今各行各业客群的胃口，而脸对脸式的经营，被各家银行挂上了低效、难管理、落伍的标签，取而代之的是社群影响、数据化精准投放。

数据建模能力和线上渠道触点建设能力成为各家银行投入最大的核心竞争力，将 400 多年来靠制度、组织、绩效、金融专业逐步支撑起的银行体系，进行数字化翻新。而在这个数字时代下，网点是借此焕发新生，还是随着涨潮而被淹没呢?

数字化转型的“三化”

回归数字化转型的本质，数字化转型是由信息数字化、流程数字化、业务数字化三部分组成的（如图 8－9 所示）。数字化转型的整体进程则是逐步将上述三部分，从分散在各种媒介（人、纸本、规则、合同、习惯）上的碎片，搜集、重新整理、集中放到单一媒介——互联网服务器上，紧接着在集中过程中开始优化，突破一些以前不敢想、想不到、被框定或受限制的边界。

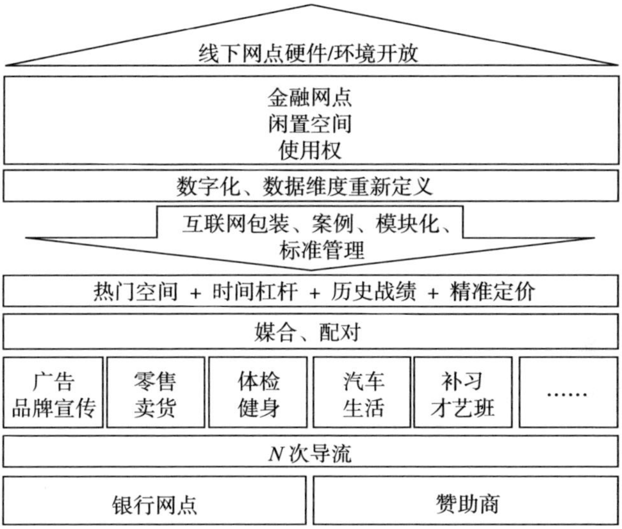

图8-9　网点信息数字化、流程数字化、业务数字化模式

信息数字化

当我们聚焦网点信息时，可以发现网点仍然处于信息数字化转型的初期阶段，信息通透和及时是各个银行 IT 部门持续关注的重点。过去 20 年的数字化发展着重于“绩效维度的信息传播”，这直接导致了其成为一个自上而下的建设过程，形成总行到分行、到支行、到网点的直线单向连接，但实际上也弱化了网点本身的信息数字化转型需求。因此，网点当下决策所需的信息仍然远远不足，尤其是分散在网点内大量有价值的信息都尚未被集中到统一的媒介上。研究网点信息的特征可以发现，一线经营信息主要以流水样式的原始数据存在，管理者或决策者依据经验法则形成当下的最优应对措施。这些措施常常“时效性要求高”“没有绝对的对错”“影响范围可控”，所以在网点信息数字化转型的过程中，更应关注的反而是“记录”和“易读”。“记录”是指把场景内发生的一切事忠实地记

录下来，并在需要的时候予以重现，目的则是希望辅助网点回溯当时做出经营决策的背景，来对下一个决策提供支撑，而不是只检讨已经做过的决策。“易读”则是指用最直接、最有效率、最接近真实体验的方式呈现，尽可能让一线决策者实时定位到原始信息中最有影响力的部分，其背后是在训练经营者与执行者的反应力，因此这个阶段“可视化程度的高低”、“与决策流程融合的程度”成为实现、验证与评价“易读”的首要依据。

流程数字化

金融业务依赖于电脑化、IT 化及相关流程法规和内规的完备，大量的业务早已流程化、标准化和系统化。其中，银行核心业务流程更是经历了多次甚至 10 次以上的优化。因此，银行业在流程数字化的程度上可谓数一数二，即使单看末端网点，数字化流程基本上也相当完善。但是由于流程操作设备的发展速度近十年来远远超过了流程优化的速度，流程数字化仍然是银行数字化转型过程中投入最大的一部分。从严格意义上来看，网点流程数字化转型的重点是承载渠道的优化或新增，以及随着渠道翻新所拓展的新触点，其中包括原本因为技术、设备等种种限制而无法覆盖的各个环节。然而，随着移动设备运算能力的进步，现在能轻易地用各种渠道无时无刻地包围合作伙伴及客户。对此，各家银行的 IT 部门在网点内外，都非常热衷于触点与角色的拓展，不断找出各种维度的触点。一旦找到触点，它们就像“掠食者”般将其包围，用各种数字化工具对其进行反复分析、审视和重构，在排除整个业界大量误判情势的无价值投入后，其中少量被探索出存在价值的部分，也正式成为影响或推进经营的标配工具。从 2019 年开始，随着竞争更加激烈，各大行及互联网巨头们都推出了网点营销数字化平台等相对成熟的方案。

业务数字化

经历了信息数字化、流程数字化后，针对业务整体的转型，也在逐步演进。当信息的实时性及易读性被保障后，丰富的流程触点形成经营闭环，业务的“血管”、“神经”及“五官感受”完全被数字化手段打通，环顾全身就只剩下仍然以原有转速运转的“大脑”与“反射系统”。存在如此“手脑不一”的状况，自然常常会引发“贫血晕眩”、“反应迟缓”的感觉，而传统网点业务的商业模式该如何借着互联网进化，以及是否能被颠覆并创造更多价值，也恰好是这个“手脑”协调过程中业务数字化在探寻的核心方向。业务数字化转型的线下进程，依照演化顺序大致可以分为三种：

- Online（线上）：线上渠道复制线下提供的服务，两边同时提供服务，目的在于帮助线下缓解办理量过大、成本过高的压力，这个阶段基本上是从线下简单且量大的服务开始做，如查询清单、线上转账、修改密码、ATM 提现等，在实现过程中基本采用平行模式，即便有线上线下少量的“前后手”交互，这个阶段的线下渠道也仍然保持“靠自己就能执行所有业务”的完整性。
- O2O：当网点的简单服务都能在网上银行或手机银行实现后，银行的所有线上渠道似乎遇到了“接下来该做什么”的问题。其中一个方向是，在复杂交易里做更深、更广的复制，但是法规和内部控制的要求让这条路越来越窄，另一个方向则是用效益及成本为立论依据，在网点里逐步将已经被复制的交易撤退，让双方实现边界清晰的“各司其职”。在“降本增效”的前提下，网点除了线下面对面获客这一难以量化的优势外，存在的价值似乎就剩下树立品牌形象，帮手机银行签约导流，连接风险测评及现场验证身份证件的功能了。在这个模式下，网点为了“转型大局”应该做的就是，负责在线下往线上导流的过程中“扫平障碍”。
- OMO：当网点成为简单入口，专职成为线下转线上的“手”，这个“火种”就“点燃”了银行界且形成燎原之势，同时被从线下导向线上的流量的“含金量”与“贡献度”开始逐步被拉出来讨论。本质上，互联网渠道之所以有优势，仍然是因为“无差别的经营”，即便是运用数据模型及AI等新科技，以目前的技术水平也无法实现千人千面，因此以“影响量”为核心依据的决策模式仍然未被撼动。追求分母的极大和“漏斗式”的效率，借以展现集中、标准价值最大化的能力，换句话说就是，手机银行基本上严格依照“账户余额”经营。实际上，在客户开卡后，就必须以“由账户先证明自己价值”的逻辑开始运作，而这种逻辑恰好是高净值客户经营的盲区，其中一个关键的核心原因是，个别银行看到的仅仅是客户在本行的一个账户的余额，而不是这个“人”。若我们以银行业习惯上定义的“客户结构”假设来看，银行的客户分级大致上呈“金字塔形”，越往金字塔顶端，存在金融需求及具备相应金融能力的人越少，而越往金字塔底部则越多，具体如图8－10所示。

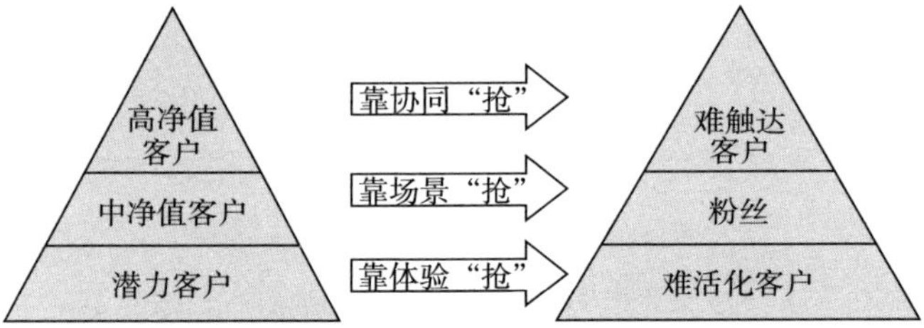

图8－10　银行流量特征的互联网定义转换

然而，单一银行往往有大量的低余额、不活跃的账户，这些账户背后都有可能是一个金字塔顶端的客户。在“信息不匹配”与“大量数据缺损”的情况下，那些能显示越多信息的账户，可以分到越多的经营资源，相对而言，越愿意透露信息的账户，实际上被经营的“潜在价值”是越低的。如此的逻辑谬论影响着所有银行的经营思路，在实务上，个别银行的价值客户的分布，反而是“沙漏形”的，沙漏形分布是指个别银行的所有银行账户对“银行服务”有需求及毫无需求背后的客户实际价值，呈两极化分布。

高净值客群聚集，沉默客群也聚集，面对这样的分布，银行网点的经营思路应该是摒弃账户数字，创造流量活化手段，拿“活跃度”当筛子，目的是让在底部被砂石掩盖的“钻石”“白金”“黄金”被淘洗出来，这才是银行客户经营最关键的能力。若直接将这部分工作与“流量被无差别地导向线上”合二为一，则恰好与目标是背道而驰的，这部分更有针对性的做法则是网点存在数十年甚至数百年所一直坚守的“小火慢炖”式经营。另外，即使能将高潜力客户筛出来，之后还得用产出与投入完全不成比例的各种方法，才能将这些“高潜力客户”升级为“高贡献度客户”，银行才能成为“账户余额为0元的有钱人”的财富主管行。唯有突破客户信任的拐点，才能获得井喷式的回报，而这一系列细致的进程，过去基本上完全由线下网点负责。过去虽然有些环节的效率不高，有些过程不够科学，必须引进一些互联网式、社群式的新科技手段，但也只是降低“淘洗”的难度及加快升级的速度。在这种情况下，如果过程中不能找出一个关键的衡量标准，网点之后肯定会面临手足无措的困境。而究竟什么是OMO模式合理的衡量标准呢？其实只要摒除线上线下相互抢流量的“零和思路”，要求必须在业务上达到实际增量的“加成效益”，就能真正做到数字化转型。

如何扭转银行网点困局

银行网点继续依照传统模式运作还能创造高价值的可能性已经越来越低，转型成为必然，而选择粗暴的“一刀切”式的减法转型，依照过去数年直销银行所得到的教训，将会导致各级客户忠诚度的快速下降，动摇零售银行的根本，而且流量会被各式各样的互联网金融公司“蚕食”。

以下提供三个建议来扭转目前银行网点的困局。

站高一层看需求的跨行业合作

从流量需求的本质出发，动机上的两极化将越来越清楚，单一目的及明确预期的“理性流量”走向线上已是不可逆的趋势，而复合目的及模糊预期的“惯性流量”则集中到线下，而每一个人还都能在不同的决策点选择成为“理性流量”、“惯性流量”，还是“同时兼具的流量”。智能手机线上业务为选择线下入口提供了便利，因此“替线下场景服务的线上工具”就起到了提高每个人的决策量与决策密度的作用，当决策量变大时，背后带来消费力的倍增，就实际展示了“OMO 增量市场”的基础架构。实际落地去满足“复合”需求的做法则是采用“线下开放银行”思维，当银行 IT 部门抛弃了传统边界清楚的系统架构，争先恐后地外接内联，退到后端成为被全行业组合的单一能力时，网点在面对指标或传统经营时，也应该进行一定程度的退后及包装。忠实地面对客户在网点以外的综合需求，然后试着用网点来满足，实现路径可以从本章最前面所提到的出门决策背后的各种需求开始衍生，从购物逛街、停车洗车、访友社交等中找到连接点，当在一个空间能精准地捕捉并满足其多个需求时，线下流量增多的可能性就大增，当流量“丰沛”时，网点传统的脸对脸式的经营模式的强大能力也才有用武之地。持续经营则取决于合作的深入程度，快速构建与各行各业间的紧密异业结盟，成为新零售银行网点经营能力的证明。新零售银行网点经营能力并非体现在“交易线上化”及“远程集中化”的产品和服务说明上。与互联网结合的跨行业合作如图 8－11 所示。

立足现场做管理的实时可视化

在互联网世界，所有经营者都希望自己是“绝对一线”，在面对自己的“一亩三分地”时，一定会“精耕细作”，对哪里有颗“小石头”都得了然于胸，因此对下一毫秒信息的掌控力就成为抢占流量的关键。线下网点也是如此，伸出足够多的“触手”，是一线经营决策正确的基本条件，网点传统经营信息的维度单一，唯有引进新的客群视角才能丰富对周边的掌控力度。如果想要经营有潜力的年轻人市场，就应该从年轻人的视角出发，并实际由年轻人接手经营。一线经营信息对传递“效率”的要求必须远大于对“完整性及准确性”的要求，把“任何经营反应都远优

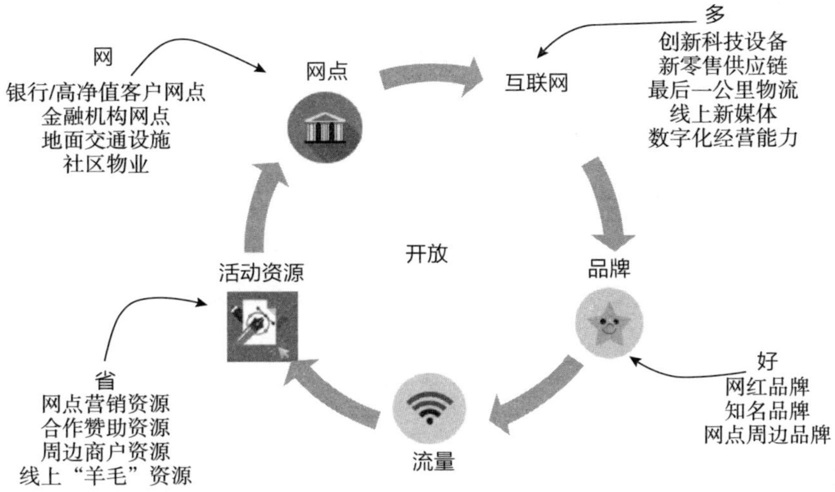

图8－11　与互联网结合的跨行业合作

于无反应”当成唯一准则，相信一切错误的经营措施都会有“补救营销”。其中，成功的错误补救，能带来的好处超过原本的效益已成为常态，这个过程将考验新一代网点经营者的信息消化能力和事件反应能力，而对于这两种能力，目前没有系统、模型、标签能帮上忙，即便在互联网世界，也主要是靠人，既然如此，难道我们就什么都不用做了吗？当然不是，具备极致的“可视化工具”能在决策过程占得先机，这也应该是现阶段网点数字化转型的核心，网点经营变量多，绝不是靠数据模型分析就能完成的，而是靠“人”的转化能力。把信息“烹调”得容易入口，一眼就能看清整个局面，才是在一堆同质化网点中脱颖而出的关键。

跨网点边界牵手的去中心覆盖

协同是目前商业环境中成功的必要因素，不仅是简单的前后手协同，也不仅是“有你无我”的零和游戏。重要的是，网点如何与互联网企业实现线上线下牵手，一起去除虚拟与现实之间的边界；网点如何应用AR、VR、直播、5G等技术实现跨空间、时间的牵手，去除物理距离；网点如何结合各行业的能力共同提供服务，实现跨行业的互助，去除商业模式下的经营边界。更重要的是，网点如何实现与银行同业间的横向牵手；网点如何试着与目前还不规范甚至还存在乱象的社会推广力量牵手；网点如何与管理制度难以触达的私域流量、社区组织的供销活动牵手；网点如何借由互联网与自己所属银行的全区、全市、全省、全国甚至全球分支行牵手，降低客户经营生命周期中转手过程的“磨合损耗”及时间成本，绘制客户足迹概念以串起主办行群，用以取代各种形式下的单一主办行壁垒；网点如何借助自发性的“多网点合作”的“网状”活动，用地理位置带来的影响力覆盖客群，实现网点与周边流量牵手，最终实现网点与周边各品牌银行间的结合，把客户真正当成一切经营的核心，承认并面对客户有多银行需求的现实，转变为线下银行“商店街”的模式，将客户牢牢地绑在这个街区，绑在自己的辐射范围内，这样的模式在可预见的未来将远比只绑在自己银行账号上更有意义。

实现“网点加互联网的 OMO 华丽转身”是非常务实的转型方向，目的是取代固守思路，将互联网企业一步一步“实践”出来的流量理念及开放思路，融入网点现存的经营优势中，形成多赢的局面，践行“管理促成业务”“认知改变决策”“创意突破边界”“增量取代存量”的四个理念，具体融入网点经营的各个环节。唯有由内而外的理念转型，才能摆脱过去常见的“设备堆叠”“换汤不换药”“表面功夫”三大误区，谨慎细致地选择每一个转型行为，所有的效果都必须兼顾整体价值，借此稳步实现线上线下的开放融合，用扎实、前沿的超前思路引出未来银行网点新的存在意义。

第九章　银行数字化营销升级

十年前，我们从未想象过出门可以不带现金或者银行卡，银行网点与我们每个人的生活息息相关。近年来随着金融科技的发展，从过去只能通过银行网点获取金融服务，到现在通过数字化渠道获取金融服务，我们经历了从银行1.0时代到4.0时代的变更。①

得益于科技的发展，银行从1.0时代逐渐演变到4.0时代，传统的银行业务模式面临如下挑战：

- 银行以网点驱动业务的模式开始失灵。在传统销售模式中，银行主要通过在人流聚集的位置开设网点来吸引客户办理开户或其他金融业务；依靠代发工资模式，对企事业单位等进行业务承揽。现如今，银行业竞争异常激烈，每条街道的网点已接近饱和，人口红利越来越少。
- 银行在开拓线上业务时面临渠道贵、获客难的问题。由于线下流量逐渐枯竭，银行需要挖掘线上流量，增加网络曝光度，投放广告，运营掌上银行。各家银行争先开发自己的App，打造线上银行，同时增加激励品发放，建立积分商城体系。但是，近年来公域流量的获客成本剧增，几百元的投入都难以获得一名优质客户。此外，激励品发放大同小异，缺乏针对性，用户兴趣不足。

① 布莱特·金. 银行4.0［M］. 广州：广东经济出版社.

面对传统业务模式失灵的状况，银行需要做出全新调整，以客户为中心，一切围绕客户的刚需出发，部署新的营销战略：

- 通过细分场景进行客群运营，再造获客蓝海。银行需要重新调整营销策略，要真正地回归本质，以客户为中心，打造场景化的客群运营。通过划分区域，在小范围内形成垄断，使它重新变成蓝海。基于客户的自然属性、资产量、地域、性别年龄、收入水平、兴趣爱好等维度，结合购物、出行、医疗、教育、娱乐等场景划分相应客群，并针对细分客群进行差异化营销。细分客群的颗粒度越小，场景运营的质量越高，对于每个市场的运营就越精密，运营管理水平就越高，银行的垄断能力就越强。
- 开展 $1+N$ 数字化营销战略。如何实现差异化客群运营？银行需要在有效的客群划分基础上整合自己的服务和产品、特定的权益奖励以及本地化的商务拓展资源等优势，精准触达客户，同时做到每位客户打开的手机页面与其他人的不同，实现千人千面，做到传播有网感、营销有温度。

为实现上述目标，银行数字化营销升级需要一套营销中台和若干场景运营服务支持，即 $1+N$ 战略。银行需要一套营销中台来打造基础设施，解决数据互通等基础问题，同时切割若干场景，实现陪伴式精细化运营，然后在若干场景里批量地开展数字化营销活动。

“1”——营销中台能做什么

营销中台解决银行以客户为中心进行数字化营销的基本问题，一套营销中台包含内容创意中台、数据支撑中台、客户管理中台以及营销自动化中台等模块。内容创意中台解决营销内容的大规模生产问题，银行能够快速生成批量的活动页面和活动场景；数据支撑中台解决数字化留存问题，抓取和记录客户的点击浏览行为和传播行为；客户管理中台解决客户信息的分组和标签问题，对客户信息进行管理，绘制客户画像；营销自动化中台解决自动对客户进行二次触达的差异化营销问题。

“N”——若干场景运营服务支持又能做什么

当我们开始全面深入各细分客群并开展场景化运营时，“N”首先可以解决如何细分客群的问题，例如，通过年龄、地域、行为偏好、网络活跃度等维度的分解和组合进行客群细分。然后，将细分出来的颗粒客群与他们所属的诸多场景搭配，如衣食住行、教育、医疗、养老等，辅以银行特色资源优势，展开更具差异性、更贴合客户需求的场景营销。

金融行业营销数字化的基本方法论

行业变化概论

随着银行4.0时代的到来，银行网点的营销思路也逐渐发生了变化。营销的本质是做传播“爆款”，传播“爆款”是指能激发消费者的购买欲望以及使消费者自发地向身边的人推介的产品，这类产品具有传播生命力和传播价值。产品是否具有传播生命力和传播价值，是由两部分决定的，即内在价值和附加价值，如图9－1所示。[①]

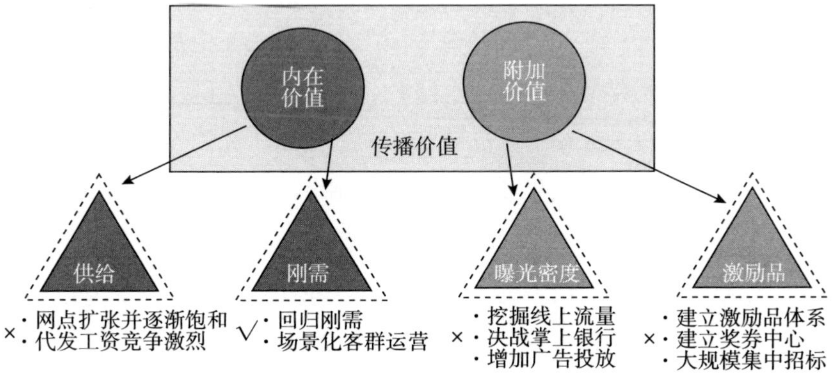

图9－1　内在价值与附加价值

① 本章图表除具体标注的，均来源于深圳兔展智能科技有限公司。

对于银行业而言，内在价值是指金融的天然属性，比如与我们每个人相关的代发工资的需求、存钱的需求、借贷的需求、消费分期的需求、住房抵押贷款的需求，以及办理信用卡的需求等。附加价值主要是金融机构增加自身曝光密度和增加营销激励品。

银行业的本质是牌照经济，在过去的20年里，银行业飞速发展主要是因为消费者的大量需求没有被全部满足，因此银行扩张主要靠网点扩张。而时至今日，我们发现核心商圈的优质地段都已经被多家银行网点占据，银行网点依靠自然流量发展的红利已经逐渐消失。

在消费者内在刚需不变的情况下，银行的供给严重过剩，进一步加剧了银行业的竞争。

据艾瑞研究院的数据统计，中国银行和招商银行的网点数量自2017年开始均出现了负增长，同时主动裁撤网点的银行增多，进一步证明了依靠线下网点驱动业务转化的模式已经过去。

因此，自2016年开始，银行选择在附加价值端进行补充，转向曝光渠道和激励品两大“战场”。由于线下流量枯竭，银行需要挖掘线上流量，增加线上的曝光密度，开发和运营自己的掌上银行。各家银行纷纷提出“决战掌上银行”，发展自己的App，扩展线上流量，再造第二个线上银行。

与此同时，银行不断大规模地增加广告投放，无论是通过百家号、头部号、个人号，还是通过其他线上路径，包括PC端和移动端，目的都是增加曝光密度，提升大众对于品牌的认知。然而，我们发现最近几年线上的流量成本急速上升，三年前在今日头条刚被推出来的时候，通过头条号获取一个金融客户的成本是30～40元，而现在通过头条号获客开借记卡已基本不可能，而开信用卡的成本则要300元起。此外，在增加营销激励品方面，各银行纷纷建立从总行到分行的激励品体系和积分商城体系，激励品包括苹果手机、电影票、餐饮券、游戏券等。银行甚至进行大规模的招标，招标金额往往为5 000万～1亿元。然而，当银行在线上广告投放和激励品刺激上的“营销大战”打完之后，我们发现粗糙投放的成本极其高昂，而且新获取的客户“质量”较差，消费者对于大同小异且没有针对性的激励品已经失去感知力，普遍兴趣不足，银行营销的收效甚微。

如今银行进行营销升级，增加曝光密度和激励品的营销方式已经出现边际效应递减。银行需要重新回归刚需。供给太多导致竞争过于激烈，但是如果我们可以“切割”出来一个区域，在这个小的区域内，只有一两家银行能够参与竞争，那么银行就能重回蓝海。

鉴于增加曝光密度和激励品的成本已经很高，银行需要重新调整营销策略，要真正地回归本质，做场景化客群运营。通过划分一个小的区域，在小范围之内形成小规模的垄断或者寡头垄断，使这个区域变成蓝海，同时在这个区域提升自己的服务质量，优化客户体验，回归刚需的本质。

从 2019 年开始，银行业发生了变化，回归本质，开始做场景化客群运营，并进行数字化营销升级。

场景化客群运营

当我们提到场景化客群运营时，脑海中会想出什么场景？多少个场景？什么客群？多少个客群？也许我们能即刻列举几个常见的场景和客群，比如衣食住行场景、医疗场景、养老场景、教育场景等，比如老年客群、中年客群、青年客群等。但我们可以列举出成千上万个场景化客群吗？

我们可以通过分类实现（见图 9－2）。首先通过自然属性进行分类，按照资产量不同，客群可以分为高净值客群、一般净值客群和低净值客群；按照地域不同，客群可以分为一线城市客群、二线城市客群、三线城市客群、城乡接合部客群、小镇客群等；按照性别不同，客户可以分为男性客群和女性客群；按照年龄不同，客户可以分为老年客群、中年客群、青年客群和少年客群，而老年客群还可以进一步细分为早期老年客群、中期老年客群和晚期老年客群。

其次，我们可以定义一些客群，比如按照职业划分为医生、教师、司

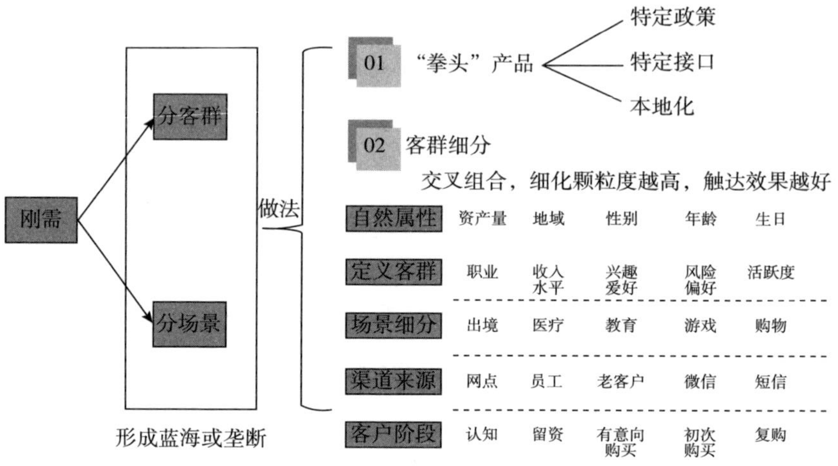

图 9-2　场景化客群分类

机、科学家等，还可以按照收入水平、兴趣爱好、风险偏好以及活跃度等进行定义。

再次，我们可以结合银行自身的特色业务进行场景化客群划分，比如，中国银行是全国最大的换汇银行，那么中国银行划分出跨境场景客群进行营销就具备天然优势。细分场景包括持卡出境场景、医疗支付场景、教育场景、购物场景、娱乐场景等。银行可以结合自身的拳头产品和激励品储备，更加有效地进行场景化客群细分。

最后，银行可以按照客户渠道来源进行客群划分，客户渠道来源包括网点签约、员工开发、老客户推介、微信渠道、短信渠道等。按照客户阶段的不同进行划分，可以分为初次认知客户、留下个人资料客户、有意向购买客户、初次购买客户、复购客户、活跃客户等。

通过简单的几组分类，我们可以得出 5^5 种场景化客群组合，从而就会有几千种场景。银行对每个市场的划分越细，对每个场景的经营越精细，运营管理水平就会越高。

我们举一个简单的例子，一个来自二线城市做 IT 工作的男子，既是一位汽车爱好者，又是一位正在上小学的孩子的父亲，那么针对这位客户，在其子女上学的教育场景内，银行要为他提供哪种金融套餐，配合什么样的差异化权益，来鼓励他使用本行的金融服务，同时增强他的黏性呢？对于这样的客户，银行可以送一些与小孩相关或者与汽车相关的激励品，同时将银行在其所在地的商务拓展（BD）资源进行有效整合，当他打开手机 App 的时候，其页面展示和其他人的会有所不同，这就是客户运营，银行所做的每一个动作都是针对他而设计的。

银行需要结合自己的拳头产品、特定的权益奖励、本地化的商务拓展资源等优势，进行有效的客户分类，分类组合就是银行对于场景的细分，以实现千人千面的服务。在逻辑上会有很多种细分场景化客群，银行需要规模化地去验证哪些市场有效，进行规模化的 A/B 测试，于是银行就会面临许多问题：

- 多页面的内容如何制作？
- 自动的数据采集能否实现？
- 基于数据，批量进行客户分组能否实现？
- 基于客户分组，差异化推送能否实现？
- 以上工作仅靠手工如何完成？
- 以上工作如何动态完成？
- 以上工作能否追溯？

第一，假设有几千个场景需要应对，那么如何快速生成几千个活动页面？一张张地进行内容制作不太现实，那么就需要一个创意众包平台，以解决内容的大规模生产问题。

第二，假设有几千个页面，那么如何知道不同客户在这些页面中的点击浏览行为和业务办理进度？这就需要对每一张页面进行数字化埋点，需要一个大数据采集平台。

第三，基于数据，如何对客户的信息进行管理，分组和标签“沉淀”在哪里？同一个客户可能会出现在多个不同的场景中，如何跨场景识别同一个客户？假设客户对营销内容进行了传播，那么应如何识别传播路径和

KOL？那么就需要一套 SCRM（社会化客户关系管理）平台，该平台有别于传统的 CRM（客户关系管理）系统，CRM 系统仅记录银行原来的存量信息，而 SCRM 平台记录了客户的点击浏览行为和传播行为。

第四，基于客户分组，在对客户进行了标签化和分组后，差异化的营销内容如何向不同的人进行二次发送？那么就需要一个营销自动化平台去自动对客户进行二次触达。

以上这些事项无法通过手工完成，必须借助数字化系统实现。基于对目前金融行业运营的分析和思考，我们认为，在银行 4.0 时代，银行实现数字化营销升级需要一套营销中台和若干场景运营服务支持，即为“1 + N”。首先银行需要一套营销中台打造基础设施，同时切割若干场景实现陪伴式精细化运营，然后在若干场景里批量地开展数字化营销活动。

单次场景运营所需要素如图 9 – 3 所示。在活动之前，开发人员需要进行需求梳理、创意策划、前端设计、后端开发以及测试优化等，银行需要了解自己的核心业务，进行行内资源整合，比如梳理激励品策略，整合已有兑奖平台和奖品池，确认奖券的核销方式，同时需要整合行内的其他资源，比如区域性的商务拓展资源。当活动上线后，银行需要将营销中台打通，开始上线运营，商议确认标签分组、流程自动化、二次触达、千人

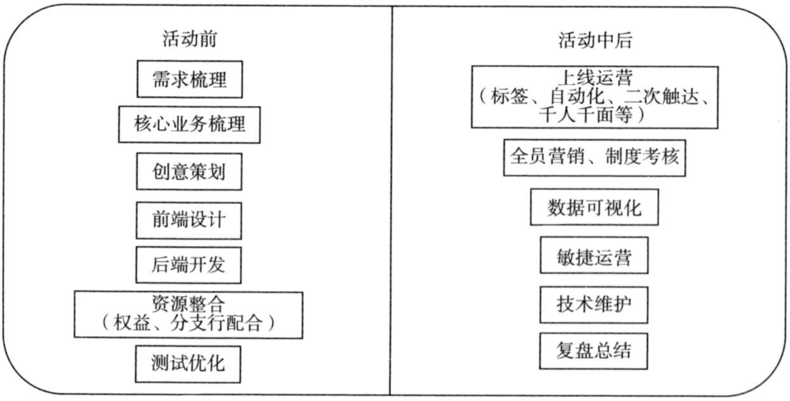

图 9 –3　单次场景运营所需要素

千面功能模块。基于营销中台，实现数据可视化，进行参数调整、敏捷运营和技术维护。活动后进行复盘总结，由系统导出数据，生成制作活动报告。通过单次的场景运营总结经验，为后续批量进行场景运营打下基础。

营销中台系统介绍

营销中台的搭建如图 9 -4 所示，需要将银行的自有系统与第三方生态结合，共同构建以内容创意、权益管理、场景支撑、数据支撑、SCRM以及营销自动化为核心的营销中台，通过公众号、小程序等多种传播方式对银行前端各类业务场景提供支持。

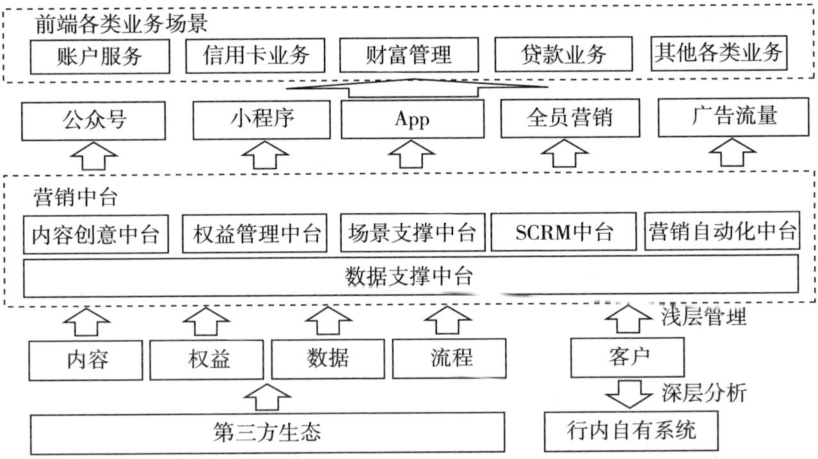

图9 -4 营销中台的搭建

内容创意中台

营销痛点

一是制作成本高。内容生产制作周期长，成本高，且无法复用。

二是内容数量少。缺乏持续的大规模活动，无法与客户形成长期的连接。

三是效果不明确。活动内容分散，无统一管理平台，无法量化活动效果。

四是吸引力不足。缺乏时节性和场景化，形式单一，缺乏游戏机制设计。

模块概述

在数字营销时代，作为银行与客户互动沟通的直接信息载体，内容营销占据很大比例，覆盖客户日常生活的多个场景，如何高效、低成本地生产及管理内容成为银行营销数字化升级的第一步。

- 大规模化。借助内容生产平台，大量、快速、低成本地生产形式丰富的内容，与客户形成长期连接。
- 场景化。充分应用公众号、小程序、朋友圈等与客户接触，挖掘更多活动场景。
- 明确效果。统一管理所有活动数据，通过数据分析，优化活动设计。

一站式制作及数字化集成内容创意中台，支持多形式的营销内容生产，包括翻页/长页 H5、小游戏、短视频、营销插件等，覆盖多重营销场景，帮助银行以低成本内容实现触点数字化，多维度连接客户，建立银行私域流量池。

应用特征

一是快速完成营销活动创建。多样化模板，一键应用，省时省心。

二是多种营销方式，提高流量和转化率。通过抽奖、签到、邀请、拼团等各类活动进行微信营销。常用的裂变方式包括助力拆红包、阶梯式任务、签到打卡、游戏互助、裂变海报、注册抽奖、瓜分奖池、邀请答题、养成社交、组团集卡、分享抢购等。适用场景包括产品销售、节日热点、宣传推广、拉新拓客等。

三是智能高效地连通活动与权益。支持直发到账、券码发放、采集信息发奖等形式，提高发奖效率。

四是进行深度的数据统计分析。记录营销活动全流程数据，精准把握每一个客户。

权益管理中台

营销痛点

一是权益种类有限，缺少属地商户权益。

二是活动与权益常由不同供应商提供，采买流程繁复。

三是各供应商权益池技术接口不同，增加了活动开发成本。

四是若无自有 App 来发放，用户难以保存奖券。

模块概述

针对现有的权益运营难题，权益管理中台为银行网点运营赋能，深入根本，从制券、发券到兑券，打造完整的权益管理闭环。从源头解决问题，简化管理流程，从而大幅提升客户体验和银行网点运转效率。

应用特征

权益管理中台的应用包括制券、发券和兑券三个环节：

- 制券。制券后台配置模块化，自由选择权益池奖券、立减金或银行自有奖券资源（包括属地权益）导入。
- 发券。采用统一的标准发券接口，有利于抽奖活动的开发接入；腾讯系权益可发放至客户微信卡包，方便客户领取使用。
- 兑券。提供线上指定 App 兑券及线下商户扫码核销两种方式，制券后台联通核销助手，满足不同类型的奖券资源。

场景支撑中台

营销痛点

一是流量成本高，投入转化率低。

二是银行自身无法形成有效激励员工的运作体系。

三是营销内容传播范围小，受众覆盖面积小，未能达到预期效果。

模块概述

银行的人力资源是不可小觑的传播媒介，场景支撑中台为全员营销赋能，通过设置相应的激励机制及传播路径调动员工积极性，充分发挥全体员工的营销势能，开启“新人媒时代”。无论是员工、客户还是粉丝，在分发、领取、转发任务并获得一定传播效果后都可以领取相应的奖励，操作更简单，配置更灵活，管理效率高，最大限度地节约了全员营销投入及管理成本。帮助银行激活自有渠道流量，发掘潜在 KOL，帮助银行获客，促进转化。

应用特征

激活自有渠道流量。“打通”活动自定义与内容平台，在内容平台自由选择需要的活动内容，形成不同的推广链接，一键分发给员工，员工一键转发给客户，客户分享给自己的微信好友，形成社交裂变。

追踪传播路径，发掘潜在 KOL。可追踪无限层客户传播关系链，抓住民间 KOL 及关键传播点。

推送商机，派发激励品。提炼商机推送至销售人员，直观反映客户互动情况与阶段，方便员工根据客户意向进行潜在客户的挖掘，后台实时更新员工传播贡献度，积分/红包按效果累积，即时激励更有效，大幅提升员工积极性，助力销售额增长。

SCRM 中台

营销痛点

一是用户存量数据庞大，难以有效分类。

二是不了解用户群体的偏好，“千篇一律”的运营导致线索转化率低。

模块概述

在活动前后，如何高效地梳理、运营、转化线索往往成为银行难以解决的问题，流程繁杂且耗费大量的人力物力。SCRM 中台支持用户档案及标签管理，以用户为中心管理用户全生命周期，通过用户标签分组进行精细化运营，对用户实现自动培育、运营、商机转化，做到快速、精准、高效的运营，大幅降低了人工成本，提升了用户体验。

应用特征

识别用户的数字化身份。通过电话、短信、公众号、小程序、红包、广告等多种方式触达用户，实现“访问即用户，浏览即用户”，增加用户数量。统一识别用户身份，实时追踪用户行为，持续积累用户标签，完善用户画像，并进行精细化运营。

基于互联网行为刻画用户特征。构建营销活动的数据闭环，需要解决通过第三方创建营销内容时的数据监测难题，如多种形式的营销内容的传播，互动行为数据，社会化传播关系数据，卡券发放及核销等销售场景用户行为数据，销售域相关数据 API（应用程序编程接口）化返回营销域的监测等问题。同时需要借助数据应用，用数据驱动实现指导式营销流程一体化。通过自定义营销监测指标，对营销实施有效指导并反馈优化统一、清晰的单客户档案及用户（粉丝、会员）转化路径。利用多维度客户数据分析支持有效决策，需要采集的数据纬度如图 9－5 所示。

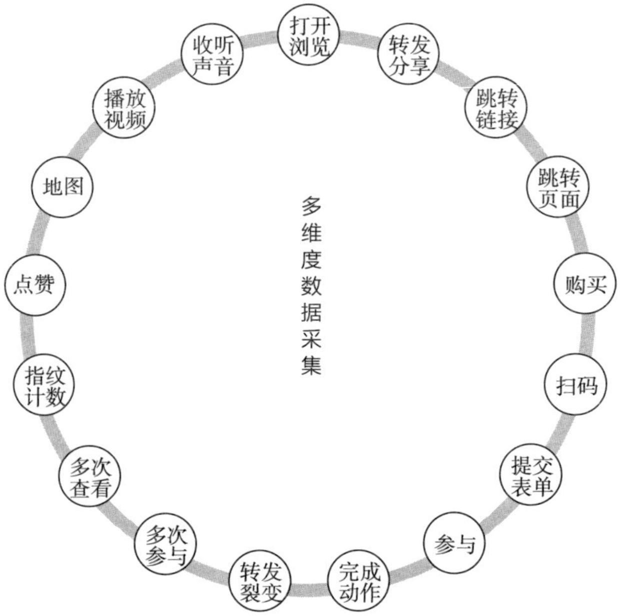

图 9 –5　需要采集的数据纬度

根据多维度数据划分客户营销能力等级。整合活跃度、好友数等多维度用户数据，对其营销能力进行等级划分，搭建同一用户在不同企业下的用户画像，从而实现千人千面的精准化营销。

营销自动化中台

营销痛点

一是未能准确孵化线索流程并把控用户旅程，丢失潜在客户，转化率低。

二是营销策划需耗费大量人力、物力，成本高，运营效率和用户获取率低。

三是未经过小范围人群测试，营销效果差。

模块概述

营销自动化中台可以帮助营销人员进行自动化的客户交互、线索培育和客户跟进，大大提高了营销效率，提供多种场景模板，只需事先设定自动流程的规则，当客户线索（潜在客户）符合条件时触发该流程，系统就能自动与客户线索进行交互，最终促成转化。

新增 A/B 测试功能，可实现对营销内容的标题“头图”的转发，有效降低银行运营成本。支持不同阶段的客户运营，自动为客户匹配合适的营销内容和运营策略，提高客户活跃度，提高客户复购率，提升整体转化效果。

应用特征

一是流程引擎自动化。基于业务场景设定，条件触发后即自动运行，保障高效执行及有效节约成本。通过拖拽式操作，快速制定个性化、自动化营销流程，不断完善客户标签信息、监控行为及转化效果。利用营销自动化引擎，使银行构建用户池，能够有效进行用户培育及转化。

二是差异化营销运营。针对用户的购买生命周期，基于初步感兴趣阶段、有意向购买阶段、沉睡用户阶段、忠诚用户阶段，分阶段进行差异化营销运营，不断推进用户旅程，提升用户转化率和留存量。

数据支撑中台

营销痛点

一是未能有效捕捉用户需求，实现个性化营销。

二是无法充分调动用户的积极性，形成裂变传播。

三是传统营销的传播范围小，受众群体有限。

四是难以量化营销结果，难以收集多维度、多渠道、多形式的营销数据，沉淀用户数据库。

模块概述

以消费者数据驱动营销——真正以消费者需求为出发点。

一是用户为王。在营销 3.0 时代，以数据驱动，用户为王，用户不仅是消费者，还是传播者及合作者。注册/未注册银行自有 App 的用户，都是 App 能够转化的潜在客户及传播者。

二是统一识别。打通微信及银行原有的沉淀用户数据，一站式统一用户识别，精细化构建银行用户池。通过裂变足迹发掘并培育 H5 活动中的个人 KOL，打造银行专属传播圈。

三是数据运营。消费者个性化需求崛起，意味着已无法通过简单的消费者分群来进行决策及驱动。基于消费者大数据（标签体系）为营销决策与驱动方案赋能。

数据支撑中台收集多平台的客户数据，打破银行数据孤岛，持续沉淀银行数据资产，同时提供全营销过程数据可视化看板，自动生成营销效果报告，以简洁易懂的数据展现方式，为银行快速做出业务决策提供强有力的辅助。

应用特征

一是全方位数据捕获。如图 9－6 所示，通过设置行内员工、掌上银行 App、微信分享群等进行多渠道埋点，实时监测关键数据维度，包括活动、内容、受众、表单数据等，用数据支撑营销决策。

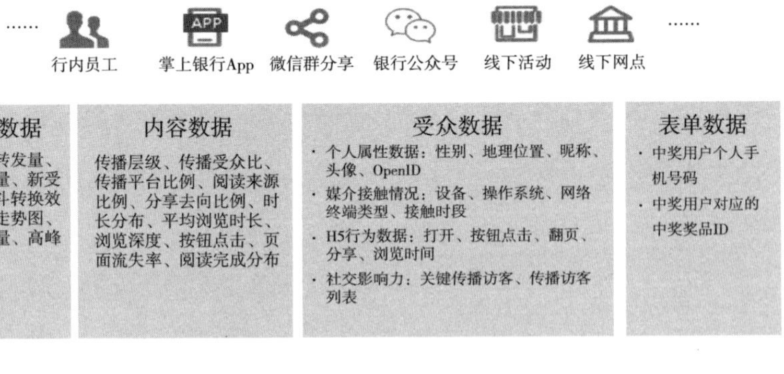

图 9－6　全渠道数据捕获流程

二是用户数字化身份建设。基于多数据维度，完善用户画像，把握不同营销阶段中用户的心理及需求，全盘掌握营销效果，搭建用户池。

三是深入分析传播数据。统一管理所有媒介渠道，可追踪无限层客户传播关系链——抓住关键传播点及 KOL。

场景运营营销活动

权益裂变类

在移动互联网时代，最贵的是什么？是流量。

以往粗放式的广告投放，消耗了巨额的资金投入，为企业带来一个个独立的客户资源。但人并非独立的个体，根据六度空间理论，最多通过 6 个中间人，你就能够认识任何一个陌生人。由此可见，在信息密集的互联网获客时代，社交关系链的重要程度不言而喻。那么，如何打通社交关系链，获取低成本社交流量呢？这就需要借助裂变的方式。

裂变的目的在于：

- “拉新”，老带新、客带客，实现客户的自传播。
- “促活”，唤醒沉睡客户，提升老客户活跃度，同时触达新客户。
- “导流”，连接微信与 App，通过裂变方式将社交流量导至 App，提高留存率，让用户在 App 中实现转化。
- 获取种子用户，对于一款全新产品，裂变还有利于获取第一批种子用户。

现阶段常见的方法有抢红包、拼团、集福（卡）等，其背后的逻辑都是一样的，通过一定的利益诱导用户打开、参与并分享活动。以下列举一些典型场景：

某银行拆红包活动

某银行设计了拆红包活动。活动一共包括四个流程，分别是用户参与拆红包小游戏，拆开部分红包金额，邀请5位好友帮忙拆可获得红包，引导好友去App参与活动。

该活动仅通过该银行自有公众号及App推广，上线第三天浏览量达到500万以上，至活动结束浏览量达到950万以上，累计参与人数超过150万。

支付宝集五福活动

支付宝是裂变增长的高阶“玩家”，早在2016年春节期间，支付宝以“集五福”的游戏形式成功号召全国人民参与集福卡领红包活动，打通覆盖全国的社交裂变链条，积累了大量忠实用户，并在后来的几年时间内持续、反复采用此种形式，其拉新、促活效果可见一斑。

活动流程分为两个部分。首先是获取福卡，可通过自有渠道和裂变渠道进行。自有渠道方面，包括AR扫福字、蚂蚁森林给好友浇水、蚂蚁庄园喂养小鸡、答答星球回答问题，成功引流到各业务区。裂变渠道方面，包括加支付宝好友，通过好友赠送，成功引导用户在支付宝进行裂变社交。在集齐五种福卡之后，用户可合成五福，瓜分奖池中的现金。

抢购类活动

分享抢购类活动多用于提升老用户活跃度，同时也可结合不同任务达到转化、拉新的效果。

活动一共分为三个流程，分别是以权益激励引导用户完成某个任务，用户完成任务后可获得抢购资格，参与抢购并和好友分享。

抽奖裂变类活动

抽奖裂变与支付宝集五福等活动有异曲同工之妙，主要目的都是拉新、促活，通过一定的利益诱导用户在社交圈中不断分享，从而实现循环裂变增长。

活动一共包括五个流程，分别是用户进入活动页获得一个抽奖码，引导获取更多抽奖码，获得链接/海报分享，好友扫码，用户再获得一个抽奖码，进入裂变循环。

但是，裂变方法仅仅是拉新、促活的入口，吸引用户点击进入仅是第一步，就好比这是一扇大门，用户进来之后，如果看到的是毛坯房，可能会扭头就走，如果看到的是精装修的房子，则可能愿意继续探索，而装修的能力和风格是否能够和用户喜好匹配并达到用户心理预期才是关键，这是裂变之后流量能够持续和二次发酵的重点。于是我们不难发现，要真正实现用户转化、留存，还需要进行持续的内容输出，以及精准的千人千面运营。

习惯养成类

习惯养成类指的是通过持续的内容输出、签到打卡等方式给予用户心理暗示，让用户形成自动化的行为模式，从而保持用户在 App 中高频的使用次数和足够的停留时长，在用户生命周期中多处于促活、转化阶段。现阶段内容输出做得比较出色的有得到、小红书、喜马拉雅等 App。

招商银行 “掌上生活” 之 “今日发现”

在金融业的各大 App 中已出现相应的功能模块，最典型的莫过于招商银行掌上生活 8.0 版。在该版 App 发布后，可以发现 App 的开屏中心位变成了“今日发现”——提供时尚、美食、汽车等生活资讯。其内容来源分为两部分，80% 是各细分领域的头部媒体及 KOL，20% 是尚未被发掘的优质原创作者。

为什么一家银行在其月活达 4 000 万的 App 中会将内容放在重要位置？

招商银行信用卡中心时任总经理刘加隆一语道破：“互联网的本质是什么？用信息连接这个世界的全部，因为它改变了连接的方式，所以现实的物理世界发生了非常大的改变。”

招商银行此举给我们带来了很大的启发——重构连接。传统银行用资金流来连接用户，而未来的银行用信息流来连接用户。

招商银行“今日发现”输出了大量不同类型的优质内容去触达客户，从中挖掘其兴趣点，据此对其进行标签化和分组管理，最终实现千人千面的运营。在早期的版本中，我们在“今日发现”中仅能发现诸多资讯，虽然被“种草”，但没有“拔草”，掌上生活一度被大家质疑，而在最近的最新版本中，大量内容与自身金融服务、产品建立连接，从而实现“拔草”。从这一点来看，招商银行做得很成功，以下两点值得行业借鉴，同时也需要不断迭代优化：

- 先“种草”，后“拔草”。通过大量专题作家和 KOL 的持续输出，基于招商银行特色业务、特色福利等内容，有针对性地触达指定标签用户，提供购买链接实现转化，形成完整的营销闭环。
- 发挥产品优势和商务拓展优势。深挖用户心理，提供定制化服务，帮用户解决“生活在掌上，购物更实惠”的消费需求。

关于银行 App 打卡的思考

许多 App 都设置了“打卡”这一功能模块，并获得了不错的效果，但为什么银行 App 打卡的效果总不理想呢？我们来看一下 Keep、得到等 App 是如何使用户积极地打卡并进行社交圈分享的。

Keep 是一款运动类 App，它会根据每个人的健身目标为其制订一个相对容易完成的打卡计划，如减脂、塑形、跑步、瑜伽等，并设置相应的激励。

但运动本身是违反人类天性的，个体一边要和自己的惰性做斗争，一边要控制能量摄入，还要突破目前的身体极限，因此很难长期坚持。而 Keep 的策略在于，它有效地将运动时间控制在 20 分钟左右，当多巴胺分泌到最旺盛的时候让个体停止运动，运动所带来的愉悦感让用户精神焕发，同时也减轻了下次运动的心理负担。并且，定期打卡取得的阶段性成功和喜悦也会形成良性反馈，不断激励用户继续下去。

得到是一款旨在为用户提供“省时间的高效知识服务”的App，其口号是“每天半小时，读懂一本书”。首先，得到为用户规划好时间节奏。在当前信息碎片化时代，用户与长达百万字的传统“大部头”有着天然的距离感，“半小时”的快餐式阅读更能受到广大崇尚效率的读者的青睐。其次，得到打出终身学习的愿景，直面当下的最大痛点之一——焦虑，满足用户随时随地升级和补充自身知识图谱的增值诉求。在得到中打卡，不仅能实现一天一本书的阅读成就，还能在好友排名中展示自己“热爱读书”的标签。

从以上两款App的打卡模式我们可以得到启发，这些模式都是基于特定事件或场景，并且满足了用户的某种诉求，或为炫耀，或为福利，或为自我增值，从而让用户自愿持续地完成打卡这一动作。而大多数银行类App的打卡以送积分、动账通知为主，缺乏实际应用场景的支撑，单一而又缺乏诱惑力的诱导不能吸引用户主动参与，更不能满足用户的基本诉求，从而无法促使用户产生自发打卡的行为。

那么银行该如何结合实际场景，让客户主动打卡呢？举一个例子，假设银行向某个带有“跨境旅游爱好者”标签的客户推送国外旅游攻略、国外风土人情、政治格局、口语速成班等内容，并为他定制周期学习计划，他会打卡吗？如果向带有“学生家长”标签的客户推送孩子教育方法、考试经验贴、兴趣学习班等内容，并在一个周期内完成学习，他会打卡吗？答案是肯定的。如果客户真的坚持每天打卡并完成学习，银行可以再附加一些福利或优惠作为奖励，那么大概率情况下，用户将实现留存、转化。

事件营销类

成功的事件营销的益处有两个，一是能帮助企业迅速提升知名度，并获得广泛关注；二是借得“东风”，在节约营销成本的同时还能获得高回报。但在信息爆炸、生活节奏加快的当下，信息的超负荷导致用户对信息的敏感度不高，信息的价值变小，企业该如何让一场营销活动突出重围并迅速获得关注呢？下面列举一些事件营销的方法。

瓜分类

瓜分类活动的营销目的往往是提升老用户活跃度，触达新用户，提升业务转化率，培养用户习惯。类似的活动还有京东 App 的“签到领京豆”和“送豆得豆”，招商银行 App 的“瓜分年终奖”，平安银行 App 的“红包雨”等。

其背后的逻辑是一样的，通过大额的总奖金吸引用户参与；结合每日打卡、拉新、业务转化等任务，培养用户习惯；根据任务完成度瓜分奖池。

那么瓜分还能有什么新形式呢？银行可以考虑从热点入手，例如，在某歌星开演唱会的时候，可以开展一个“瓜分全国各城市人气”的营销活动，每个城市的参与人数达到 100 名，就在地图上点亮这个城市，并从 100 名参与者中随机抽取一名赠送演唱会门票；在春运的时候，可以开展一个“瓜分火车票”的营销活动，为外地务工人员送上一张暖暖的回家车票。银行要善于捕捉和运用热点事件，将事件与品牌相结合，利用事件背后天然的流量和关注量来为营销助力。

炫耀类

人普遍是有虚荣心的，爱面子也是人之常情，一有喜事就会想昭告天下，在社交网络晒美食、晒景点、晒孩子……有句话说得好，“青春再不晒就霉了”。那么如何巧妙利用人的天性，做炫耀类的营销呢？

我们先看一个例子：对高净值的“跨境旅游”客群而言，出国旅游晒景点是必不可少的环节，仅仅是发照片和定位到朋友圈，他们的朋友并不会产生参与感，从而无法有效利用社交链。如果银行能发起一个“免费寄明信片”的活动，支持用户上传图片、写寄语、自动生成明信片后分享到朋友圈，由用户的朋友点击填写个人信息，再由官方统一制作明信片并寄送。这样，用户满足了炫耀心理，朋友获得了明信片，银行获得了潜在客户，可谓是一举“三得”。

类似的方法还有很多，如参加马拉松晒证书，晒银行账单等，都是同样的原理。

公益活动类

几乎所有的大型企业都乐意承担相应的社会责任，因为这有助于打造和提升企业品牌形象，通常会有专门的人员和经费用于支持公益及社会福利事业，但大多数企业容易忽略公益类营销活动。当前，阿里巴巴的支付宝可以说是国内公益营销的成功典范——在蚂蚁森林、蚂蚁庄园，用户完成支付等行为后可以获得一定的“能量”或“粮食”，通过积累“能量”或“爱心鸡蛋”，用户可以在现实生活中种下一棵树或为特定人群捐出一笔公益基金。其中，设立的好友排行榜在满足用户“炫耀”心理的同时也起到了激励用户的作用。

公益活动类营销的基本逻辑是，以养成或打卡为主要形式，以炫耀为分享动力，将用户在 App 中的行为转化为社会公益事业或公益基金，让用户在家就能支持公益，在线满足其公益参与感。但对于银行等金融企业来说，已有的公益营销活动还不足以驱使客户从公益事业这类利他行为出发，进而转化为业务办理的个人行为。

那么，公益活动如何与业务挂钩呢？举例来说，在医疗场景领域，普遍存在看病难、看病贵的问题，而银行本身有“金融社保卡”的业务需求，当银行以传统补贴形式来诱导，如申办金融社保卡得 10 元，而这 10 元对于在补贴的营销环境里成长起来的用户来说，缺少足够的刺激。那么，银行便可以策划一场活动，将补贴金额拆解，同时和社会福利绑定，主题为“助力社会福利——轻松办理金融社保卡”，捐一元还能享受买药立减金。每办理一张金融社保卡，银行将以用户名义为社会公益事业捐款一元，与此同时，持新办理的金融社保卡在本市医保定点医院或药店买药时，还可以享受 5 ~ 9 元的随机立减优惠。以公益参与感和优惠立减优惠展开活动，于人于己，都是有利的。

类似的场景还有水电煤缴费、医保、社保、公积金等，对此银行都可进行深入剖析，将业务与公益结合，从而提升企业品牌形象，提高品牌知名度和用户好感度。

场景运营小程序的搭建

随着互联网行业的发展，越来越多的“传统”线上服务不再吸引客户，微信小程序作为微信系统中的第三方插件，为线上场景搭建创造了新思路。与公众号相比，小程序能更加便利地提供优质服务，是一个开放的场景搭建平台，还可以提升微信 HTML5 的延展能力。

小程序是当前场景搭建的利器，小程序的打开率高，软件为它提供的接口便捷，相关政策也有利于小程序的使用和推广。我们通过小程序可以实现低成本、高效率的服务模式。

微信小程序的特点

微信小程序具有开发技术简单、无须下载、使用方便等属性，既能带来良好的用户体验，又能满足用户的社交需求。它简化了操作步骤，用户通过微信搜索或者微信扫码就可直接打开使用，十分便利。微信小程序有三大特点：一是具有轻量级优势。微信小程序可以通过一键授权获取客户手机号码，精准触达客户，用户用最短的时间完成任务，不需要停留在产品页面，无须下载安装 App 和关注公众号，用完即走。二是应用场景丰富。微信小程序属于轻应用，比 H5 的生命周期长，应用场景丰富，有 80 多个入口可以打开小程序。在搭建的过程中，小程序可以集合多种产品信息，甚至可以对行业内与行业外的资源进行整合，搭建极为丰富的场景，进行交叉销售。三是与社交紧密相连。小程序与微信体系深度融合，共享 11 亿用户，而强关联的社交关系易于挖掘潜在客户圈层，同时更多有趣、新奇、玩法丰富的小程序易勾起用户的转发欲望。通过搭建小程序打造的裂变游戏可以带来更多新客户，一些有趣的小游戏如分享、拼团、砍价等，仅两步操作就能增加获客率。微信体系与小程序信息流通、内容交互，真正做到了即时、无缝隙衔接，用户不再是信息的被动接收者，而是通过个人社交和小程序的使用成为信息的发送者，中心化的扩散传播结构为信息的分享与流通提供了即时传播的可能，从而获得很好的传播效果，实现用户量的快速增长。

小程序在微信生态内的协同作用

作为微信生态内最轻量产品的小程序，主要承担轻量获客的职能，可在合规的前提下作为运营活动载体，开展合规便捷业务，引导转化，加速圈层用户挖掘，如图 9 –7 所示。从产品的使用角度和获取角度来看，小程序和公众号需要通过微信来访问或是通过搜索、扫描二维码、分享转发获得；而 H5 本质上是一个网页链接，可以挂在任何平台，也可以通过任何支持 H5 协议的浏览器访问；App 则需要从应用市场下载安装后才能使用，是一个功能最完善的渠道平台。

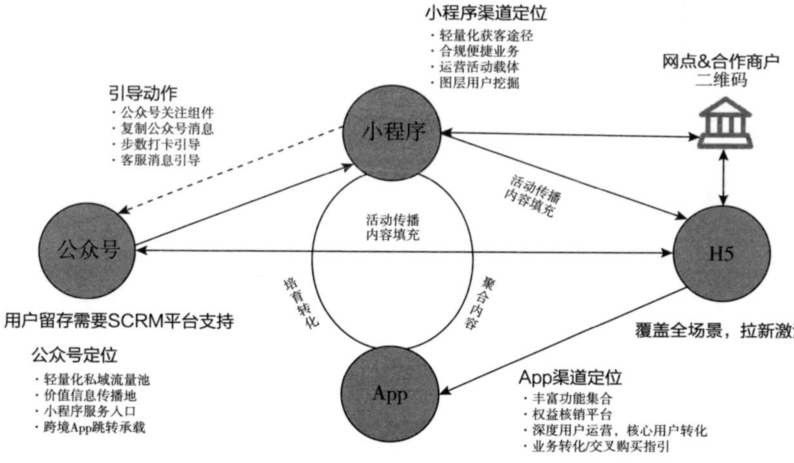

图 9 –7　小程序在微信生态中的营销定位

小程序与公众号

与微信现有的订阅号、企业号及服务号相比，小程序为优质的微信服务提供了更加开放的应用平台，其优势得到充分的展现。小程序和公众号也可以相互导流，公众号为小程序提供更多的流量曝光机会，在用户关注公众号后，推送小程序链接，既推送了小程序，又为公众号增加了粉丝，基于同一主体 UnionID 实现用户的统一身份识别，实现跨载体的统一营销。

小程序与 H5

H5 为小程序进行了内容填充，更好地实现了活动传播，在用户多次访问小程序后，获取用户在相关 App 上的 ID 和标签，匹配身份，推送个性化内容，精准获客，使用户流程及其设计更具有整体性。

小程序与 App

小程序为 App 做初步培育客户的动作，最终在 App 内实现深度转化，同时，App 也可以反向向小程序提供内容素材，作为补充。

银行小程序的三大类别

目前市场上的银行小程序，主要分为三大类，分别是聚合类小程序、功能类小程序、全员营销类小程序。

聚合类小程序

特点

以移动端聚合门户为主，聚合各类功能、内容，实现矩阵内的跳转，适用于全面业务的开展，同时也可以为企业做品牌介绍及形象推广，支持多点营销及连锁门店的管理。

功能

聚合类小程序拥有众多工具种类，优惠券、全民拼团、疯狂砍价、秒杀活动、大转盘、口令红包、砸金蛋、摇钱树、会员卡、会员储存、积分配置、积分商品、满包邮、满减、心跳对对碰、咻一咻、集字赢好礼、刮刮卡、会员次卡等营销工具以及当面付、社区管理、商品推广、支付推广、扫码购等配套工具都可以在小程序内实现，真正实现了门类、功能的聚合。

示例

以小程序南京银行鑫服务为例，其中包含了理财产品的讲解与购买、传统储蓄定存等业务板块，信用卡在线申请、贷款业务、外汇储蓄和实时牌价以及周边网点网上预约取号等服务，集众多功能于一体，操作便利，可替代官网，作为微信生态内的“App”。

功能类小程序

特点

功能类小程序（垂直类小程序）以某一专项功能为主，旨在解决用户单一需求。为 ECT 搭建的小程序，为理财产品、信用卡、缴费等特定场景搭建的小程序都属于功能类小程序。用户可以从聚合类小程序跳转到功能类小程序，二者之间可以相互跳转。

功能

功能类小程序能够直接满足用户某一方面的需求，在后续搭建小程序时，将会有个性化展现功能的实现。功能类小程序根据用户天然属性以及过往标签和兴趣爱好进行智能化推荐，在用户端展示千人千面的页面。

示例

例如，某一线城市的某位中年男性，其孩子即将出国留学，功能类小程序会根据关键词展示外汇、出国金融等方面的信息。根据包括都市白领、在校大学生、二线城市退休老人等在内的人群细分，进行甄别推送，对展现出来的用户界面（UI）、排列顺序、产品组合进行科学管理，实现场景化集中管理。

全员营销类小程序

特点

在以上小程序的基础上添加个人关系链接，实现全员营销管理，产生高效社交裂变营销。

功能

将客户经理、行业经纪人、代理商等身份的员工、合伙人的个人信息搭建在小程序上，添加个人名片，包括头像、电话、二维码、一键呼叫等信息，方便获客。同时设置任务奖励系统，提高全员的营销积极性。

示例

银行系统的贷款业务员，在本行的小程序上添加自己的联系方式和二维码，使客户可以一键联系到业务员，业务员及时为客户解决问题，在完成一系列事项后，业务员可以领取对应的奖励。

公共基础模块

公共基础模块搭建背景

搭建小程序时，常常会有重复搭建的情景出现，比如 ETC 刚刚兴起时，全国农行搭建了 100 多个小程序，助力 ETC 的推广和使用，但此次操作并未真正完成数字化转型。银行多采用总行 + 分行分权制，所以各家银行的总行和分行很容易都投入资源进行相同功能的小程序模块的搭建，容易陷入重复“造轮子”的境地，造成资源的浪费和人工的消耗，最终导致各地小程序同质化严重，而总行开发的小程序又无法根据当地政策和民俗风情进行变通；用户很难在小程序内准确高效地搜索到关键词；无法对忠实用户进行统计和分类管理，也无法实现二次精准触达；由于涉猎范围过大，小程序没有矩阵化、策略化的布局，如图 9 – 8 所示。

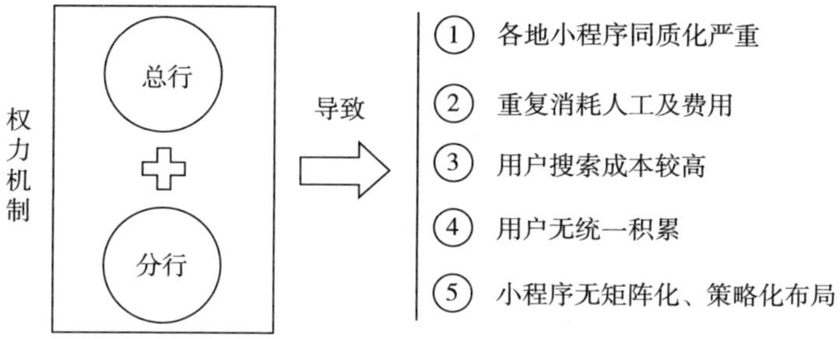

图9－8　公共模块搭建背景

面对这一系列的问题，银行需要做的是快速研发小程序上线的公共模块。我们认为可以对该模式进行优化，比如由总行搭建一个小程序，做好全国分行的接口，分行、支行根据实际情况添加一些适用于本行的具体落地场景，避免因重复建设小程序而造成时间和精力的浪费，从而系统地完成数字化转型。

小程序公共基础模块

内容制作

聚合类小程序将内容统一展示，可以在后台应用大量模板，快速制作、上线、替换。在搭建小程序并使用后，手机端可以通过参数链接、二维码、系统直接绑定等实现统一管理和数据追踪，后台实时监测所有内容活动、单个内容活动数据，如实时关注浏览量、独立访客、转发分享数据、传播曲线、表单填写详情、抽奖数据等，完成用户标签分类。基于自动化营销，在二次触达用户时，根据用户画像进行千人千面的用户运营，产生最强内容生成工具，从而快速、低成本地呈现大量可组装、可替换的活动内容。

将小程序与内容管理系统（CMS）打通，做好素材的积累。活动与Banner（一般指横幅广告）相互结合，实现内容的快速制作、上线、替换、运用以及数据收集等动作。一键生成多种类型的活动模板，极速简化流程；自由更换文字、图片、视频、音乐素材，适用于多种场景；也可以同时在后台监测管理多个活动。Banner的设计可以根据自己的喜好对颜色、尺寸、风格进行个性化修改，在分发时也会根据用户的标签属性推送差异化 Banner。

数据服务

基于软件开发工具包（SDK），实现多渠道数据的埋点，从用户登录小程序到文字、图片、按钮的全方位埋点，实时监测数据并进行分析，根据用户行为标签进行针对性推送，如图 9－9 所示。

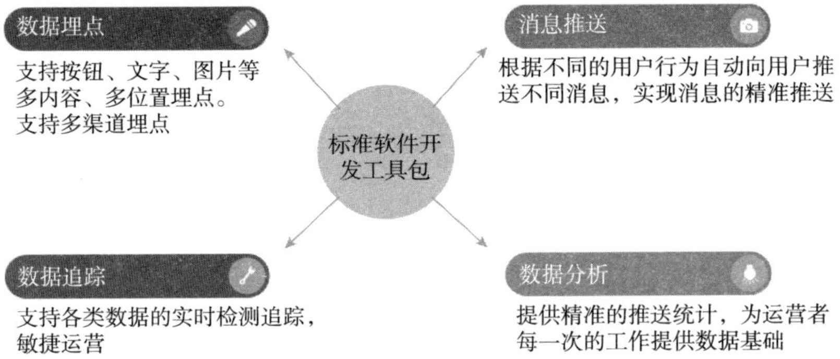

图 9－9　数据追踪逻辑

全渠道来源监测

小程序的搭建还可以实现全渠道来源监测，以市场为中心，整合所有资源和手段进行科学管理；既包含内部管理，又涵盖外部营销。通过对员工、产品、门店、线上线下商城以及特定节日活动、打折/促销阶段和公众媒体的数据的追踪来实现统一管理，如图 9－10 所示。

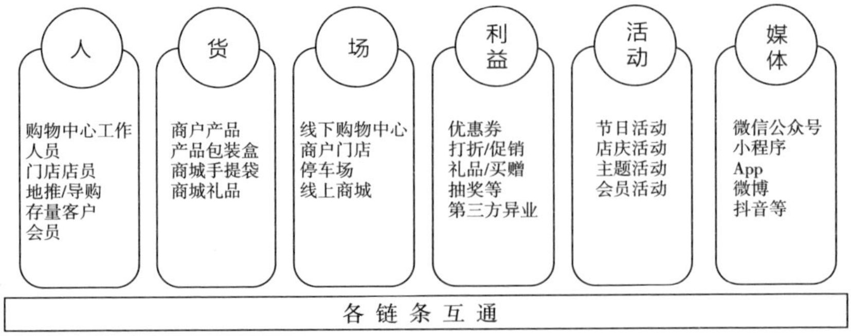

图 9－10　全渠道来源监测逻辑

二次触达

基于对客户行为的数据收集，可以根据客户的标签进行分类，以多种推送形式进行二次触达，实现回捞。例如，当客户在办理信用卡的中途停止，3 个工作日内未继续办理时，银行可以通过微信模板消息、客服消息、服务通知等多种形式通知客户信用卡办理未成功，进行二次触达，提示客户再次进行办理，对可能流失的客户进行回捞。

除了上述几个小程序里都会有的功能外，公共小程序还有几个个性化模块可以选择。

公共小程序个性化模块

表单

表单可以应用在可预约办理、参与的活动中，通过对客户填写行为的追踪和分类，为二次触达做准备。在二次触达时，根据客户类别进行差异化触达，实现回捞。所以，表单在标记较高意向客户的阶段非常关键，故表单内的数据埋点、二次触达、基于数据的优化很重要。

积分

与用户交互较多的小程序，可考虑搭建积分体系，以快速激励用户，满足用户的及时收益。积分体系作为用户关怀的手段，让用户体会到价值感，才能推动客户持续做任务，不断攒积分。完整的积分体系以提升用户忠诚度与用户价值为目的，满足拉新，增强用户黏性，引导转化等需求，如图 9－11 所示。实时更新用户档案，设置风险体系，在赚取积分和消耗积分之间形成动态平衡。积分体系得以良性运转，才能体现积分体系的真正作用。可复用的积分体系设计，可满足拉新、提升黏性、引导转化等主要需求；体系内各板块组件可自定义增减；支持第三方功能的嵌入；与用户体系连通，实时生成、更新用户档案；可设置风险体系，预防羊毛党。

商城

搭建核心消费场景，是推动用户主动消耗积分从而加快积分体系流转的有效办法。打通商城与积分体系，实现对用户的快速利益反馈，并与数

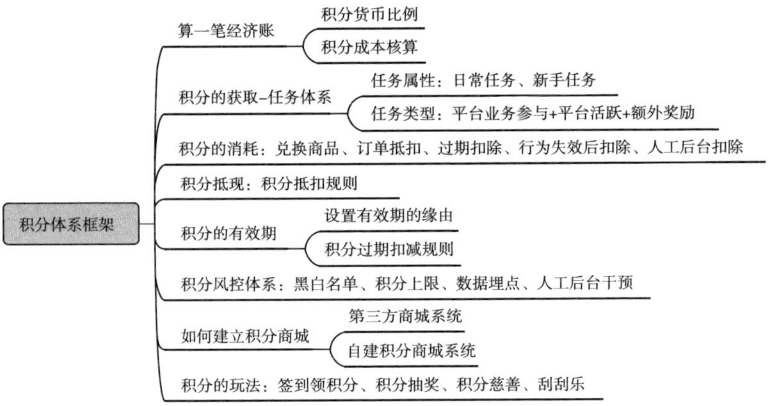

图9－11　积分体系逻辑

据、活动相连。商城就是用户消耗积分的场景，有了积分消耗，用户才有动力去获取积分。将商城与积分体系打通，对商品进行分类及推荐，嵌入物流系统，对客户的购买行为进行标签分组，与数据、活动相连，做出有针对性的推送、营销。

用户养成

可以将用户养成体系的设计与积分体系、行内资源、行内权益打通，根据用户行为设置相应积分，当客户达到一定等级时给出利益激励或精神激励，满足用户游戏、炫耀、成就感方面的需求，将用户留下。例如，种植绿色植物，设置世界环保小天使的勋章；游戏通关，坚持每日签到并通过两关游戏即可获得翻倍积分，并有机会抽取大奖等都是吸引用户注意力、触发行动、让用户投入时间和精力的有效办法。

全员营销类小程序

服务咨询

后台服务咨询部分，包括客户经理和客服咨询两个视角。客户经理可以通过小程序直接面向客户，系统自动推送高价值客户并分发给客户经理，客户经理直接获取客户标签，精准触达，一对一在线解答客户的问题。服务完成后，系统及时给出相应的奖励，返现、奖品、积分等都是很好的激励方式，可以提高客户经理的积极性。智能客服可以分为服务类、销售类，根据对用户问题的收集，设置相关问题的关键词和智能解答，快速响应客户需求，并进行针对性引导。当智能解答无法满足客户需求时，再以人工客服的形式为客户提供服务，后台统一管理，实时监测工作效果，如图 9－12 所示。

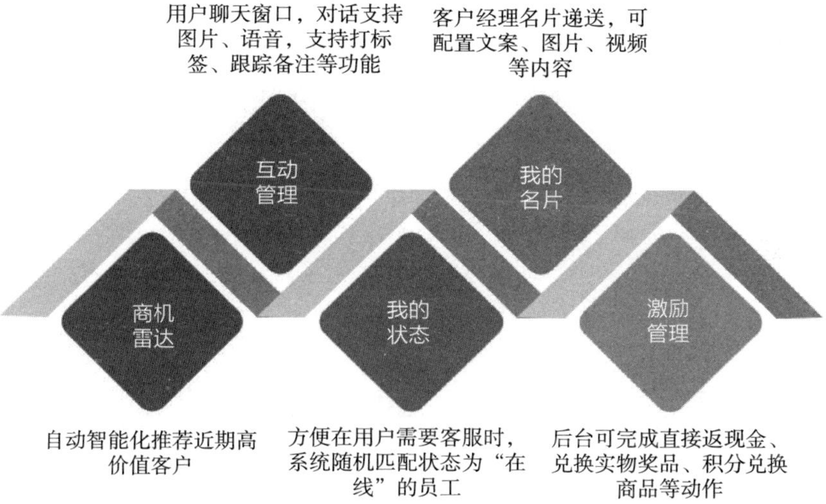

图 9－12　全员营销类小程序—客户经理视角

员工与渠道

通过对部门访问数据、员工活跃度、活动领取情况、销售是否获取客户电话、是否跟进沟通、有多少客户完成交付并实现获客以及客户档案的保存等的监测，分析出各个网点甚至每一位员工的营销数据，打造全透明的全员营销模式，让最了解产品的员工对银行进行推广和宣传，提高员工积极性，低成本、高效率地完成获客。

行业外合伙人

用口碑传播的形式，设立行业外合伙人团队，高效地开拓新用户。例如，工商银行的信用卡合伙人活动，采用“老”带“新”享返现福利的模式，成功推荐 5 人、30 人、150 人即可获得相应的现金奖励。返现金奖励机制可以调动现有客户的积极性，利用老客户天然的社交圈，低成本、高效率地构建新的社交链条。

小程序 API 开放化

对银行而言， 在小程序中设置太多功能并不便利

将小程序 API 化，总行设计 API、分支行做营销的模式更适用于银行小程序。例如，总行做理财管理功能、缴费功能、信用卡功能和零钱管理功能；分支行根据各地的营销政策，基于不同业务、场景及客群制作活动内容，生成小程序后调用总行 API，再加入各分支行的相关信息，从而实现分支行各具特色的场景营销。

小程序 API 开放化实现了三类跳转引导

行内业务跳转。银行内各业务功能接口直接接入小程序，例如，点击“信用卡”即可跳转到信用卡开卡页面。

行内向第三方跳转。支持行内小程序跳转至第三方小程序/H5，例如，银行的汽车业务跳转至汽车合作方小程序。

第三方向行内跳转。与其他行业合作后，在合作板块直接调用行内小程序，如购物网站与行内合作开设的联名信用卡，点击合作页面即可跳转至行内信用卡开卡小程序。

小程序聚合能力

聚合类小程序涵盖功能的聚合和内容的聚合。功能类包括上传下载、名片管理、评价管理、话术学习、咨讯查询、客户线索、客户雷达等方面的聚拢展现，帮助用户直达需求。内容类包括文件资料、文章海报、视频、商品、朋友圈图文、活动等丰富内容的呈现和管理。

第十章　网点的场景化、平台化与生态化

近年来，随着互联网金融的崛起，投融资渠道的多样化，传统银行面临内外部经营困难的局面，寻求转型刻不容缓，但转型之路很漫长。

银行有识之士决定将互联网科技应用于金融。银行并不缺技术和资金，但在运营体系上未与互联网科技接轨，导致发展金融科技的目的不正确，评价机制出现偏差；管理方式不正确，转型难以找到突破口；前端作用不正确，大量投入没有取得成果。而与客户最接近、服务能力最强、体验程度最深的“前端”，莫过于网点。所以，在整个银行业科技化、互联网化、智慧化转型的过程中，网点承载了举足轻重的作用。有银行人士认为，银行的战略重点是手机银行，网点成为资产轻型化转型的舍弃目标。其实，手机银行只是一个工具，并非“客户前端”，网点才是“客户前端”。正如支付宝与淘宝的关系，支付宝是工具，直接打开支付宝的人较少，用户常通过淘宝这个“客户前端”来调用支付宝。

银行网点要在这次转型中取得合理的成果，在未来的客户金融生活中发挥重要的作用，就需要实现场景化、平台化、生态化三个阶段的转型，将以往“要客户来网点”，变成“客户要来网点”。

场景、 平台与生态的关系

在互联网行业，我们不止一次地听到场景、平台、生态，金融业也有类似的概念，如支付场景、平台获客、金融生态等，所有的概念本质上还是传统营销理论，而近年来热衷营销的银行业却没有真正认识到这一点。

所以，很多看起来“正确”的银行网点转型行为，往往导致了“错误”的结果。

定义与特征

丢掉那些华而不实的概念，回归逻辑的本质，如此才能转型成功，在银行“前端”所有投入的成本和付出的努力才能取得回报，从而为银行网点的转型建立信心。

场景

场景包含两重含义，一是“场”，即场所、环境；二是“景”，即情景，这个“情”，包括情形、感情。王国维曾说：“一切景语皆情语。”①这句话用在这里非常合适，也就是说，不能触发感情的环境，就不能叫场景。所以，支付场景这个概念本身就是不恰当的，只有支付瞬间、支付行为，并未触发感情。那什么可以触发感情呢？只有“需求”和“满足需求”才能触发感情。需求越强烈，或者需求越得到满足，感情触发就会越强烈。

在银行网点构建场景主要需解决以下问题：一是打造环境，二是触发需求，三是满足需求，四是触发感情。

平台

顾名思义，平台是一个“台子”，台子上发生的是交易，交易就要有交易双方。一直以来，银行都将自己定义为交易“卖方”，而将客户定义为交易“买方”，这就是“平台获客”的概念。在互联网环境下，这种定义明显是不恰当的，银行本身是“平台”，不是交易中的任何一方。那

① 参见王国维的《人间词话删稿》（十）：“昔人论诗词，有景语、情语之别。不知一切景语皆情语也。”

么，银行就需要找到交易双方来平台交易的理由，设法将交易的“买方”和“卖方”聚集到平台上来。有一些银行认为可以不做平台，直接参与到别的平台中去。参与到别的平台会带来一些不可估量的代价，最主要的代价是银行会丧失一些很重要的基本能力。

在银行网点，要构建平台需要解决以下几个方面的问题：一是连接能力方面的问题，二是运营能力方面的问题，三是赋能方面的问题。

生态

生态的核心在于“生”，本质意义是“共生”，与谁共生？与平台上所有的“交易双方”。“态”是指大环境。合在一起的意思是“使所有参与者都能够共同生存的大环境”。在这个大环境下，已经没有平台所定义的“买方”和“卖方”，多行业交叉，多体系融合，在今天这笔交易中，甲是卖方，乙是买方，在明天另一笔交易中它们就可能互换角色。在这种情形下，银行定义的“金融生态”是不成立的。

在银行网点，单独构建生态系统是非常难的，所以需要上下联动，协调共进，多个网点的平台融合在一起，就是生态。生态并不是无限的，往往是有重点和一定边界的。

关系

构建场景、搭建平台、构建生态是很多知名互联网公司在发展过程中都经历过的，它们并不一定都是经过详细设计而走到这一步的，而是一个摸索、实践、进化的过程。“创业一开始就要做一个平台，那注定是要失败的。”这一点，同样适用于银行网点。这三者之间存在着以下两种关系。

逐层递进

场景化、平台化、生态化是逐层递进的关系。所有互联网企业都依次经历了场景化、平台化、生态化三个阶段，或许某些企业步伐较快，跳过了某个阶段（极其少数，几乎没有），但这个顺序从未改变。大部分情况都是，先解决一个问题，做好一件事，服务好一类客户，也就是做好一个场景；然后让这个场景中的交易链条上的多方共同参与，形成平台；最后，将交易链条拉长拉宽，形成围绕一个领域多方共存共荣的状态，即为生态。

三位一体

场景、平台、生态三位一体，不可分割。那么，这是不是说形成一个生态之后，就不是平台、就没有场景了？当然不是。以阿里巴巴为例，阿里巴巴是一个全景化的生活消费生态。这个生态中包括购物平台淘宝、天猫，还包括与其合作的携程等出行平台、饿了么等外卖平台等。这些平台分别覆盖了消费购物场景、旅行订酒店和机票场景、订餐和订外卖场景等。随着阿里巴巴新零售数据的赋能，由生态拓展出来的平台和场景可以更多，生态的包容性和弹性更大，抗风险能力更强。

银行网点为什么需要场景化、平台化和生态化

这个问题包括两层含义：一是网点为什么需要场景化、平台化、生态化，也就是它们究竟“解决了网点的什么问题”；二是银行为什么需要场景化、平台化、生态化，也就是“银行不缺场景、平台和生态”。了解了这两点后就会发现，银行在这方面投入资源是很值得的。

解决什么问题

我们回过头来审视银行网点的经营是否存在问题。从行业上来说，银行网点经营主要存在这样几个问题：一是客户对银行网点的信赖度下降；二是客户对银行网点的需求度下降；三是银行网点的对外话语权下降；四是银行人员的职业荣誉感下降。从大局上看，银行总把利润、规模当作经营成果，其实，通过 KPI 式手段对客户“涸泽而渔”，以及政策保护带来

的垄断，银行业还能再风光十年，但无异于饮鸩止渴。从细节上看，任何一个有见识的银行经营者都见过银行网点的惨淡，见过基层员工的疲惫，见过业务发展中无休止的利益兑换。银行业务发展缺乏三个要素，情况变得越来越严峻：一是客户、客户、客户；二是平台服务能力让客户喜欢“我”；三是生态闭环让银行可持续发展。

客户、客户、客户

第一个客户是指客户，银行需要获得客户；第二个客户是指客户流，银行需要持续不断地获得客户；第三个客户是指客户复用，进入银行体系的客户要能不断重复创造价值。这三点是银行当前面临的困难之一，可以通过打造场景加以解决。

场景触发的客户需求，是获得指向性客户的主要来源。指向性客户与银行传统认识中的泛人类客户有着本质的区别。在银行传统认识中，“进门就是客”，所有的人都是它们的客户。而场景往往是解决一类客户的需求，这个“一类”就是场景的客户“指向”。这“一类”往往涉及一种具体的可见、可感知的客户需求，例如，客户需要买车，银行想要获得汽车贷款客户，首先需要抓住客户的买车需求。在马斯洛需求理论中，越低级的客户需求越直接，越可感知，越高级的需求越抽象，越需要精神感受。

客户需要银行是因为银行能解决客户的问题，为他的需求找到解决办法。过去银行解决的客户的核心需求是结算，现在在结算方面，银行并不是最常见、最有效的解决途径，也就是说银行的解决方案不能从根本上满足客户的结算需求。所以，银行需要重新围绕客户可能的需求，组织服务方式，并将这个服务方式链条化、体验化和品牌化。例如，银行网点解决客户购车的一切流程和需求，以前银行网点只负责购车贷款业务，现在从选车到领牌照，到组织车友会自驾旅行都通过银行网点，这样链条拉长了，客户体验加深了，就更容易形成品牌。客户会自动归属到这个网点下，从而就形成了长期稳定的客户流。因此，银行的内部场景要围绕这一点来构建，例如，如何在银行网点实现选车、试驾等。

银行的服务特性决定了只有客户与银行保持高频持续互动，才能持续给银行带来收益。例如，汽车贷款是低频业务，甚至是一次性业务，所以银行网点就需要组织车友会，组织客户自驾游，组织客户加油，形成与客户的高频互动关系。在这样的互动中，银行网点才有可能推出 ETC 信用卡等关联产品并取得收益。银行缺乏独立构建这些场景的能力，但寻求合作并不太难，这有利于帮助银行掌握足够稳定的客户流。

平台服务能力让客户喜欢 “我”

银行将自身平台化可以解决银行服务能力上的问题，很多银行并没有意识到自己的服务能力不足。与传统银行相比，银行构建场景需要大量的非金融业务来完善服务链条，为客户提供完整的服务体验。但这些非金融业务通常是银行无力开展的。所以，银行需要寻求合作，这也是银行平台化的核心，即“用别人的产品服务自己的客户”。在这里请思考一个简单的问题：如果甲在淘宝某服装店买了一件衣服，那么甲是淘宝的客户，还是这家服装店的客户？很显然，甲是淘宝的客户。当然，这种说法并不准确，准确地说，甲是淘宝的用户。甲在使用淘宝这个平台，而淘宝这个平台的唯一功能是让每个用户可以搜索、选择商品，并不能让用户得到商品。那么，淘宝卖家就成为淘宝平台完善平台服务的合作者。也就是说，淘宝作为平台，用卖家的产品来服务自己的用户。请记住，用户只有淘宝账号，在各个卖家那里并没有账号。

下面仍以上文提到的汽车消费场景为例，银行只负责提供贷款，并不卖车，那么怎样将这个场景延伸呢？从整个汽车消费的产业链来说，银行需要与各个汽车品牌 4S 店达成合作关系，当然如果能与汽车制造商达成合作关系就更好了，然后是汽车金融服务，以及汽车证照办理服务、汽车装修保养服务、加油洗车服务、紧急路面服务、汽车旅行酒店服务、自驾游组织服务等。这些服务的提供者都成为帮助银行完善“玩车”这一服务的合作方。银行则需要做好平台，向这些商户引流并提供各种平台支持。与传统汽车消费贷款相比，通过这种方式，银行还可以轻易地推出信用卡、ETC 等多种产品，甚至能获得很多公司的业务。银行成就了这些商家，同样也成就了这些客户玩家，更成就了自己，因为客户只持有一个银行账户。新时代的商业成功，就是成就别人。

生态闭环让银行可持续发展

当每个网点可以对应一个场景，纵向形成一个服务链条时，就可以满足客户某个单一方面的需求。但实际上，客户的需求是多元化的，银行提供的服务再好，也只能是让客户高频访问而已。客户迟早是要离开银行的服务体系的。要想让客户长久地生活在银行的服务体系内，就必须依靠生态。

简而言之，银行构建生态需要多个网点分别覆盖不同方面的场景，这本身就具备了生态的重要特征，即多元化。如果将银行网点的场景和平台串联起来，就会形成初步的生态。上级行网点管理者通过平台工具将各项资源聚集在一起，各个网点则负责分类运营，超出单个网点运营范围，又在其他网点运营范围内的，可以通过平台工具进行调用。举个例子，假设 A 网点负责汽车消费业务，B 网点负责母婴用品海淘业务，C 网点负责中老年人健康业务，它们各自满足了一类场景客户需求，如果 A 网点引入的汽车爱好者客户甲结婚了，需要海淘母婴用品，A 网点就可以借用 B 网点的服务力量和资源完成对这位客户的服务；如果客户甲的父母需要做健康保养呢？A 网点就可以用 C 网点的资源来照顾好客户甲家里的老人。在这种情况下，这位客户对银行生态的依存度就会非常高。

在生态中，一个人既可以是生产者，又可以是消费者。借用上面的例子，一家汽车 4S 店的总经理，在 A 网点是合作方乙，但合作方乙家里也有老人和小孩，A 网点同样可以借用 B、C 网点的资源来向合作方乙提供服务。对于 A 网点，乙是生产者，提供服务；对于 B、C 网点，乙是消费者，获取服务。银行、供应方、消费者，每个参与者都能共荣共存，这就是生态的典型特征。

银行缺这个吗

通过上文我们知道，构建场景、平台、生态，是银行网点提升客户体验的重要手段，是银行网点改变服务方式，强化获客、活客能力的有效路径，那么这对于银行整体有什么意义呢？毕竟，打造场景、平台、生态是要投入大量人力和物力的，银行在预测到合理的收获后才敢进行投入。从银行整体来看，银行需要场景、平台和生态在以下几个方面提供支持：

数字化转型

一提到转型，银行人士就会提到“高大上”的金融科技、数字化转型，却忘了一件很重要的事，即银行推动金融科技的数据从哪里来。对此有三种思路：银行自己有数据；可以从外面买数据；与科技企业合作，由科技企业提供数据。我们来论证一下这三种思路是否有效。

第一，银行自己有数据吗？有，但很有限。银行数据类型单一，应用场景窄，对客户描述不清晰。例如，银行为什么爱抓住大客户？因为银行系统里只有以金融资产为核心的数据，只能以金融资产为线索来研究客户。依靠这些数据，银行能使客户形成依赖吗？当然不能，银行缺乏客户真实的生活数据，无法在各种服务中提供解决方案。例如，银行想为客户提供养老服务，但是没有客户的家庭关系数据，银行通常通过一线员工KYC（Know Your Customer，了解你的客户）来解决，但这样做的成本高、效率低。而通过互联网的方式，事情就变得很简单，客户通过网络购买了中老年奶粉或者老年人保暖内衣，就表示家里有老人。每一笔交易都有交易背景，可以用来进行数据分析，而银行只有三类数据，分别是出款账号、收款账号和支付金额。有些银行的数据甚至不足以支持金融服务，例如，如果银行要做智能投顾，却不知道客户家中有多少位老人，就不知道有多少非收入人口，提供的投顾方案就会不准确。

第二，银行可以从外面买数据吗？很多银行采取这个方式，但是这会带来两个问题：一是买来的数据要根据自己需要的数据结构进行“清洗”和匹配。有的数据银行不需要，却买了，有的数据银行需要，对方却没有，有的数据与银行留存数据匹配不上。二是买来的数据往往是切片数据，例如，2020 年一季度 × × 省 600 万客户的网购消费数据。这种数据的持续性不足，并不能进行规律性分析，如果长期购买，代价也是很高的，尤其是可能会违反国家隐私管理的相关法规。合法的数据一般是经过匿名化的，这同时又给数据的清洗和匹配带来困难。

第三，银行与科技企业合作，由科技企业提供数据。数据是信息时代的第一资源，原始数据的价值更是堪比石油矿。所以，没有任何科技企业愿意长期向银行提供全面的关于客户的元数据。隐私管理的相关规定要求互联网企业向他人提供个人信息前应进行匿名化处理，不能通过这些数据联系到特定个人，不可在数据提供上有所突破。它们选择的做法是将数据进行深度处理，并将加工后的数据以一定的展现形式提供给银行。这些展现形式包括：展现总体但不展现个案，例如，提供的数据显示 20 ~ 30 岁男性每个月的平均收入，但不显示 26 岁的客户丙的具体收入；展现分析结果但不展现分析过程，例如，显示某个客户的信用评分是多少，而不显示具体的信用卡、贷款、缴费记录。也就是说，科技企业习惯于将自己的技术转变成价值结果提交给银行，银行直接应用结果。这里带来的问题有两个：一是银行的分析思路未必与科技企业一致，科技企业认为其客户是低诚信客户，而某银行因认识不同，可能会认为其是高诚信客户；二是银行长期依赖科技企业，会成为科技企业的附属和资金通道。

银行纵向缺少长期可持续数据，横向缺乏覆盖面足够的数据，这一问题，只有场景化、平台化和生态化才能解决。而抱着与科技企业合作的心态的银行，也会在合作过程中逐渐丧失话语权，失去自己的核心竞争力。

缺客户流

社会商业发展一般围绕两种模式，分别是产品模式和账户模式。

对于产品模式，大家都非常熟悉，是指企业生产产品，包括内容型产品和服务型产品，然后进行销售，产生收益。大部分产品的销售完成后，商家与客户的关系即终止，最多有一些售后服务。

而账户模式是指，先建立一个账户，在账户下企业对账户持有人提供持续服务。绝大部分互联网商业模式，都是账户模式。例如，微信有微信账号，淘宝有淘宝账号，百度可以不用注册账号，在没有账号的情况下，用户也可以搜索，但有了账号后可以应用更多的功能。线下的账户模式最常见的是美发店的会员卡，这也是是一种“储值账户”。

账户模式与产品模式的差异在哪里呢？互联网上有一句话描述得非常准确，“销售是服务的开始”，这也是生态的特征。企业用高性价比的产品吸引客户入门，建立账户，这属于场景化阶段。例如，银行揽入客户存款，需要先开卡，建立账户。然后，各种服务需要跟上，要与客户产生高频联系，这就是平台和生态的作用。所以，银行采用的是典型的账户模式而非产品模式，产品销售一定要放在客户维护之后。现在，银行通过大量线上手段，将客户推出了场景，而这些线上手段的焦点都在交易，所以客户对银行的依存度越来越低，一是较少来银行线下网点，二是线上使用频率越来越低。除了批量营销、地缘性增长和阶段性活动，银行已经没有稳定的获客、活客手段。

缺服务手段

一直以来，结算与融资服务是银行赖以生存的核心。在银行中介本源的支持下，在信息传递速度较慢的年代，结算与融资是客户的强需求，是银行获得客户的“顶级产品”。但是，在互联网时代，技术水平的提升，促进了结算成本的急剧下降以及信息的高度对称化。结算与融资需求迅速弱化，客户对整个银行的需求度急速下降。客户不会因为交不了电费而去银行开户，同样不会因为申请不到贷款而不去买房。既然客户对银行的需求已不在结算与融资，银行就一定要向客户的真实需求倾斜，从客户的本质需求入手，在生活缴费、买房买车等需求的前端就开始服务于客户。

但是银行缺乏相应的服务手段，尤其是缺乏满足这类前端需求的即时场景。例如，客户要买房，得找楼盘去看房，不能在银行网点看房；客户要买车，得找 4S 店去看车，不能在银行网点看车。可反过来想想，为什么不能在银行网点呢？当然可以，只是银行网点中没有车、没有房，也缺乏触发客户购车、购房欲望的其他场景，例如样板房、试驾车等。甚至，银行网点缺乏足够的专业能力，不懂如何帮客户选房选车，或者根据客户需求做出合理、中肯的有利于客户的推荐。传统银行业务解决不了这些问题，传统银行培养出来的员工也解决不了，只有用场景、平台、生态思维转型的银行体系才能解决。

网点互联网化三部曲

银行需要、网点需要、客户需要，构建场景、打造平台、完善生态，从表面看这是一套自下而上的银行数字化转型逻辑，但无处不包含从顶层向下的思维设计理念。从实施上看，需要上下联动，以点带面，从下向上推进。

构建网点场景

场景小，场景针对的客群也小，所以银行网点才能集中精力“一点打穿”，在构建网点场景的时候，需要大量的尝试和设计，所以如果一家银行要开展网点场景转型，就不要选择太多网点，而是每次集中精力设计好、打造好、培养好相同类型的 2 ~ 3 家网点，为客户提供极致服务和极致体验，实现领域内的“一点打穿”。

需求

银行曾热衷于探索客户的需求究竟是什么，然后再到茫茫产品中去寻找。如果没有自欺欺人，那么结果基本上都是找不到满足客户需求的产品。从零售银行发展的角度来看，客户需求都是有指向性的，这是“零售客户”群体行为特征的体现。这种特征通过一些外在属性进行归类，这种属性的集合被称为客户画像。但对于银行网点的客户，还有一个固定的约束条件，就是地域。超出网点覆盖范围的客户，即使满足客户画像，也需要银行的服务能力和品牌足够好，才能被跨区域吸引到网点来。当然，客户可以采用线上渠道，我们在构建平台部分对此进行详述。所以，网点客户的需求，基本是在分析网点周边客群特征的基础上找到的。例如，某网点开业三年，周边有三个高档住宅小区，经分析后发现，这三个小区的购房者很大一部分买房是为了结婚，入住三年后迎来了一波生育高峰，“太太党”和在家带孩子的老人成为网点的主力客群，他们的直接需求是母婴用品，刚需是奶粉。

服务

分析完客户的需求之后，就要为客户构建服务链条，而不仅仅是提供点状服务。这种服务链条应该覆盖从触发客户需求，到客户获得良好体验的完整过程，这也是需要经过充分设计的。这样的链条往往是在解决客户的一个痛点，附带解决一系列痒点时构建的。我们继续用上文提到的母婴用品的例子。在上文的客户定位中，网点提供的服务应以解决奶粉问题为第一目标，解决方法是“海淘”。很多银行都有随海外信用卡的海淘服务，但是缺乏运营能力。所以，设计的核心服务链条应该是这样的：指导客户使用海外信用卡去指定海外网站购买奶粉，并享受信用卡满额返现的优惠，以此解决客户的痛点。痒点包括：如果客户未学会如何进行海阔，可以由网点大堂经理代为操作；如果客户找银行网点办理海淘业务，可以与其他客户一起拼箱分摊运费；物流到货后，客户到银行网点自取，高净值客户可享受送货上门服务；网点提供海外母婴用品使用效果咨询和介绍等服务。在这里，银行的第一个账户类产品是海外信用卡，获得海外信用卡就是客户获得一系列海淘服务的开始。

展示

银行产品和服务不可体验的特征非常明显，所以展示起来特别困难。

即使是贵金属这样的实物，也因为十分贵重，因而大部分展示停留在宣传折页上。而银行从客户需求入手的服务，更便于展示，甚至便于通过构建场景进行展示。我们继续用海淘的例子。同理，信用卡是不方便进行展示的，最多让客户看看卡面好不好看。但海淘产品是可以展示的，最简单的做法是，网点清空礼品展架，将海淘产品上架展示。这种展示只是粗浅的展示，在其他领域，我们还看到其他的展示形式，例如楼盘展示的是沙盘、样板房；4S 店展示的是展览车、试驾车；家具城展示的是家具，并从原来的分类展览改成了套房展览……这些都是场景。场景可以触发客户的感情。这些场景有时候使用的技术和投入的资金并不多，但是效果非常好。

专业性

银行的专业性体现在哪些领域？在金融领域，但大部分客户在大部分场合是不需要金融的，而对于客户在其他领域的需求，银行人员很有可能并不专业。例如，银行人员很可能不懂如何买房、如何买车，不懂如何海淘，更不用谈如何租房、售房，如何用车、玩车，如何淘货、拼运费……所以，在打造场景专业度的时候，银行还需要做两个方面的准备。一方面，虽然银行人员普遍不了解客户在金融领域之外的需求，但这并不排除银行内有个别员工与客户的需求是一样的，甚至还很专业，一个银行一般有几百甚至几千名员工，其中总会有几个这样的人，那么银行就可以把他们集中到一个网点来。专业人才有限，才是构建网点场景最大的瓶颈。专业人才了解客户需求，知道如何满足客户需求，明白如何与这类客户打成一片。另一方面，银行在专业能力不足时，应该积极寻求外部合作，例如，关于咖啡，银行不能让员工自己泡咖啡，最好的方式是与咖啡店合作；关于老年人客户，银行也不需要员工会量血压，可以和社区医院合作。继续以海淘为例，银行可以让员工学习如何海淘，也可以与有海外代购经验的母婴店合作，由它们提供专业支持。这种专业支持体现在内容上，而不是产品上，例如，可以让合作的服务商提供海外网站中不同品牌奶粉的评分等级，不同婴儿按摩油的使用方法，不同辅食的使用评价。银行也要对这些内容进行验证和认定，直到该机构与银行的合作足够深入，取得银行认可，才进行产品上的合作，这叫信用赋能。

分享

如果银行网点将服务链条打造得很好，将专业性打造得很好，将展示场景设计得很好，那么网点建设已经成功了一大半，另一半需要做的事情，就是将这些信息传递出去。所以，在场景设计完成之后，银行要考虑如何分享。在自媒体时代，每个人都可以成为触媒节点，在互联网上，每个人都拥有平等的话语权。但反过来，因为个体的专业能力不同，所以过于复杂的分享方式也给人们造成了一定的障碍。比如，9 张照片加一段话的微信朋友圈，一段时长为 30 秒的小视频，看起来都不难制作，但要让人愿意看，还是需要下一番功夫的。当一位客户在网点享受场景服务并感到很开心时，网点如何借助这位客户的力量将这种体验传播出去呢？例如，海淘到货了，一位妈妈拍了一组奶粉、爽身粉、按摩油、婴儿玩具、婴儿衣服的照片，分享到自己的朋友圈，她只会写“我家宝贝的粮食到了，养儿子真不容易。”网点要想将这一服务分享出去，简单的做法是，让客户在自己的朋友圈分享网点二维码和一段特别的文字“××银行××网点，让我养儿子安全又放心。”集赞够 30 个后，可以免该客户下一次海淘的运费。考虑更周全的网点，就会在分享方法和分享体验上做文章，比如制作一个小程序，客户上传 9 张照片后，小程序会自动生成一个时长为 30 秒的小视频；比如制作一个可分享的客户调查问卷，让妈妈们选择自己用过或者喜欢的海外奶粉，然后分享给更多人。分享的目的是让更多同属性的客户共同参与。

社交

如果生意仅仅是一门生意，那么这个生意就会越做越生。就像理财经理，如果每次给客户打电话聊的都是产品，那么慢慢地，客户就不爱跟你聊天了。社交是使有共同属性的客户产生关联的重要手段，具体包括两个方面：一是让网点员工与客户产生关联；二是让客户与客户产生关联。要让员工与客户产生关联，就要选择具有典型客户特征的员工，或者称作KOC（Key Opinion Consumer，关键意见消费者）。在海淘案例中，如果大堂经理是一位宝宝未满三岁的妈妈，那么她的海淘经验、产品选择和育儿心得，就会使她成为所有妈妈心中的意见专家。要让客户与客户产生关联，就要运营社群，让大家在社群中交换意见，分享经验，比如有位刚进入社群的妈妈想给容易吐奶的宝宝选一个喝了不吐的奶粉品牌。这时候，网点员工就可以在社群里寻求各位妈妈的帮助，请用了不同品牌奶粉的妈妈用保鲜袋装10克奶粉给这位妈妈试试。这样做就增进了客户与客户之间的感情，银行的维护压力就会少很多。这几年一些银行盲目追求MAU（Monthly Active User，月活跃用户人数），不如从这里开始做起。

转化

银行网点有了足够的服务链条，有了足够的专业能力，获得了客户极大的好感后，就可以追求自己的利益了。将高频客户向自身利益转化的过程也变得十分重要。在国内互联网行业，近几年兴起了一股“金融变现”的热潮，通常有两种形式：募集长尾客户资金，投放到金融机构获得高收益，即“存款模式”；向金融机构提供场景和数据，用于资金投放，即“贷款模式”。这些都是银行天然的业务范畴，互联网行业可以做的银行更可以做。有了场景之后，银行有无数种金融变现方式。就拿海淘为例，第一步是开信用卡，第二步是信用卡消费分期，第三步是信用卡绑定工资卡。一旦工资卡进入账户体系，各种理财方案、投资建议就可以“出炉”了。并且，通过场景，网点员工还能与客户建立相当深厚的感情。

构建特色平台

如果网点能构建起优质场景，那么当场景运作得非常流畅时，就会实现持续获客和持续活客。从单个网点的角度来看，这样业务已经做得很成功了。然而，还有一些影响网点长期发展的因素需要考虑：一是服务效率与服务能力，也就是如何让非金融服务能在银行流畅运作；二是合作方的目的和动力，网点需要合作方，但合作方为什么要与网点合作；三是员工压力与承受力，压力本来就大的员工怎样才能做好这样的转型。答案就是做好平台。这一部分除了网点的努力外，上层管理行也需要给予足够的支持。

数据收集与分析

场景建立完成后，针对客户一系列的消费和生活行为，银行就有了完整的数据收集通道。这对完善可分流客户画像起到了极大的促进作用。一部分客户是“死忠粉”，他们属于典型客户；还有一部分客户是赶热闹的，他们属于非典型客户，非典型客户又可以根据数据分成几类。重要的是，根据数据针对典型和非典型客户，制定不同的服务模板。服务链条的主线可能相差不大，银行需要在一些个别体验上体现出差别。继续讨论海淘的例子。同样是因海淘母婴用品而入门的客户，三年之后随着孩子年龄的增长，可能就会出现分化。一部分妈妈喜欢国外奢侈品，一部分妈妈看中了国外教育，一部分妈妈看中了国外保健品，当然还有一部分妈妈继续生二胎回到了母婴用品的序列。这里就存在四类客户，就需要为他们准备四套方案，从之前的场景解决方案来看，网点可以提供“母婴类”的解决方案模板，而其他几类，因为网点人员不够专业，没有合适的模板去应用。但是，当大量客户产生分类消费行为时，网点就可以从数据上分析他们的消费行为并形成新的方案。例如，有 1/4 的妈妈已经在海外购买了大量保健品，那么将她们的购买行为，以及社交中获得的购买心得、使用攻略等用数据记录下来，用于分析，并最终成为构建非典型模板的重要参考。就像阿里巴巴，利用数据分析对客户进行分类，并观测他们的行为共性，从而就可以“读懂”很多行业，这就是最简单的数字化。

需求与服务运营

银行提供的服务和解决方案往往是被动的，是发现客户需求之后的应对措施，如果大部分的解决方案都是应对措施，那么银行往往会很被动。所以，银行通常是设计好服务流程，然后在客户“有需求”的时候按照流程服务。这时，问题就出现了，客户什么时候有需求？客户怎么知道自己有需求？所以，让客户认识到自己的需求主要有两种方式：一是类比，二是触发。

类比就是遵循其他人的需求轨迹。在客户画像接近的情况下，每个人的人生轨迹会很相似，那么大多数人做出的选择是可以借鉴的。举几个简单的例子：从金融业务角度分析，一个人在 18 岁拿到身份证后可以做什么？办个卡开户；在 22 岁大学毕业后找工作时可以做什么？办信用卡；26 岁要结婚了可以做什么？办理房贷车贷……从这可以一直到 60 岁。这种轨迹是可以借鉴的，是不同阶段客户的自然需要。

触发就是将隐性需求触发成显性需求，包括主动触发和被动触发。主动触发是指客户某些行为特征表明他有某种需求，比如一位客户一年前买了大量的红包糖盒，这是为结婚准备的，一年后他开始买奶瓶，那表示生宝宝了，这时银行网点的海淘服务业务就可以接入了。被动触发是指客户自己想不到可能有什么需求，但被其他手段触发出来。销售话术只是一种非常浅的触发方式，而场景触发会更容易。比如，到了夏天，海淘分类介绍时会增加关于宝宝驱蚊香的内容。

专业打穿

银行构建的很多场景可能都比较浅，比如海淘场景。但是通过社群的形式，银行可以将平台完善成“母婴服务”平台。除了海阔，银行网点还可以提供什么服务呢？比如给婴儿洗澡、按摩等；指导母亲母乳喂养，产后身体恢复等；以家庭为单位的早教、婴儿锻炼等。这些都非常专业，想要完整打穿“母婴服务”这个领域，形成垄断优势，银行人做不到，那么应该怎么办？连接外部供应商做。银行是平台，供应商是卖方，客户是买方。所以，传统银行撒网型对公营销、商户营销就需要被弱化，网点要有针对性地根据行业进行营销，成为入库合作方。下面，我们讨论一下这三方的利益。

银行：用别人的产品服务自己的客户，客户的满意度和活跃度提升，与银行交互的频率也会持续稳步提升。银行同时获得了大量有行业指向性的对公客户，而且它们对银行的依赖度很高，更重要的是，银行获得了大量消费行为数据。

合作方：合作方获得了银行持续稳定输送的客户，输送的客户的指向性和需求明显。同时，合作方可以得到银行的信用赋能和长期优先信贷资格。

客户：客户可以获得围绕需求的更完善的服务，自己不用操心选择问题，银行会对服务水平进行筛选，银行提供的解决方案总能让客户非常省心，客户时不时地还能享受各种优惠。

对外赋能

当然，做好平台不仅仅是向合作方提供客户，最重要的还是要将服务能力传递给合作方，让它们在达到专业水平的同时尽可能减少烦恼。比较常见的是，银行将金融能力赋能给合作方，比如安装刷卡刷码两用 POS 机、自动收银机等设备，安装银行账务管理软件，在合作方需要的时候提供贷款等。更深入的就是信用赋能，就像淘宝卖家评级，有一个明显的信用标识，涵盖产品质量、服务能力、信用水平等。再深入一点，银行向合作方提供客户管理工具，在有优惠或新产品的时候，合作方可以通过银行提供的工具向客户宣传；银行向合作方提供运营工具，包括如何发布优惠，如何发布视频，如何开展活动，如何开展直播；银行向合作方提供数据分析工具，可以分析客户结构、客户流量、消费转化、优势产品等。当合作方使用了银行的这一套工具后，自然就离不开银行了。这不是一个网点能解决的，需要上级行的科技注入。

专业赋能

方便了客户和合作方后，银行也要照顾员工。本来银行的产品增速很快，员工的培训学习压力很大，在这种情况下推进场景转型会遇到巨大的阻力。这就需要专业赋能，减轻网点前端的专业压力。

一方面，金融专业需要赋能。与其让员工天天学习产品的相关知识，不如简化产品，便于网络传播和直销；提供工具，可以是 App、小程序，前端员工随时能调用，所有产品的操作流程和办理要素都能显示出来，有很好的解释和说明，不需要员工花大力气学习；提供方案，一些高质量的金融服务，往往是银行基层员工学习的障碍，比如我们常说的投资顾问，需要较高的专业能力。基层员工通过赋能工具，在服务能力方面可获得极大提升，减轻学习压力，增加对银行的依赖。

另一方面，平台专业需要赋能。员工不懂买房买车，不懂海淘鉴赏，不懂穿搭美容，可以通过“分类运营，平台共享”的方式实现赋能。同类网点根据同类客户需求构建场景，那么与这个需求相关的业务，就由类似的几个网点共同运营。比如，有三个网点做母婴服务业务，它们提供育儿知识；有四个网点做汽车消费业务，它们提供汽车保养知识；有两个网点做旅游消费业务，它们提供旅游打卡攻略……所有的活动、优惠，在这个品类下，由这些运营网点说了算。然后通过一个完整的平台工具将它们统合起来，比如某个网点是做汽车消费业务的，但有个客户来这里咨询母婴服务业务，这个网点就可以用别的网点的业务，服务自己网点的客户。所以说，一个网点可以通过平台工具调用其他网点的服务以满足客户需求。每一个网点都是平台服务的线下体验店，这种赋能不但需要网点的努力运营，也需要足够的科技支撑。

构建局部生态

有了前端良好的场景和平台建设，银行就掌握了更丰富的资源，生态几乎是自然而然形成的。根据规模、地理覆盖、客户指向、服务能力，银行构建的生态大小不同。到了生态这个层面，银行需要做的事情实际上就是不断补充场景，完善平台，让生态内的每一个参与者“活着”。

活着

活着的第一层含义是，银行自身的场景和平台“活”下来。这一方面是银行的战略惯性，主要考验的是管理中对 KPI 认识的转型；另一方面，银行将重心放在获客、活客，数据流入，基础收益三个部分。银行要让已经建好的场景和平台持续发挥作用。这是能力层面的“活着”。

一起活着

“活着”的第二层含义是，平台参与者都能获益。前面已经阐述过银行合作方和客户的利益，这里不再赘述。持续稳定地让各方获益，就能使各方的参与度保持稳定，让生态具有抵抗风险的能力，在遇到市场风险的时候能够带领所有参与者迅速转型。这是进化层面的“活着”。

好好活着

“活着”的第三层含义是，带领大家一起做大，越“活”越好。每一个平台和生态的建设，都伴随大量的内容提供方。比如，淘宝有很多小品牌从小做大，大众点评中诞生了很多美食大 V，B 站（哔哩哔哩）上出现了一大批才艺 UP 主，他们都是依靠平台的力量逐渐成长，获得了越来越多的收益。这是成长层面的“活着”。

自动活着

“活着”的第四层含义是，越“活”越轻松。传统银行的业务流程、服务方式、服务工具，对于客户、合作方，甚至员工来说，都过于烦琐、体验感差。要让每一种服务、每一种商务往来、每一种体验，都让参与者感到满意，都是自动发生、自动完成的，就需要着力发展大量的支持工具，包括给客户的工具、给合作方的工具、给员工的工具，这些工具要涵盖他们需要的每个方面，简单易用、清晰易懂。这就是智慧化，也是银行发展金融科技的目的。这是情绪层面的“活着”。

成就别人

这几年的经济发展表明，以往金融主宰经济的时代已经过去。资本退向幕后，成为支持者，让有梦想、有能力的人展示出能力和能量的时代已经到来。从实业快速“吸血”的银行注定走不长远，新的商业逻辑是围绕“成就别人”展开的，这就体现了银行天然的平台特征。所以，最高级的“活着”是成就别人。这是价值观层面的“活着”。

转型不仅仅是网点的事

最后，不得不说的是，转型不仅仅是网点的事。银行这些年习惯了资源上收，压力下沉，用不到1/4的基层，养活全行3/4的管理岗位，这本身就是巨大的问题，是沉重的包袱。所以要想构建好前端的场景、平台、生态，转型就不仅仅是网点的事。

银行的经营转型

银行在经营上存在两个矛盾，是共性和特性的矛盾。

数据运营解决99%的问题

共性的问题基本都可以通过数据运营来解决，因为这是可以复制的模式，这样制订的解决方案，适用于解决普遍性样本问题。也就是说，通过数据分析产生的解决方案，可以覆盖绝大部分的客户需求。

创新解决1%的未来问题

无论是主动创新，还是被动创新，都会受到“黑天鹅”事件的影响。

这一部分几乎不可预测，在顶尖领域，“低频”往往就意味着“高危”。所以，银行依然不能放弃创新探索，因为不能舍弃未来1%的问题。这需要创新机制和文化的支持。

银行的人才转型

大部分银行的人才体系是内生型的，银行从大学毕业生中招募员工，进行培养，以符合自己的需求。这些年的培养却让银行的场景化能力越来越差。主要体现在：

99%的人才是同样的

银行一直重视规范化，因为符合流程的管理规范能尽可能地减少岗位衔接的摩擦，并可以通过提升岗位熟练度提升效率。所以，银行的人才观是标准、统一的，经过多年磨炼的银行员工，能力会趋于一致。一个人解决不了的问题，大家都解决不了。

1%的人才最重要

在大量员工依靠制度和流程工作的时候，有没有人想过“为什么是这个流程”“这个制度是否合理”等类似的问题。韩非子的法家思想里，就阐述了大部分人按照法律和制度生活，极少数顶级精英则制定法律和制度。而银行员工，恰恰也是这样的群体，极少数的人制定流程，不断调整制度，最终使制度更加有效。在场景转型中，需要设计大量的新流程和运营体系，技术进步也会带来前端流程和服务方式的不同，所以这些具有流程创造力的极少数人才才是最重要的。

银行的管理转型

人是活性因素，管理直接决定了个体工作的主动性。为配合场景建设，在管理上，银行也需要进行较大的转型。

不能用99%来要求1%

纪律塑造执行力，而散漫带来创造力。所有在创造上有伟大成就的人，其工作生活往往是不规律的。原因很简单，因为他们有创造力的时候会不眠不休持续工作，没有创造力的时候会多方面、多维度地吸收营养。所以，在绝大多数企业看来，这是没有纪律的表现。银行在场景建设中遇到的创新人才，是不能用日常的管理制度来约束的。

1%是用来改变99%的

更重要的是，制度要随着创新而变化。银行最常见的问题，就是当计算机代替了某个岗位的工作时，是否还要关于这个岗位的内控制度。很多银行围绕着“约束人”的制度来进行数字化创新，其结果肯定是失败的。在数字化创新过程中，先推进技术以解决问题，再设计流程用人工补充技术缝隙，最后重构制度约束员工。由于流程发生了变化，制度也一定会发生变化。

第十一章　浅谈金融科技发展与银行业务赋能

从20世纪90年代开始，基于个人电脑和单机软件的应用催生了银行业第一波数字化转型浪潮。进入21世纪，互联网技术的发展催生了银行业第二波数字化转型浪潮。近年来，以AI、区块链、云计算、大数据等技术为代表的金融科技得以快速发展，从而催生了银行业第三次数字化转型浪潮。伴随各家银行全面开展数字化转型，金融科技成为近年来金融行业最“热”的词汇之一。具体而言，金融科技是指金融和技术的有机融合，运用区块链、AI、物联网、云计算等新兴技术为金融行业赋能，以提供创新性金融解决方案。

部分企业和中大型金融机构，都在致力于通过科技手段，在金融领域实现工具、产品和业务模式创新，从而突破原有网点、人力、成本、制度等瓶颈。通过聚集海量用户，整合支付结算、财富管理、保险等各领域的金融服务，并延伸至非金融领域，打造开放的生态圈，比如蚂蚁金服生态圈、腾讯生态圈、平安生态圈等。

本章分四个部分，第一部分简单介绍国内互联网金融到金融科技的发展脉络。第二部分简析金融科技为零售银行转型赋能的五个趋势。第三部分浅谈金融科技为公司银行业务转型赋能的五点思考。第四部分结合一些案例，探讨金融科技如何为银行业务赋能。

从互联网金融到金融科技的发展

伴随着国内电子商务的高速发展，以阿里巴巴和腾讯为代表的互联网头部企业，从支付业务入手开辟了互联网金融之路，并在短期内实现颠覆式发展。然而，伴随着互联网金融的发展，出现了一系列恶性的社会问题，国家于2016年启动了互联网金融的整治工作。互联网金融发展与整治历程如图11-1所示。互联网金融巨头们随之提出了转型，蚂蚁金服在2017年宣布，自身定位为金融科技公司，以后只做技术，帮助机构做好金融服务。互联网金融逐渐转向由银行为主导的金融科技。

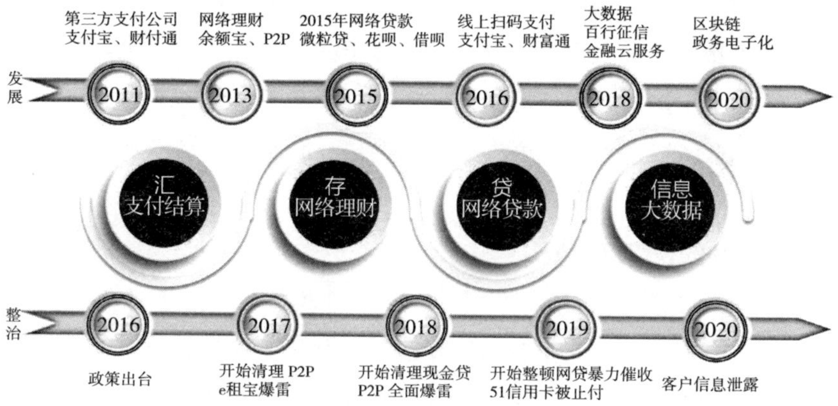

图11-1　互联网金融发展与整治历程

国内互联网金融发展的简述

国内互联网企业从开办电子商务到开展金融业务基本沿着以下脉络。

第一阶段，开展线上支付结算。以支付宝为代表，平台积累了大量的沉淀资金，而支付宝早期并不具备为客户清算资金的资质。2011年中国人民银行首次发放第三方支付牌照，以阿里巴巴、腾讯为代表的大型电商平台纷纷持证上岗，而2011年可被称为中国互联网金融元年。

第二阶段，开展网上理财产品的销售。阿里巴巴在2013年与天弘基金合作推出"余额宝"，基于支付宝的亿级用户，余额宝半年实现3 000亿元的销量，一年实现8 000亿元的销量，成为国内金融业的一个奇迹，并改变了国内大众客户的存款习惯。

第三阶段，进入线上消费信贷领域。作为中国首家互联网银行，微众银行于2015年1月4日发放首笔网络贷款，依托微信作为网络贷款的天然流量入口，其产品微粒贷得以在短期内快速发展。根据微众银行2018年财报，微众银行管理贷款余额超过3 000亿元，营业收入为100.3亿元，实现净利润24.74亿元。

2011年以来，互联网金融的爆发式发展得益于金融监管的宽松和国内电商的高速发展，微信和支付宝扫码支付从线上扩展到线下，分食传统POS机刷卡市场，导致巨额交易资金游离于监管体系之外，随之而来的是P2P、现金贷、电信诈骗等问题，带来的金融风险和社会问题日益突出，于是在2016年，互联网金融整治工作开始启动。

互联网金融的乱象及整治

从2015年12月的e租宝案件开始，国内互联网金融持续爆雷，带来大量的社会问题。由于互联网金融业务具有跨区域经营和混业经营的管理特征，互联网金融乱象具有传播快、受害者多、维权难、办案难、调查取证难的特点，单一部门无法对互联网金融进行有效监管。

2015年，十部委联合印发《关于促进互联网金融健康发展的指导意见》，互联网金融整治工作开始启动。2017年《最高人民检察院关于办理涉互联网金融犯罪案件有关问题座谈会纪要》中明确指出互联网金融是金融。时任中国人民银行行长的周小川提出："要尽快实现金融监管全覆盖，避免监管空白，搞金融的都要持牌经营，所有金融业务都要被纳入监管。"

2018年，监管部门陆续出台了多项新规，对支付结算、资产管理、网络贷款等线上业务都进行了规范和约束。2019年，央行对多家银行和第三方支付机构违反支付结算管理规定进行了处罚。进入2020年，《关于进一步规范金融营销宣传行为的通知》对于网络营销提出了明确的要求，《商业银行互联网贷款管理暂行办法》强化了网络贷款的管理。

从具体业务类型来看，P2P公司难以通过专项验收，未来将以整顿为主；网络贷款利率畸高、暴力催收问题严重，是监管“重拳”的打击对象；货币基金新规出台后，网络理财发展受限；央行“断直连”工作使得线上线下支付业务全部被纳入监管。可以说，互联网公司主导发展金融的时代已经落幕，互联网金融将进入以银行为主导的金融科技时代。

银行已成为金融科技发展的主力军

以网商银行和微众银行为代表的互联网银行迅速成长，加快了金融科技发展的步伐，国有银行、股份制银行纷纷将金融科技作为新的转型方向，银行已成为金融科技发展的主力军。

微众银行和网商银行，走发展金融科技的特色之路

2018 年年末，微众银行微粒贷有效客户规模超过 1 亿。依托强大的核心系统和技术能力，通过与数十家金融机构开展联合贷款，微众银行实现网贷业务的高速增长。微众银行 2018 年财报显示，其总资产达 2 200.37亿元，管理贷款余额超过 3 000 亿元，各项存款余额 1 544.78 亿元，实现营业收入 100.3 亿元，实现净利润 24.74 亿元。

网商银行 2018 年财报显示，其为小微经营者提供了超过 1 万亿元的资金支持，其中 96% 发放给了贷款金额在 100 万元以下的小微经营者，大部分贷款金额为 3 万 ~5 万元。网商银行“310”模式，即“3 分钟申请，1 秒钟放款，0 人工介入”的全流程线上贷款模式，依托于蚂蚁金服的大数据风控体系，将不良率控制在 1% 左右。

工商银行和建设银行成立金融科技子公司

工商银行全面实施“e-ICBC 3.0”互联网金融发展战略，构建七大新技术创新平台，包括分布式技术平台、云计算平台、大数据服务平台、区块链平台、AI 机器学习平台、物联网平台和生物识别平台。2019 年 5 月，工商银行发布公告称，工银科技有限公司在河北雄安新区正式挂牌开业，

主要业务方向是以金融科技为手段，聚焦于政务服务等金融场景建设，开展技术创新、软件研发和产品运营。

建设银行提出金融科技战略和“第二发展曲线”。建设银行在2018年提出“住房租赁”“普惠金融”“金融科技”三大战略，将金融科技战略作为核心驱动力。2018年4月，建设银行率先成立了金融科技子公司。2019年，建设银行提出开启数字时代的“第二发展曲线”，要以金融科技为驱动力，重构经营模式和金融服务方式，实现全方位数字化转型。

招商银行和平安集团的金融科技战略

招商银行的目标是转型为金融科技银行。招商银行首席信息官陈昆德在接受《中国证券报》记者专访时表示，招商银行的目标是转型成为金融科技银行，通过科技变革，为客户提供普惠、个性化、智能化的金融服务。招商银行2018年年报显示，招商银行和掌上生活两大App的月活跃用户达8 104.67万，较2017年年末增长47.24%，两大App分别有27.11%和44.21%的流量来自非金融服务。

平安集团整体定位于“金融+科技”。2018年，平安集团提出深化“金融+科技”双轮驱动模式，逐步实施“金融+生态”战略，包括“科技赋能金融”、“科技赋能生态”，以及“生态赋能金融”。2019年1月1日，平安集团更换了标识，从“保险·银行·投资”变更为“金融·科技”。

金融科技为零售银行转型赋能的五个趋势

移动互联网的发展改变了零售银行客户的行为和预期，随着互联网巨头的竞争性加入，以及利率市场化等，传统零售银行不断转型，并具有“体验至上、场景驱动、数据为王”的互联网特征。金融科技为零售银行转型赋能的关键在于，突破传统银行固有业务模式，构建零售银行服务和营销的新模式。接下来，我们简述金融科技为零售银行发展赋能的五点思考。

零售银行客户拓展和经营全面转向线上

零售银行客户入口已经从物理网点转向银行 App、微信、支付宝，银行网点将从交易场所转型为营销服务阵地，微信和支付宝绑定的银行卡，作为资金结算的载体，成为各家银行争夺的对象。银行网点也在转型，传统代发工资业务也面临挑战，各家银行均在尝试与互联网公司及大型企业开展跨行代发业务，谋求“先成为用户，再通过电子账户转化为客户”的发展模式。

2020 年年初，新冠肺炎疫情暴发，加速了这个趋势的进程，疫情防控期间，银行网点门可罗雀，柜面和现金交易大幅萎缩。原先习惯到银行网点办理业务的中老年客户也纷纷学习使用电子支付方式，通过手机银行查询账户，购买理财产品，使用微信和支付宝扫码支付进行购物，通过微信和支付宝等线上平台办理水、电、燃气和话费的缴纳。本次疫情或许会倒逼金融监管机构在银行线上开户和线上业务办理方面适当放宽，加快金融创新步伐。

金融产品和服务全面转向线上经营

金融产品基本实现全面线上销售，大众客户已经习惯通过手机 App 购买标准化产品，银行也在尝试通过 AI 技术实现长尾客户的自动化经营，在针对中高端客户的非标产品的销售上，也将逐步转向线上咨询、远程购买的方式。随着蚂蚁花呗、京东白条等融合场景的线上消费分期模式的蓬勃兴起，各家银行纷纷在零售客户的线上消费贷上发力，线上渠道已经成为零售贷款的主要入口之一。移动支付、线上支付成为主流，银行通过聚合支付，将金融业务深度嵌入企业业务流程。

营销辅助产品和工具将得到充分应用，未来，在线产品销售平台、线上客户经营平台、AI 客服和产品推介系统以及基于大数据的客户经营分析系统等将和信用卡 App 等客户工具实现深度联动。

在个人客户和中小企业客户的线上金融服务方面，银行将直面互联网巨头的竞争。在疫情期间，阿里巴巴的钉钉、腾讯的企业微信都得到了爆发式发展，业务范围加速从个人客户向中小企业客户覆盖，逐步“蚕食”银行固有的优势业务。

个人 IP 和自媒体塑造银行线上品牌

从新浪微博到微信公众号，从淘宝主播到抖音短视频，自媒体全民经济时代正在逐渐到来，网络红人借助不断进化的媒介载体，通过电商平台和线上支付，将个人 IP 和消费相结合，网红经济应运而生。

一是从 2020 年开始，90 后将逐步成为中国社会的中坚力量。90 后是伴随着移动互联网和自媒体成长起来的一代人，银行在品牌建设与宣传策略上，将会更多地采用互联网、新媒体等方式，建立个性化的线上品牌，占领 90 后客户的品牌心智，就是抢占未来零售银行业务的主战场。例如，在理财产品销售上，将产品信息和通过 App 购买的操作流程录制成短视频，员工打造个人 IP，自己编写话术，自己讲产品，通过开展线上沙龙活动推送给客户，通过短视频的方式来宣传银行品牌，实现在线销售。

二是以自媒体的方式实现零售客户引流成为常态。根据抖音发布的 2019 年报告，抖音日活跃用户超过 4 亿，万粉知识创作者发布了1 489万个视频，每条知识视频触达近 10 万人，最受欢迎的知识门类是美食制作、语言教育、学科教育、职业教育和知识科普。银行也将加强与新媒体行业的交流合作，探索通过自媒体方式，将传统沙龙等活动搬到线上。例如，根据抖音的统计，60 后喜欢拍摄和观看的内容为舞蹈和婚礼，那么银行可以组织开展线上广场舞大赛；70 后喜欢拍摄和观看的内容为美食和手工，那么银行可以组织客户进行美食体验的在线报名和分享，80 后喜欢拍摄和观看的内容为亲子和风景，那么银行可以组织线上亲子活动或远程教学；90 后喜欢拍摄和观看的内容为风景和生活探店，那么银行可以组织旅游和体验式购物等。

三是银行持续探索通过自媒体方式实现零售客户流量变现。网上数据显示，某网红赚了1.6亿元，按此测算，2018年有2 123家上市公司的净利润不及该网红。银行也将研究借鉴网络销售的方式，销售金融产品，通过员工打造个人IP，通过有趣的表现手法对产品的性能进行讲解和展示。在这个过程中，客户可以充分地融入购物场景，在直播中客户可以和主播进行更有效的交流，如此更容易激发其购买欲望。

四是线上宣传方式要适应新的监管要求。2019年年末，中国人民银行、银保监会、证监会和外汇局联合制定并发布《关于进一步规范金融营销宣传行为的通知》，对金融行业互联网营销提出具体要求。

通知中“未经金融消费者同意或请求，不得向其住宅、交通工具等发送金融营销信息，也不得以电子信息方式向其反复发送金融营销信息。以电子信息方式发送的，应当明确发送者的真实身份和联系方式，并向接收者提供拒绝继续接收的方式”，将极大地压缩原有的打电话、短信群发的营销模式的空间。而通知中另一条规定“不得由从业人员自行编发或转载未经相关金融产品或金融服务经营者审核的金融营销宣传信息”，银行制定标准和规则，集中打造员工个人IP的自媒体营销方式，将会逐渐发展成熟。

数字化营销和大众客户经营将成为主战场

数据对银行而言已经成为战略资产，银行将从资金管理者变成资金与数据的管理者。银行将建设数据云平台，从而实现数据驱动的经营管理。随着数据获取渠道的增多，客户行为属性被陆续发掘，对客户的分析将从客户金融资产扩展到客户的习惯、爱好、职业、婚姻、心理特征等方面，这为绘制精确的“KYC”创造了条件。

银行数据分析系统将围绕金融交易数据构建，并逐步向社会属性、行为和兴趣、模型分类等方向延伸。随着客户画像的愈发完整，客群的分类更精确，通过构建线上线下一体营销场景，实现线上营销的有效度量，通过持续优化改进算法和营销模式，实现客户的精准营销。

场景流量和渠道平台共建开放生态

零售业的商业逻辑之一是“渠道为王”，传统零售银行业务渠道包含基金、保险、证券、信托、小贷公司等金融或类金融机构，因此银行规模越大，渠道优势越明显。互联网金融平台突破了金融机构的局限，特别是移动互联网的三大效应，即经济上的成本趋零效应、技术上的聚合涌现效应、社会学意义上的时空塌缩效应，打破了银行固有的渠道优势。直白点说，第一，互联网平台可以快速、低成本地获取大量用户；第二，海量的用户接入平台后将带来需求的倍增和成本的降低；第三，在移动互联网上，用户可随时随地办理业务。渠道、场景、生态、流量将成为银行竞争的主战场，并在概念和形式上呈现递进式发展。

一是线下渠道合作向线上共建生态转变。在“客户思维”和“平台思维”的引导下，银行和渠道点对点的传统合作，将转变为银行以金融科技能力为依托，点对多点甚至网格式的多渠道、多场景业务重构，实现零售客户开放生态经营。

二是围绕客户社交圈和行为链获取流量。单独的金融场景带来的流量有限，在开放生态下，多渠道和平台提供丰富的非金融场景，一站式为客户提供多场景的应用，进而银行可以从客户的社交圈和行为链中发掘需求，获取流量。

三是通过支付业务连接各类场景，从交易端将金融服务嵌入金融场景，进而实现与非金融场景的连接，在这个过程中，银行实现了与用户的连接、与商户的连接、与交易的连接以及与渠道的连接。

金融科技为公司银行业务转型赋能的五点思考

相较于金融科技在零售银行业务中的普遍运用，公司银行业务中金融科技的应用和影响还不充分，但是其发展趋势很明显。公司银行业务的核心是融资，而核心竞争力是综合融资供给能力，包括银行的资产规模、风险控制能力、政府机构平台搭建能力、与公司的战略合作关系、网点和人员的业务能力等。但伴随着供给侧结构性改革的推进，银行面临市场化转型，而金融科技具有的优化流程、提高效率、丰富场景、拓宽渠道等功能，将在公司银行业务，特别是交易银行业务和普惠金融业务中得到快速应用与推广。那么金融科技在公司银行业务转型中如何赋能呢？一是深入研究客户行业，金融科技解决客户的需求和痛点；二是为客户提供“原型营销 + 敏捷开发”的金融服务方案；三是通过系统深入合作与客户建立合作博弈的关系，创造更多价值。

从交易端切入，打造自动化金融服务

公司银行业务具有信贷强关联的特点，在公司银行业务的竞争上，排第一的是银行的资产规模和信贷投放能力；排第二的是银行与政府、监管部门、企业的关系；排第三的是银行提供综合金融服务方案的能力，金融科技也逐渐成为银行综合金融解决方案的一个重要组成部分，在金融科技嵌入客户交易流程后，其将成为客户金融交易的一个子流程。

对于银行来说，如果不能解决客户的融资需求，单独靠金融科技是无法绑定客户的，其他银行一旦为客户提供了融资需求解决方案，该银行的支付结算业务和交易系统将会逐步被取代。同样，即使银行为客户提供了融资业务，但是如果没有解决客户便捷的支付结算需求，也无法成为客户的主结算银行，并获取低成本的结算存款。

因此，在将金融科技嵌入客户业务流程后，重点是从交易端入手，围绕支付结算业务，特别是线上支付业务选择客户，打造自动化的金融服务，为公司银行业务发展赋能。

嵌入客户业务流程，打造定制化的金融服务

相比零售银行业务客户大众化、产品标准化的特点，公司银行业务的特点是客户行业化和产品定制化，公司客户分类较零售客户更加复杂，营销难度更大，周期更长。

第一，清晰把握公司银行业务客户的行业属性和特点。每种行业都具有特定的业务逻辑和规则，而优质合作单位，更是具有准入限制和行业规定。银行是否有办理某类业务的资格，是否有某一行业的完整方案，对行业和客户的特点进行充分了解，是开展合作的关键，银行业务必须嵌入客户业务和行业发展中去。同时，银行要成为与客户合作的“圈内人”、“本行业金融科技专家”，特别是要与行业内的龙头企业的高管、财务人员、主要业务人员和核心 IT 人员等人群建立起良好的关系。得到行业客户的认可是开展合作的先决条件。

第二，综合分析客户的主要金融需求。公司银行业务客户的需求并不复杂，主要包括以下几个方面：一是融资方案和资金安全，二是资金到账（分账）及时准确，三是对账准确便捷，四是交易手续费（成本）低，五是存款收益高，六是收付款方式多样化，七是金融嵌入业务流程运营效率高，八是其他非金融互联网服务。越是大型、规范的客户，其高层越重视合规和资金的安全。前五条是财务主管部门最关心的事情；六至八条是业务部门和 IT 部门最关心的事情，不同需求决定了实施的路径和策略。

第三，准确提供“原型营销 + 敏捷开发”的定制化服务方案。银行对接的主要是客户的财务部门，不同客户的财务流程是不一样的，特别是对于交易频繁的客户，清算、分账、对账、退款、差错处理等是最头疼的事，这些都需要客户的财务部门和 IT 部门配合实施，银行如果带着演示版本去营销，现场演示给客户看，同时又证明自身具备敏捷开发的能力，取得财务、IT 两个部门的认可，那么成功的可能性会大增。

第四，不断优化服务模式，复制并向类似行业客户推广。行业之间具

有互通性，经常相互学习交流，在目前全国都在提倡“数字化转型”的大环境下，当银行通过金融科技与一个客户实现深入合作后，可对同一行业或者类似行业进行覆盖，而行业协会、政府相关业务主管单位，都是良好的推介渠道。

需要强调是，金融科技是助力客户，而不是颠覆客户，要嵌入客户流程，而不是取代客户系统。不要幻想依托银行的科技实力，甚至借助信贷的力量，做一套完善的金融产品和平台，让客户全面使用，从而掌握客户数据，覆盖客户上下游，形成资金闭环，牢牢绑定客户。这种观念是错误的，逻辑是讲不通的，公司银行客户的行业性，决定了银行只能深入行业在资金和业务流方面的几个环节，银行没有能力深入行业的整个环节和链条中。

助力客户价值增长，形成稳态合作博弈

不同于零售银行业务客户与银行属于非合作博弈的关系，公司银行业务客户和银行是一种合作博弈的关系，金融科技的深入可以使这种合作博弈趋于稳态。银行只有将交易嵌入客户业务流程中，将入金、出金、账户开立、核算、对账等支付结算功能嵌入企业的销售、物流、生产、原料采购，甚至管理和考核等环节中，才能真正与客户形成合作博弈关系。银行因所处地位而具有相应的议价能力，从而获取附加价值，各大银行大力发展公司银行业务的初衷就在于此。

一是满足客户入金的需求。银行提供便捷、低成本、多样化的支付工具，包括线上线下收款、移动收款等，涉及上下游多个企业或个人。根据行业特点和单位结算要求，银行提供内部智能登记簿（虚拟账户），以及分账和内部结算的一体化解决方案。

二是满足客户出金的需求。银行提供安全、高效的结算工具，包括主动、被动出金，单笔、批量出金，实时、延时出金，一对一、一对多、多对多出金等。

三是满足客户账务管理的需求。将银行交易系统和客户的业务系统打通，实现出入金的自动核对和预警提示。银行可以根据企业的行业特点和政策要求，在账务处理和业务流程上进行定制化处理，帮助客户合规经营。

四是尽量对客户进行多产品覆盖，成为客户的主结算行。银行对上述出入金和账户结算业务实现全覆盖，自然就可以获取低成本的结算存款，并且更容易归集客户在其他行的存款，获取交易明细等关键数据，并实现上下游业务的延伸。

五是系统对接，降低经营成本。银行除了能获取结算存款外，还能使客户维护成本大幅降低，例如，在交易手续费的定价和减免、存款的议价上，以及他行资金的调度等方面，银行具有较强的话语权。

变更银行势必要变更交易系统，变更交易系统需要较长的周期，需要进行巨大的投入，从而导致不可控的巨大风险，因此往往是企业高层、财务主管部门、业务主管部门都不愿触碰的，金融科技的应用强化了银行在合作博弈中的地位。

打造生态合作平台，金融服务延伸至“CBG”

银行作为资金、信用、信息的中介，天然具有平台属性。银行拥有大量与其深入合作的 B（Business）端客户，也有海量真实的 C（Customer）端客户，可以通过金融科技的充分运用，构建服务企业客户和个人客户的生态平台，实现公司银行业务和零售银行业务的协同发展。而银行的支付结算业务既连接 B 端客户，又连接 C 端客户，是天然平台入口，银行可以通过构建线上化、自动化、高频化支付场景，连接大量 B 端客户以构建生态平台，并覆盖海量 C 端客户。

第一，银行构建支付场景的创新符合国家政策。2016 年，《最高人民检察院关于办理涉互联网金融犯罪案件有关问题座谈会纪要》中指出，未取得支付业务许可从事支付结算业务的行为，违反《非法金融机构和非法金融业务活动取缔办法》，情节严重的以非法经营罪追究刑事责任。《中国人民银行关于加强支付结算管理防范电信网络新型违法犯罪有关事项的通知》《中国人民银行办公厅进一步加强无证经营支付业务整治工作的通知》《中国人民银行关于加强反洗钱客户身份识别有关工作的通知》等文件，持续打击无证支付机构，强化非银行支付机构管理，规范支付结算业务创新，加强客户身份识别，强化反洗钱管理的工作。因此，未来支付场景的创新建设，一定是由具有强大金融科技实力的全国性银行来发起。

第二，构建开放服务平台，金融服务从 B 端客户到 C 端客户延伸。银行在为企业提供在线支付结算的同时，业务自然触达企业的 C 端客户，通过构建开放服务平台，将企业的 C 端客户转化成服务平台的用户，然后通过营销活动将平台用户转化为银行客户，形成公司银行业务和零售银行业务的联动。

第三，构建生态服务平台，进行 C 端客户到 B 端客户的覆盖，实现 B 端客户向 G（Government）端客户的延伸。银行服务一个企业，可被称为平台，银行服务多个企业、行业，就构成了生态平台。银行 C 端客户的需求很多是有共性的，包括政务服务、教育培训、医疗健康、出行购车、购房置业等，通过金融科技汇聚各类行业客户，建立生态服务平台，服务海量 C 端客户，覆盖各类 B 端客户，进而延伸至 G 端客户。

研究行业发展动向， 金融科技聚焦五类趋势

第一，聚焦支付结算线上化、场景化趋势。随着微信、支付宝扫码支付的发展，面向众多 C 端用户的企业、医院、学校缴费等，都转向了线上，移动互联网和云计算技术的发展，将支付业务和交易场景完美融合。

第二，聚焦交易流程平台化趋势。网络通信、加密技术和云计算的发展，促使各行业的系统加速互联，公司银行业务交易流程也从传统的纸质票据、线下办理逐渐转为线上平台的全电子流程。传统纸质票据的承兑、

质押、贴现业务，通过票据交易所的系统实现电子化；各地政府行政服务也纷纷提出“让老百姓只跑一次”的口号，通过和银行互联实现“办事大厅一站式缴费”，甚至是“足不出户线上缴费”。

第三，聚焦产业互联网发展体系化趋势。2018 年，马化腾在世界互联网大会上说产业互联网进入下半场，也就是从消费互联网转向产业互联网。移动支付、移动定位、大数据、云计算与供应链金融高度契合，实现商品流、物流、信息流和资金流等四流合一。银行与垂直产业核心企业合作，将金融科技嵌入产业互联网的采购、生产、销售等各环节中，解决贸易的真实性、资金的自偿性以及交易的可控性（包括可追溯、可视和可控），从而为产业链的上下游企业提供全面、综合的金融解决方案，将成为未来供应链金融业务的主要模式。

第四，聚焦国际业务模式创新发展的趋势。国际结算全流程线上化、无纸化操作，提高了企业国际结算效率，加速了单据流转速度，降低了银行经营成本。一是国家主导推进的国际贸易“单一窗口”将逐步打通海关、外管、税务、银行等，实现数据的共用、互信、互认等，让金融结算和融资实现基于主管单位平台数据的线上化。二是国内跨境电子商务蓬勃发展，以线上支付业务和结售汇为核心，通过海关和外管实现系统对接，将订单、海关关单、支付单、物流单通过技术手段匹配，实现报关和结售汇的线上化、自动化。三是区块链的去中心化、公开透明、多方参与、数据不可篡改等特点，将凭证、合同、发票、报关单等信息上链，实现电子化开立信用证，从而降低国际业务结算成本，提高结算效率，国内区块链信用证业务已实现落地。四是脸书推出稳定币项目 Libra，基于区块链技术的加密货币，将成为一种简单的全球货币和金融基础架构，有可能颠覆现有国际结算业务模式。

第五，聚焦风控计量管理技术计量化趋势。大数据在银行业中的应用逐步成熟，银行通过自有数据的整合、公开数据的获取、与第三方机构开展合作等方式，在贷前审查、贷后管理等领域，使金融科技逐步发挥更大的作用。银行通过互联网上的公开数据和银行内部交易数据的分析评价，建立并优化风险分析模型，对客户交易的真实性、交易对手情况、关联企业情况、实际控制人和关系人、行业常规情况等内容进行分析和预判，从而提高贷前调查和贷后管理的工作效率。常见的外部数据包括工商、税务、司法、水电费、舆情、位置信息、员工社保和公积金等多渠道数据。

金融科技为银行业务赋能的探讨和实践

金融科技的本质是通过信息技术手段，减少交易环节，降低交易成本，打破信息壁垒，提高业务效率，扩大业务范围，增加风控手段，增进与客户的关系。金融科技或许会在某一类业务上改变甚至颠覆传统的业务模式，但是并不能改变金融的内在业务逻辑。接下来，我们通过零售银行业务的场景化营销和公司银行业务的数字化应用，探讨金融融科技如何为银行业务赋能。

金融科技深入零售银行业务的场景化营销

伴随着移动互联网的发展，零售银行业务必将高度依赖金融科技，实现线上线下一体的场景化营销，具体可以分为三个层次。一是基础层，通过渠道合作实现线上的快速客户导流，从而低成本地获取和维护基础客群。二是进阶层，围绕场景设计金融产品和服务方案，促进客户金融交易，增加金融产品覆盖范围。三是提升层，通过对客户交易和行为数据的分析，实现客户精准画像，从而筛选高价值客户转入线下经营。

获取零售银行业务客户，从支付端较容易入手，围绕支付端构建场景，即可形成流量入口，之后通过渠道合作建立经营生态，实现从用户到客户的转化，为银行创造价值。简而言之，就是“支付融入场景，场景汇聚流量，流量转化客户，客户创造价值”，金融科技在客户分析、渠道搭建、产品和平台建设方面，起到决定性作用。

长尾客户经营必须依托线上场景营销

长尾客户是银行传统意义上的低效客户，具有存款少、持有产品少、信息不全、活跃度低、关注收益、忽视风险、对礼品和权益敏感等特点。对于该类低效客户，银行传统上靠人力经营的方式无暇顾及，举例而言，一个银行客户经理可有效服务500名客户，如果按长尾客户年均存款1万元测算，500万元的年均存款带来的营业收入约为2万元/年，如果靠人力来经营，那么对于银行而言，投入产出严重不符，因此此类客户是传统零售银行业务经营的痛点。

当银行App成为零售银行业务客户的主要交易渠道，二三类电子账户的使用逐渐丰富，大数据技术应用逐渐深入，AI技术逐步完善，金融科技的发展使低成本经营海量长尾客户成为可能。按一名长尾活跃客户年均存款1万元测算，一家拥有1万名活跃长尾客户的支行的存款为1亿元，带来的存款营收约200万元/年。由于该类客户的维护成本趋向于零，银行可以通过投入一定的运营成本，构建线上场景，将活跃客户数做大，将客户平均存款提升，除了营收会大幅度增长外，还能够发掘大量的价值客户。

那么究竟什么是线上场景？线上场景离不开客户、产品、权益、平台等元素，而线上场景营销的内涵，就是将产品和权益包装成活动，通过平台和渠道推送给客户，如图11－2所示。金融科技的支撑是必要条件。

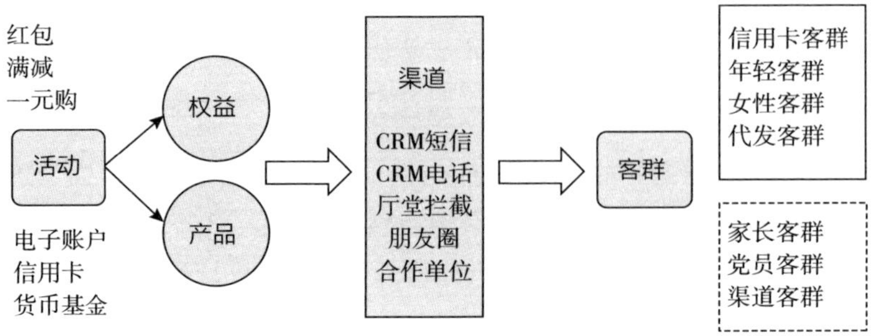

图11－2　线上场景

实施过程可分为用场景拉用户、用户转客户、客户促提升三个步骤。

第一步，设计场景并策划活动，利用微信公众号、手机银行等载体以及合作渠道获取用户。这一步应具有开放性，不仅限于本行客户，银行需建立多样化的合作渠道，构建具有特色的用户引流平台。

第二步，通过增加与用户的互动，提升用户参与度。这一步需要银行建立完善的互动平台，创建对用户有吸引力的活动，引导用户开立银行账户，转入资金并使用账户。

第三步，通过活动持续引导客户使用银行的金融产品。关键在于通过有比较优势的金融产品和场景活动，引导客户做产品覆盖，增强客户的黏性。银行可从账户使用和结算存款入手，逐步覆盖信用卡、理财、贵金属、货币基金、保险等其他金融产品。

系统平台建设和线上产品设计需协调统一

产品为“王”是零售客户经营的精髓，没有好的产品，就无法吸引客户，更无法留住客户。同样，如果没有强大的技术能力，没有好的系统平台，就无法在线上推广产品，就无法在线上经营客户。

一是给用户提供简单便捷、体验好的场景入口。

首先是免费，通过线上的打折券、积分兑换、免费体验等优惠活动，给用户好的体验，促使用户分享与展示；其次是简单，“3 次点击原则”要求用户通过 3 次点击即可找到信息和所需功能；最后是快速，“3 秒钟原则”要求做到快速点击、快速浏览、快速反应，要在 3 秒之内展示客户需要的信息。

二是给客户提供成体系的金融产品。

单一的产品难以满足用户需求和营销需要，而单一的平台也无法做好线上客户经营。在产品和平台设计上，银行需要强大的金融科技能力做支撑，从而形成体系化的产品和平台，例如，引流产品、爆款产品、利润贡献产品、转化产品，营销平台、客服平台、渠道转介平台等。在运营推广中应具有快速迭代开发能力，实现产品与产品之间、产品与平台之间、平台与平台之间的联动，进而叠加增效。例如，新客专属理财产品（定价高20个百分点）属于引流产品，定时抢购的专属理财产品（定价高20个百分点，额度有限）属于爆款产品，通过手机银行线上申请的小额信用消费贷（高定价）属于利润产品，加息券属于引流产品。

三是建立强大的数据分析和AI客服平台。

数据分析能力是海量大众客户经营的核心。首先，客户精准画像及分群使营销更具针对性。银行根据客群的特征将合适的产品进行推送，可有效提升营销成功率，降低营销成本。其次，实现流失客户的预警与沉睡客户的唤醒。通过数据分析，提前预测客户沉睡概率，提前维护“高危”人群，降低客户流失概率，对已沉睡客户评估激活成功率，从而提升激活效率。再次，提升客户风险预警与防欺诈的能力。分析客户的交易特点，如交易金额、交易频率、交易对手、交易时段、交易渠道及大额异常交易等，识别客户的异常行为，并作为风险提示信号。最后，建立AI客服、AI外呼系统，实现标准操作的自动化。对于海量的大众客户，靠人工经营是不现实的，诸如简单的咨询受理、线上权益和礼品发放等重复性业务，都应由AI办理。

四是提供灵活多样的线上营销工具。

对于线上客户经营，在客户转化的初始阶段，通过灵活多样的线上交流工具，实现员工和客户的有效交流是必不可少的。可将银行CRM系统、移动办公系统、手机银行App、微信等，通过科技手段连接起来，实现多层次的交互，如图11-3所示。例如，客户通过微信或手机银行App能一键呼叫客户经理，客户经理可通过移动办公系统或CRM系统与客户进行双向交流并记录交流信息备查；当客户有产品购买需求时，客户经理通过CRM系统生成订单推送到客户手机银行App上；对于线上活动的权益领取，客户经理可以通过移动办公系统推送给客户；客户可通过手机银行App或者微信小程序完成分享和转介传播等动作，后台可以实现自动统计等。

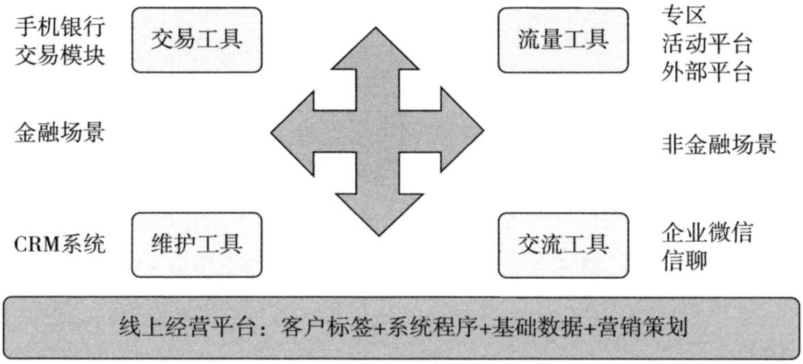

图 11－3 线上营销工具联动

开放银行拓展渠道合作，支付融入场景汇聚流量

银行拓客的一大难点在于银行业务是低频交易的金融业务，营销方式审慎稳妥，无法像互联网公司一样快速获取流量，从而实现用户的爆发式增长。但是，银行可以通过与流量大的渠道合作，通过金融交易功能的嵌入，实现C端用户的快速获取，目前各家银行提出开放银行的目的就在于此。

银行将电子账户体系、支付结算功能、网络贷款服务等，打包成标准化接口，类似于互联网金融服务的提供商，向合作渠道输出金融功能，通过这种方式与渠道方业务场景融合，为其用户提供金融服务，形成线上批量获客的流量入口。

以支付结算场景为例，A银行线上缴费平台，借助标准化接口，可通过其他银行的手机银行App或电商平台实现水、电、燃气等公共事业缴费功能；B银行商户线上收款平台，当商户端配置活动后，用户扫码付款实现随机金额立减；C银行党费收缴平台，通过标准化接口，对接各地市的党建平台，实现党费的线上收缴。

渠道合作的几个注意事项如下：第一，选择“门当户对”的客户开展合作，合作双方的品牌价值要对等；第二，实现支付结算业务系统对接，将资金流落地，并开展联合营销和权益活动，进而获取交易数据和客户信息；第三，渠道合作要责权清晰，防范风险，包括声誉风险、信息泄露风险和科技风险。

渠道平台共建开放生态， 流量转化提升客户价值

银行拓客的另一个难点在于银行大多通过短信或电话进行单向联系，缺乏双向互动，除金融交易外，双方之间是一种弱关系，用户转化为客户需用户频繁与银行产生交互，只靠金融功能，是无法达成的，将金融场景和非金融场景结合起来，建立金融服务生态，从而进行场景引流和生态转化。

第一，多产品、多场景、多渠道共建开放生态。

离开了场景，产品和客户之间是脱钩的，而单一的场景仅能服务某一类客户，客户多样化的需求需要多渠道和多场景来服务。银行作为中介的定位使其天然对接多类行业，通过金融科技的应用，将银行和企业的多样产品、多样场景、多样服务、多类渠道聚合，构建开放的生态服务平台。例如，针对女性白领客群，银行可以从美容、消费等需求方面，与美容院、商场等共建场景生态；针对中产人群，银行可以从汽车及出行、购房置业、子女教育等需求方面，与汽车经销商、教育培训机构、地产公司和房屋中介机构等共建场景生态；针对中老年客群，银行可以围绕居家生活、医疗健康等需求与医院、养老社区共建场景生态。

第二，围绕客群、产品、权益开展生态活动。

按客户偏好、消费习惯、资产情况等可以将客群分类，并根据客群特征将金融产品及权益包装成具有多样性、交互性的系列化生态活动，提升对客群的吸引力。例如，在女性白领客群生态中，将信用卡、理财、贵金属饰品等金融产品，和美容院的体验券、景区和酒店的优惠券等权益包装成活动。在中产人群生态中，将理财、房贷、车贷等金融产品和购车优惠、房屋买卖优惠、子女教育体验课程、出国旅游优惠等权益包装成权益活动。

第三，持续开展系列生态活动，促进客户转化。

客户的转化和经营，需要培养客户的认知，进而使其养成习惯。生态活动的多样性使客户保持新鲜感，系列化的活动能持续与客户开展互动，交互性的活动吸引客户深度参与，使客户从愿意用到喜欢用，再到习惯用。例如，银行与贵金属公司合作，购买货币基金的客户，可抽取贵金属公司提供的线上黄金红包，同时可获赠平台积分，并享有贵金属打折权益，通过开展围绕基金定投的系列活动，经过一段时间的运营，客户对基金产品的熟识度必然大幅提高，同时也带动了贵金属的销售。

第四，银行客户经理深度参与也是生态的一个组成部分。

银行客户经理深度参与生态活动，会获得很多与客户交流的机会，能够获取客户的很多非金融信息，结合金融交易数据，可以分析判断出客户的职业、地位、教育水平、业余爱好、家庭情况等，从而为客户价值提升做好铺垫。筛选高价值客户转入线下经营是最终的目标。

首先，除了发送产品权益信息外，给客户点赞应是日常功课，经常发送金融信息，经常交流非金融信息，拉近与客户的距离，从银行员工变成客户的朋友。其次，客户经理对金融政策、法律法规、市场动向、宏观形势、区域经济等都要有深入了解，从客户的朋友变成客户心中的金融专家。由于个体具有服从权威的心理特点，当客户从心理上认可了一名客户经理的专业性时，营销难度就大大降低了。

银行开展场景营销的案例介绍

本部分介绍两个线上场景营销的例子，某银行通过与主流渠道方合作，将金融产品嵌入营销场景，开展线上活动，实现零售银行业务客户的线上拓展和经营。

与支付宝开展缴费得红包活动

1. 项目背景。

某银行通过与支付宝合作，围绕生活缴费场景，定制支付宝公共事业缴费红包，在网点和微信公众号开展支付宝借记卡绑卡活动，促进银行卡动账，带动快捷支付，提升零售客户活跃度。

2. 活动形式。

该银行向网点周边的支付宝用户推送缴费（主要包括水费、供热费、燃气费）得红包信息，包括0.5元通用红包和6.6元专属红包，专属红包只有绑定银行借记卡后方可使用，银行在网点进行线下宣传，张贴缴费红包二维码，客户可以扫码领取红包。

3. 活动效果。

该银行活动开展了一个季度，投入20万元，参与人次达32.69万，促进支付宝新绑卡3.16万人。该行还以缴费得红包为营销切入点，开发了三家自来水公司和两家热力公司的公司银行业务，带来对公存款近7 000余万元。

通过微信支付开展满立减活动

1. 项目背景。

某银行围绕扫码支付场景，通过微信支付的满立减活动，对网点周边优质商户进行营销，带动聚合支付商户的增长，同时带动零售持卡客户的促活。

2. 活动形式。

该银行通过聚合扫码支付系统的营销功能，对优质商户配置借记卡客户满立减活动，活动内容包括：满50元随机立减，最低8.8元，最高2 018元。银行通过在网点进行宣传引导客户办卡，客户经理围绕银行周边网点，对餐饮店、连锁超市等商户进行上门营销。

3. 活动效果。

该银行活动开展了一个季度，投入30万元，拓展收单商户100余户，微信绑卡零售客户新增3.16万人，取得了较好的效果。

金融科技助力银行机构类客户数字化转型

习近平总书记在十九届四中全会上提出："建立健全运用互联网、大数据、AI等技术手段进行行政管理的制度规则。推进数字政府建设，加强数据有序共享，依法保护个人信息。”这标志着政务数字化大发展的到来。对于银行来说，顺应政府数字化转型的大趋势，围绕财政部、公立院校、公立医疗机构等机构客户，在传统银行业务的基础上，发挥金融科技的优势，深入企事业单位的数字化转型，是未来争夺的高地。

政务数字化转型加速，金融科技潜力无限

2019 年 12 月初，国家发展改革委、教育部、民政部、商务部、文化和旅游部、卫生健康委、体育总局等七部委联合发布《关于促进“互联网 + 社会服务”发展的意见》，该意见提出，以数字化转型扩大社会服务资源供给，以网络化融合实现社会服务均衡普惠，以智能化创新提高社会服务供给质量，以多元化供给激发社会服务市场活力，以协同化举措优化社会服务发展环境。

在 2019 年 12 月的淘宝“双 12”活动中，宁波市中级人民法院与阿里拍卖联合开展司法网拍直播活动，首次在淘宝直播“带货”，在直播现场宁波两级法院共有 50 余件拍品处于司法网拍竞拍期，仅仅一个小时成交额就破亿。这凸显了互联网平台的能量和金融科技在电子政务上的巨大潜力。

机构客户数字化转型，银行抢占电子支付业务先机

“让数据多跑路，让群众少跑腿。”在政务数字化转型的过程中，公立院校、公立医院、非税收入收缴单位等企事业单位支付结算线上化、自动化的需求非常强烈。该类客户具有以下特点：一是面对大量个人客户的收款；二是收费种类和形式复杂多样；三是资金管理的安全性、实效性高；四是支付结算需与业务管理平台打通。各大银行在此类机构客户上纷纷发力，抢占电子支付业务先机，积极参与客户系统建设，实现软硬件系统对接、支付结算系统嵌入、单位账户集中管理、客户业务全流程覆盖，从而在机构客户服务中占据优势地位。

以非税收入电子化收缴为例，2017 年财政部下发《关于加快推进地

方政府非税收入收缴电子化管理工作的通知》，该通知要求："2018 年，地市级财政部门应逐步开展收缴电子化管理工作，到 2020 年，地方各级财政部门应全面推行收缴电子化管理工作。"

各地股份制银行以及城商行均在收缴电子化工作上投入大量的人力、物力、财力，实现与非税收入执收单位的深入合作。一是创新流程和多样的电子化缴款渠道极大地提高了办理效率；二是网络远程办理和电子凭证的应用，避免了时间消耗、能源消耗和纸张消耗，有效节约了各种资源；三是线上电子渠道实现了部分业务的异地办理；四是电子化的收缴方式，简化了账户管理工作，提升了中央财政非税资金缴入国库的效率。

银行在协助机构客户开展数字化转型方面具有天然的优势，一是银行与客户有固定的业务合作，对客户的政策、需求和业务流程熟悉，特别是城商行和当地政府关系更为紧密，更易于开展工作；二是银行具有天然的信用背书，对于涉及客户信息安全的，企事业单位更希望优先与银行，特别是大型银行开展业务合作；三是银行具有较强的技术能力和资金实力，在软硬件等方面可以投入大量的资源。在下文中，我们将介绍三个电子支付业务的案例。

非税收入线上化收缴

项目背景和解决需求

某市非税收入主管单位提供行政服务大厅一站式办理非税收入收缴服务，实现微信、支付宝扫码缴费功能。某银行开发了"非税收入收缴扫码付统一结算平台"，通过将扫码支付系统和非税收入收缴系统对接，为该市行政服务大厅提供微信、支付宝、银联云闪付收款功能。

解决方案

银行提供非税收入代缴线上线下一揽子扫码支付金融服务方案，包括行政服务大厅的微信、支付宝、银联云闪付扫码付款以及政务服务网线上收银台功能，满足企事业单位及非税收入执收单位代收收缴和对账需求。

扫码支付接口通过专网接入非税收入收缴系统，交易通过银行专网传输（交易不通过互联网，不经过第三方），确保交易资金和数据的安全。

银行为非税收入执收单位提供多渠道收款，账户和交易统一管理、统一对账的一站式资金结算服务。非税收入收缴单位和银行直接对账，避免与微信、支付宝、银联、银行多方对账，流程简单，账务清晰准确。

项目效果

统一结算平台的上线实现了非税收入收缴的高效管理，成功在多家单位应用。

法院案款电子化收缴

项目背景和解决需求

2017 年最高人民法院发布的《关于执行款物管理工作的规定（试行)》要求，人民法院应当开设执行款专户，或在案款专户设置执行款科目，对执行款实行专项管理、独立核算、专款专付。人民法院应当采取一案一账号的方式，对执行款进行归集管理，案号、款项、被执行人或交款人应当一一对应。

某银行分析了法院的需求，具体如下：一是案件与款项对应关系清晰，未明款项及时登记认领；二是到账数据及时更新，执行款入账和出款实时提醒；三是办案进程时间管理，办理超期智能提醒；四是法官、财务人员的文件报表自动生成打印，减轻工作量；五是全线上操作，立案、执行环节全流程管理，在线查询、在线审批，提高群众满意度。

解决方案

该银行开发了法院案款系统，具有一案一号、全程留痕、动态监管等特点，主要功能为：提供案款的线上线下出金、入金的全金融功能；在法院主账户下，一个案件生成一个子账户的分账核算，实现款项与案件一一对应；实现全流程线上管理，包括在线查询款项状态、全线上审批、线上发放案款、实时短信通知和催办，将执行员从大量重复劳动中解脱出来，提高执行工作效率和透明度，确保执行款快速准确发放。

项目效果

该银行先后成功向某市 7 家法院营销，在省内先后开立 20 个法院专户，实现机构存款的大幅度增长。

物业维修基金电子化收缴

项目背景和解决需求

某市物业维修基金管理中心隶属于市住建委，负责全市维修基金归集、监督和管理，某股份制银行与其开展合作，但由于同业竞争激烈，存款份额一直较小。

在客户日常维护过程中，该银行了解到客户有开发新业务系统的需求，以方便基金归集、管理和使用。银行通过提供综合服务方案和定制开发系统切入，通过电子支付产品的持续覆盖，与客户建立了长期合作关系，成为主要结算合作银行，存款份额不断提升。

解决方案

第一阶段，根据维修基金管理中心提出的业务需求，由该行出资开发基金归集、管理和使用的基础功能，与维修基金管理中心建立起良好的合作关系。

第二阶段，该银行主动向客户提出在办事大厅提供 POS 机收款功能，实现“让客户只跑一次”的方案，银行服务团队和维修基金管理中心的财务人员、技术人员重新设计缴款流程和对账流程，缴费客户在现场即可完成全流程办理。

第三阶段，随着微信、支付宝扫码的普及，该行向客户提出系统实现扫码支付功能，在原有 POS 机收款的功能上增加扫码支付功能，形成了对竞争银行的比较优势，稳定了存款份额。

项目效果

第一阶段，系统对接后该行存款份额占比提升至 20%。到第二阶段结束时，存款份额占比稳定在 40%。第三阶段，该行加深了和客户的业务联系，在客户主要领导变动的情况下，稳住了存款份额。

参考文献

［1］ Worldpay. Global Payments Report Digital 2018 ［R］. London: Worldpay, 2018.

［2］中国支付清算协会．中国支付清算行业运行报告（2018）［R］．北京：中国支付清算协会，2018.

［3］中国人民银行．2018 年支付体系运行总体情况［R］．北京：中国人民银行，2019.

［4］ Bancology. The Universal Banker: Getting the Most From a New Staff Role ［R］. Birmingham: Bancology, 2009.

［5］ The American Banker. How to Win Over Branch Staff When Switching to the Universal Banker Model. ［R/OL］. 2014: http://www. fmsi. com/msi-releases-2015-bank-and-credit-union-teller-line-study-reveals-declining-brancht-ransaction-trend.

［6］ FMSI. Bank and Credit Union Teller Line Study Reveals Declining Branch Transaction Trend. ［R/OL］. 2015: http://www. american_banker. com/news/community-banking/how-to-win-over-branch-staff-when-switching-to-the-universal-banker-model-1067701-1. html.

［7］ Bernd H. Schmitt. Customer Experience Management: A Revolutionary Approach to Connecting with Your Customers ［M］. Hoboken, New Jersey: John Wiley&Sons, 2003.

［8］斯科特·罗比内特．情感营销［M］．北京：华夏出版社，2001.

［9］李阳．JX 银行 X 分行个人客户关系管理优化研究［D］．上海：

上海外国语大学，2020.

［10］王森彪．运用大数据开展银行个人客户分层维护［J］．黑龙江金融，2019（2）：79－80.

［11］陈文．X 银行 Y 分行客户体验管理研究［D］．西安：西北大学，2019.

［12］陈霄敏，韦于金，李雷．客户体验：未来银行“留客”王道［J］．现代银行，2019（10）：41－44.

［13］刘书画．裂变营销：最低成本的获客之道［J］．宁波经济：财经视点，2019（11）：60.

［14］庞园园．社交裂变，电商营销新模式［J］．金融博览（财富），2019（01）：78－79.

［15］严正，丁健雄．银行人才管理实践［M］．北京：机械工业出版社，2014.

［16］IBM 商业价值研究院．创新·转型·绩效：企业蜕变的新思维［M］．北京：东方出版社，2011.

［17］悦扬，李殿波，余雪梅．企业经验萃取与案例开发［M］．北京：机械工业出版社，2017.

［18］北京贵士信息科技有限公司．2019 直播＋X 洞察报告［R］．北京：北京贵士信息科技有限公司，2019.

［19］Wainhouse Research. Five Building Blocks for Enterprise Streaming Success［R］. Wainhouse Research，2018.

［20］勾俊伟，张向南，刘勇．直播营销［M］．北京：人民邮电出版社，2017.